...AL

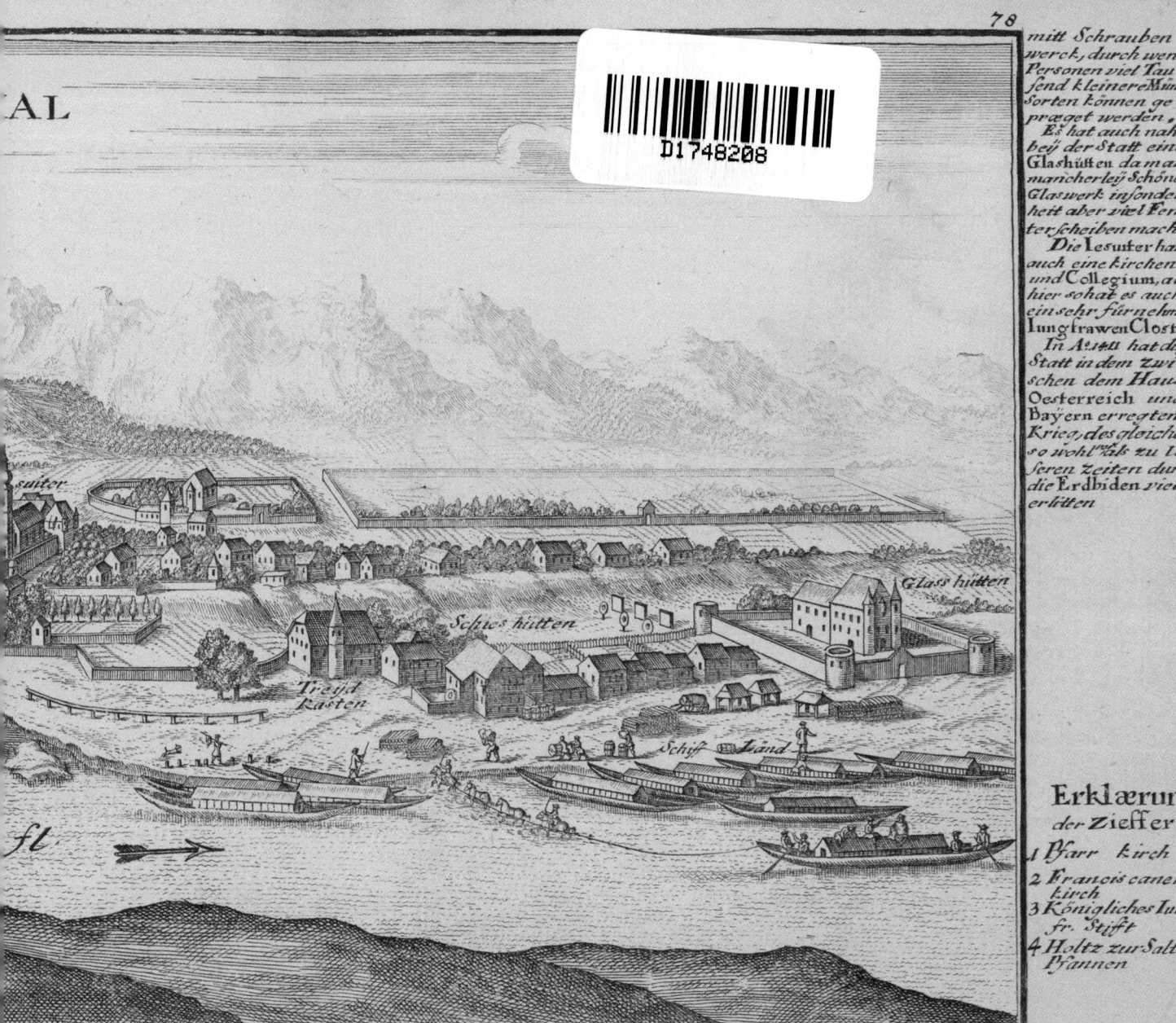

78

mitt Schrauben werck, durch wenig Personen viel Tausend kleinere Müntz Sorten können gepräget werden.

Es hat auch nahe bey der Statt eine Glashütten, da man mancherley schönes Glaswerk insonderheit aber viel Fensterscheiben machet.

Die Iesuiter haben auch eine kirchen und Collegium, alhier so hat es auch ein sehr fürnehmes Iungfrawen Closter.

In A:° 1611 hat diese Statt in dem Zwischen dem Haus Oesterreich und Bayern erregten Krieg, desgleichen so wohl als zu Unseren Zeiten durch die Erdbiden viel erlitten.

Erklærung der Zieffer

1 Pfarr kirch
2 Franciscaner kirch
3 Königliches Iungfr. Stift
4 Holtz zur Saltz Pfannen

G. Bodenehr fec. et exc. a. v.

M Chal 2023/2   BF

INNSBRUCK
HALL und SCHWAZ

Elmar Samsinger

INNSBRUCK
HALL und SCHWAZ

K.u.k. Sehnsuchtsorte
im Herzen der Alpen

KRAL VERLAG

INHALT

ZUM GELEIT	6
INNSBRUCK – EINE STADT IM HERZEN DER ALPEN	9

Eine Zeitreise von der Steinzeit bis zum Ersten Weltkrieg

Die Alpen	13
Vom Ötzi zu Römern und Germanen	14
Eine Stadt entsteht	17
Albertiner und Meinhardiner	22
Innsbrucks Bürger und ihre Häuser	27
Von Mönchen, Pfaffen und Heiligen	34
Die frühen Habsburger	39
Die Fugger	49
Der Knappen- und Bauernaufstand 1524/25	52
Wunderkammer und Einsiedelei	57
Dreißigjähriger Krieg	70
Leopold und Claudia	72
Die letzten Landesfürsten in Tirol	79
Innsbruck, eine Barockstadt	82
Eine unglückliche Hochzeit	101
Habsburg bis zum Ende	107

KAISER MAXIMILIAN I.	131

Altstadt – Goldenes Dachl – Hofkirche

Max	132
Maria und Bianca	134
Der Medienkaiser	136

Innsbruck	138
Der letzte Ritter	140
Der erste Kanonier	142
Mummereien	144
Fischen und Jagen	146
Triumphzug	148
Schwarze Mander und Weiber	150

HALL UND SCHWAZ, SALZ UND SILBER 153
Hall – Schwaz – Zeughaus – Büchsenhausen – Glockengießerei

Hall – Sudpfannen und Tiroler Plätten	154
Glück und Glas	158
Sechser und Guldiner	160
Eine mittelalterliche Metropole	166
Schwaz – Mutter aller Bergwerke	169
Tänzl, Stöckl, Fieger, Fugger und die anderen	179
Schwarze Mander, Scharfmetze und Glockenklang	184
Der Nabel der Welt	194

OPER, CAPELLPARTIE UND CANTOREI 197
Tiroler Landestheater – Schloss Ambras

Innsbruck ich muß dich lassen	198
Hofkapelle und Comedihaus	201
Musikland	207

ANDRE HOFER UND DIE TIROLER FREIHEIT 211
Bergisel – Tirol Panorama – Kaiserjägermuseum – Hofkirche

Aufstieg und Fall des Andre Hofers	212
Das Riesenrundgemälde	224
Tiroler Kaiserjäger	225
Tirol isch lei oans!	228

BAEDEKER UND ALLERHÖCHSTE BESUCHE 235
Bahnhof – Museen – Wirtshäuser – Bergisel

Dampfrösser	236
Durischten	241
Zu Gast in Innsbruck	251
Allerhöchste Besuche	259

ZU GAST BEIM KASERMANDL 269
Sagen – Kulinarisches – Alpenzoo – Weiherburg – Kloster Wilten – Frau Hitt – Umbrüggler Alm – Martinswand

Kaiser, Riese und versteinerte Frau – eine neue Sage entsteht!	270
Wer, was wann?	280
Nachlese	288
Musik, Museen, Dank und Bildrechte	291

ZUM GELEIT

Ganze 658 Jahre ist Tirol nun Teil der gemeinsamen Geschichte Österreichs. Angefangen als *Grafschaft*, von Kaiser Maximilian I. zur *Gefürsteten Grafschaft* erhoben, und schließlich ab 1918 als Bundesland der Republik, ist Tirol heute eine moderne, innovative und vielbesuchte Alpenregion im Zentrum Europas, in der auch die Tradition noch ihren gebührenden Platz hat.

Die Tiroler Landesfürstin *Margarete*, der man den wenig schmeichelhaften Beinamen *Maultasch* umhängte, war eine selbstbewusste und attraktive Frau. Energisch gestaltete sie ihr Privatleben wie ihre Regentschaft. Ohne Nachkommen, entschied Margarete 1363 über die Zukunft Tirols: Nicht Luxemburger oder Wittelsbacher sollten künftig das Land regieren, sie erkor *Rudolf IV.* von Habsburg zu ihrem Nachfolger. Es war eine gute Wahl für das Land. Auf *Rudolf den Stifter* folgte eine lange Reihe von 24 Landesfürsten. Darunter finden sich so klingende Namen wie *Friedl mit der leeren Tasche, Sigmund der Münzreiche, Kaiser Maximilian – der letzte Ritter und erste Kanonier –, Erzherzog Ferdinand II., Claudia von Medici, Maria Theresia*, bis hin zu *Kaiser Franz Joseph* und *Kaiser Karl I.*

Der volkstümliche Erzherzog *Friedl mit der leeren Tasche* verlegte seine Residenz 1420 von Meran nach Innsbruck. Die geschichtsträchtige Stadt, die 1964 und 1976 die Olympischen Winterspiele ausrichtete, verdankt ihre sehenswerte Altstadt mit ihren Lauben und Erkern *Kaiser Maximilian I.* Im Zentrum liegt das Wahrzeichen der Stadt, das *Goldene Dachl*. Zu seinem ewigen Gedächtnis bewachen in der Hofkirche 28 überlebensgroße Bronzefiguren das leere Grab des Kaisers. Das prächtige Renaissance-*Schloss Ambras* mit seiner einmaligen *Kunst- und Wunderkammer* und dem *Spanischen Saal* stammt wiederum von *Erzherzog Ferdinand II.* und seiner Gattin *Philippine Welser*. Die alljährlichen *Festwochen der Alten Musik* erinnern hier daran, dass Innsbruck dereinst auch musikalisches Zentrum war. Finanziert wurde dies alles mit dem Weißen Gold der Salzstadt Hall und dem Bergsegen der Silberstadt Schwaz.

Viele Habsburger hielten sich in Tirol und in Innsbruck auf. Sie kamen zur Jagd, brachten daselbst ihre Familie vor den Türken in Sicherheit, oder flohen vor der 1848er-Revolution ins Land im Gebirge. Fröhlich und tragisch zugleich war der Aufenthalt *Maria Theresias* 1765 in Innsbruck. Sie verheiratete hier ihren Sohn *Erzherzog Leopold* mit einer spanischen Infantin. Während der Hochzeitsfeierlichkeiten verstarb ihr geliebter Gatte *Franz Stephan von Lothringen* an einem Schlaganfall. Die Triumphpforte in der Maria-Theresien-Straße, mit einer glücklichen und einer traurigen Seite, erinnert daran. Schließlich verdankt die Hofburg ihr barockes Aussehen *Maria Theresia*.

Auch *Kaiser Franz Joseph* war mehrfach in Innsbruck. Gefallen hat dem Kaiser 1909 der große Schützenumzug zur 100-Jahr-Feier der Schlacht am Bergisel unter dem Freiheitshelden Andreas Hofer. Die Aufenthalte seines Nachfolgers, *Kaiser Karls I.*, hatten dagegen einen ernsteren Hintergrund. Er inspizierte im Ersten Weltkrieg die k.u.k. Gebirgstruppen an der Südfront gegen Italien. Hier bewährte sich Feldmarschall *Erzherzog Eugen* als Kommandant der 14. Armee in den Isonzoschlachten. *Erzherzog Eugen* starb 1954 in Meran und ist im Innsbrucker Dom St. Jakob begraben. *Clemens Holzmeister* gestaltete ihm ein Denkmal im Hofgarten.

Nachdem Kaiser *Karl I.* 1918 den Weg frei gemacht hatte für eine neue Regierung, passierte er mit seiner Familie auf dem Weg ins Schweizer Exil noch einmal Innsbruck. Sein Sohn, *Otto Habsburg-Lothringen*, bemühte sich als Abgeordneter des *Europäischen Parlaments* und als Präsident der *Paneuropa-Union* Jahrzehnte lang um eine friedliche Verständigung und Zusammenführung der Völker Europas. Er trat damit in die Fußstapfen seines berühmten Vorfahren, *Kaiser Maximilians I.*, der als erster Herrscher auf einem Silbertaler auf *Europa* Bezug nahm. Das Engagement meines Vaters kam auch Südtirol zugute. Die Beziehung Habsburg-Tirol-Innsbruck hat sohin eine lange Tradition und reicht bis in unsere Zeit.

Karl Habsburg-Lothringen

INNSBRUCK – EINE STADT IM HERZEN DER ALPEN

Eine Zeitreise von der Steinzeit bis zum Ersten Weltkrieg

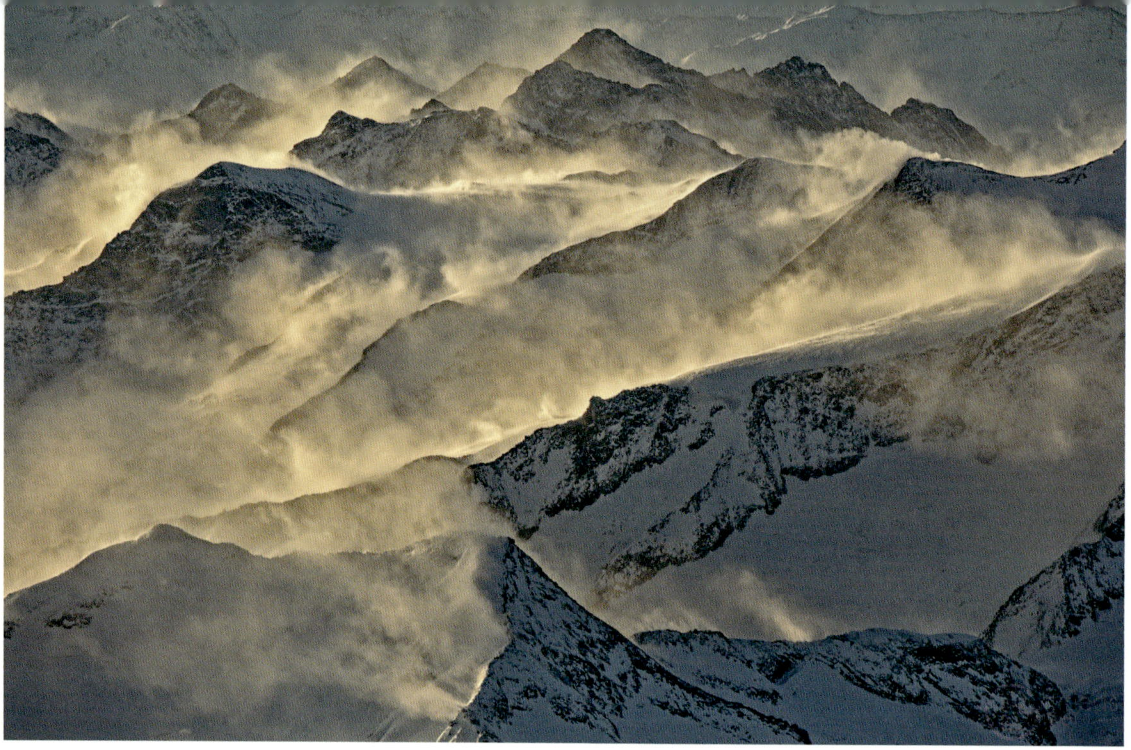

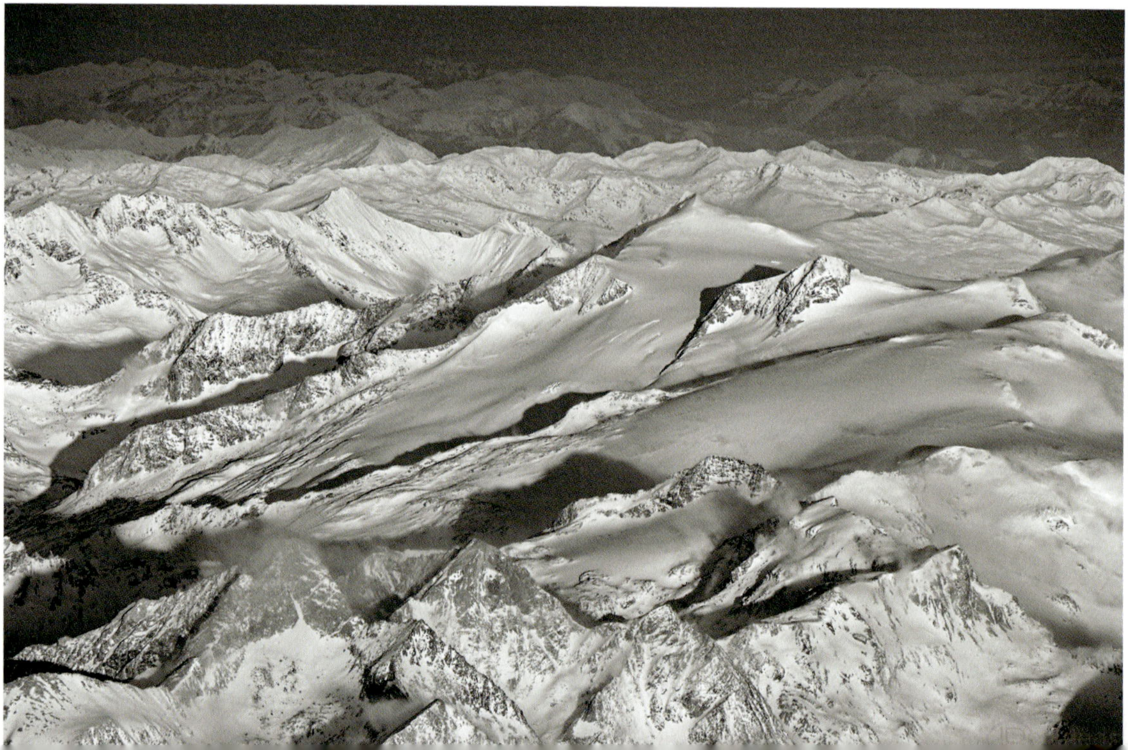

Im Ballon über die Alpen. Kaiser Maximilian hätt´ was gegeben, seine Berge so zu sehen!
Fotos von Gottfried Jäger

Werbekarte (*SA*)

Die Alpen

Vor etwa 25 Millionen Jahren prallten Afrika und Europa aufeinander. Wie eine Ziehharmonika falteten sich nun die zwischen den Kontinentalplatten liegenden Sedimentgesteine des Urmeerbodens zu riesigen Bergmassiven auf. Im Gestein eingeschlossen Ammoniten, Muscheln und versteinerte Fische. Heftige Vulkanausbrüche förderten Granitgestein an die Oberfläche. Die Alpen waren geboren. Die beiden Kontinentalplatten bewegen sich noch heute, die Berge wachsen jedes Jahr um einige Millimeter. Dagegen nagten Wasser, Wind und Wetter an Gipfeln und Graten. Mächtige Gletscher hobelten Gebirgszüge ab, Millionen Tonnen Gestein donnerten über tausende Jahre talwärts. Ohne Erosion wären die Berggipfel heute um ein Vielfaches höher. Flüsse gruben nun tiefe Täler durch die Bergzüge, Urwälder begrünten die nackten Felsen. Die Alpen sind der bedeutendste Gebirgszug Europas, mächtiger als Pyrenäen und Kaukasus. Sie erstrecken sich in einem riesigen Bogen von Wien über 1200 Kilometer bis an die französische Mittelmeerküste. Und mitten im Herzen der Alpen, in einem vom eiszeitlichen Inntalgletscher geschaffenen Tal, liegt eine geschichtenreiche Stadt: Innsbruck, die Hauptstadt der alten *Gefürsteten Grafschaft Tirol*, heute des *Bundeslandes Tirol*.

Mathias Burgklechner, Insprugg und das Inntal bis Hall.
Große Tirol-Karte von 1611 (wikimedia commons/TLA)

Vom Ötzi zu Römern und Germanen

Lawinen und Muren, Überschwemmungen, Morast, Wälder und dichtes Gestrüpp – Tirol war ein raues und wenig einladendes Land. Der Inn mäanderte durch das Tal, er wurde erst in späteren Jahrhunderten in sein heutiges Bett gezwungen. Doch schon seit der späten Jungsteinzeit siedelte man im Raum Innsbruck, im Stadtteil Hötting und am Bergisel. Es war dies die Zeit, als Jäger und Sammler sesshaft wurden. Der *Mann aus dem Eis*, *Ötzi*, stammte aus derselben Epoche. Er wurde etwa 180 km von Innsbruck entfernt, vor etwa 5.300 Jahren ermordet. In der Eisenzeit wanderten keltische Stämme auch in den Tiroler Raum. Wegen ständig drohender Überschwemmungen in den weit verzweigten Flusslandschaften besiedelten die frühen *Tiroler* nicht den Talboden, sondern die den Bergketten vorgelagerten Mittelgebirgsstufen und Hügel. Sie betrieben Ackerbau und handelten mit Waren aus dem Süden, etwa Wein, Öl, Oliven, Südfrüchten, Töpferwaren, Gläsern, Lampen, Stoffen und tauschten dafür Honig, Wachs, Baumharz und Jagdwild. An mehreren Grabungsorten in und um Innsbruck brachten Archäologen vorrömische Siedlungsreste und Urnenfelder ans Tageslicht.

Als Drusus und Tiberius, Stiefsöhne von Kaiser Augustus, 15 v. Chr. nach Norden vorstießen und den Alpenraum unterwarfen, siedelten im Inntal rätische Breonen, welche die Kelten verdrängten. Was veranlasste nun die Römer, in dieser Einöde das Militärlager *Veldidena* zu errichten? Es war die begünstigte Verkehrslage der Örtlichkeit, wo später Innsbruck liegen sollte. Hier gabelte sich die aus dem Süden durchs Eisack- und Wipptal kommende *Via Raetia* in zwei Äste. Einer führte längs des Inntals Richtung Osten. Wichtiger war der Ast nach Norden über den Seefelder Sattel zum Donaulimes. Der Innübergang lag westlich von *Veldidena* unterhalb der Martinswand. Die seit dem 2. Jahrhundert n. Chr. stark frequentierte Fernstraße *Via Raetia* überquerte keine 40 Kilometer südlich von Innsbruck die Alpen. Der Brennerpass war mit nur 1372 Metern Seehöhe der niedrigste aller Alpenübergänge. Damit verlor die ältere römische Heerstraße *Via Claudia Augusta*, die von Italien kommend über den Reschen- und Fernpass ebenfalls in Augsburg endete, ihre Bedeutung. Die Brennerroute war nun die kürzeste Nord-Süd-Verbin-

Die römischen Legionäre des Militärlagers Veldidena zählten wohl nicht zu den Elitesoldaten des römischen Heeres. Foto 1912 (SA)

dung zwischen Italien und den römischen Militärlagern an Donau und Rhein. Im Mittelalter Teil der Reichsstraße

Via Imperii, zogen hier Kaiser auf ihrem Romzug, Soldaten, Händler mit vollbepackten Karren und Heerscharen von Pilgern, zur höheren Ehre Gottes und zum eigenen Seelenheil, Richtung Rom, Jerusalem oder Santiago de Compostella. Der Brenner ist bis heute der meist befahrene Alpenübergang, Innsbruck eine europäische Drehscheibe zwischen Nord und Süd, Ost und West.

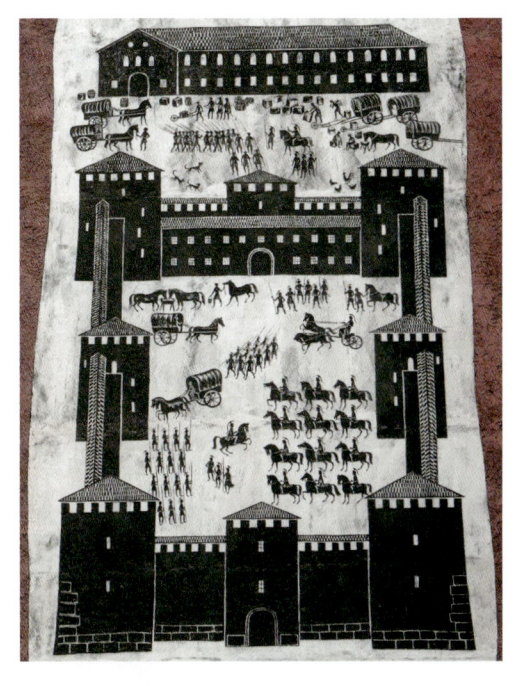

Das römische Militärlager *Veldidena* wurde im 2. Jahrhundert n. Chr. zu einer bedeutenden Etappenstation und zum Versorgungsstützpunkt ausgebaut. Ausgegraben wurden 3 große, von Mauern mit Wehrtürmen umschlossene Hallen, wohl Lagerräume für Lebensmittel und Waffen sowie Werkstätten. Als Endpunkt eines Tagesmarsches von 30 bis 40 km diente *Veldidena* als Rast-, Nächtigungs-, Verpflegungs- und Pferdewechselstation. Hier kam auch ein römischer Meilenstein zu Tage. Nahe dem befestigten Lager grub man zudem zivile Wohnstätten und eine Veteranensiedlung aus. Die rätische Bevölkerung profitierte von der römischen Besatzung. An durstigen Soldatenkehlen hatten Schankwirte ihre Freude und man mag mutmaßen, dass die eine oder andere liederliche Weibsperson hier ihre Dienste anbot. Im Zentrum des spärlichen Wohllebens stand eine kleine Badeanstalt. Es gab in *Veldidena* sicher auch römische Kultstätten, wo Legionäre etwa dem Mithraskult huldigten. Besonders abwechslungsreich war das Leben damals trotz allem wohl nicht. Das Lager *Veldidena* war für Legionäre und römische Zivilbeamte sicherlich kein Wunschstützpunkt. Und nicht nur einer sah die südliche Sonne nicht wieder und fand seine letzte Ruhe inmitten der Berge.

Römischer Reisewagen, Grabplatte in Maria Saal (SA)
Das befestigte Kastel Veldidena am Haus Leopoldstraße 44 im Stadtteil Wilten (SA)

Die rätischen Breonen nahmen im Laufe der Zeit die höher entwickelte römische Lebensweise an, aus Rätern wurden Rätoromanen. Ihre Sprache war ladinisch. Funde belegen rege Handelsbeziehungen mit Italien und anderen Provinzen. Doch die Zeiten gestalteten sich für die Römer immer unsicherer. Germanenstämme durchbrachen den Limes und drängten nach Süden. Letztlich blieb nur der Rückzug. Das Lager Veldidena wurde Anfang des 5. Jahrhunderts aufgegeben und niedergebrannt.

In den folgenden Stürmen der Völkerwanderungszeit kamen Ostgoten, Langobarden, Franken und Bajuwaren durchs Land. Viele zog es nach Italien, der eine oder andere blieb jedoch auch. Ab 476 n. Chr. gehörte Tirol zum Reich der Ostgoten. Ihnen folgten die Bajuwaren, die seit dem 6. Jahrhundert hier neue Siedlungen gründeten. ren bayerischen Stammesherzogtum, das nachmals unter karolingische Herrschaft fiel. Um 900 erlangte das jüngere bayerische Stammesherzogtum neue Selbständigkeit. Die selbstbewussten bayerischen Herzoge lagen nun häufig im Streit mit den Deutschen Kaisern. Sie trugen so vielsagende Beinahmen wie der Zänker oder der Stolze.

Die Ostgoten Theoderichs überschreiten die Alpen 489 n. Chr. (SA)

Die Neuankömmlinge nützten für ihre Anwesen und Felder nun häufig den Talboden. Inn-, Wipp- und Eisacktal gehörten ab Mitte des 8. Jahrhunderts zum älteren bayerischen Stammesherzogtum, das nachmals unter Die Bevölkerung im Inntal hatte allmählich das Christentum angenommen. Geistliches Zentrum des Nordtiroler Raumes war erst das Bistum Säben, dann Brixen. Man vermutet eine erste klosterartige Ansiedlung dort, wo einst das Römerlager stand. Die Urzelle des schließlich 1128 gegründeten Prämonstratenserklosters in Wiltau war wahrscheinlich sowohl Frauen- wie Männerkloster. Als sagenhafter Gründer gilt der Held *Haymon*. Aus ihm machte die Volkssage einen Riesen, der als Zugabe auch noch einen Drachen erschlug (▶ *Sagen-Kapitel, 269). Wiltau* ist eine Verballhornung des Namens *Veldidena*, von dem sich der heutige Stadtteil *Wilten* herleitet.

Eine Stadt entsteht

Die Romfahrten römisch-deutscher Könige zählten zu den großen Spektakeln des Mittelalters. Die Italienzüge waren jedoch keine Vergnügungsfahrten, auch wenn man am Rückweg die Kaiserkrone des Heiligen Römischen Reiches *Deutscher Nation* in der Hutschachtel mitführen konnte. Die Wege über die Berge waren schlecht, Flussüberquerungen, etwa über den Inn, ein Abenteuer. War man endlich über den Berg, begann der Ärger mit widerborstigen italienischen Städten. Im Jahr 800 war Karl der Große der erste, 1452 der Habsburger Friedrich III. der letzte, der sich vom Papst salben und die Krone aufs Haupt setzen ließ. Die allerletzte Krönung durch den Papst, jene Karls V., geschah 1530 in Bologna. Dazwischen unterzogen sich fast 20 Herrscher der rangerhöhenden Mühsal. Ihre Gefolgschaften umfassten hunderte Menschen und noch mehr Pferde. Samt Sack und Pack zog man auch durch Innsbruck. Die Zustände in und um die Stadt will man sich nicht vorstellen. Einer der Romzügler war der Salier Konrad II. Seine Kaiserkrönung zählte zu den glanzvollsten des Mittelalters.

Als Konrad durch die windigen Gebirgsschluchten Tirols zog, ließ ihn nicht nur das Wetter erschauern. Hinter jedem Felsvorsprung konnte ein missgünstiger Landesherr lauern und ihm den Weg über den Brenner versperren. Der Gebirgspass war das Nadelöhr des Italienzuges. Das Sagen hatten hier die unberechenbaren Bayerischen Stammesherzöge, die vor der Jahrtausendwende zeitweilig von Mitteldeutschland bis an die Adria herrschten. Es traf sich nun gut, dass der Herzogstuhl 1027 gerade nicht besetzt war. Als oberster Lehensherr schenkte Konrad daher mehrere Grafschaften entlang der Brennerroute den Bischöfen von Brixen und Trient. Zu geistlichen Herren konnte man etwas mehr Zutrauen haben. Bischöfe zeugten zwar uneheliche Kinder, Dynastien begründen konnten sie jedoch nicht.

Taktisch richtig gedacht, verfehlte die Überlegung in Tirol jedoch ihr Ziel. Die Bischöfe führten in ihren Bistümern das weltliche Schwert nämlich nicht selbst, sondern überließen dieses ihren Vögten. Menschen zu köpfen war mit christlicher Nächstenliebe doch nur schwer in Einklang zu bringen. Und so erhielten die bayerischen Grafen von Dießen-Andechs das mittlere Inntal, das Wipptal und das nördliche Eisacktal als Lehen des Bischofs von Brixen. Südlich davon residierte der Bischof von Trient, der seine Lehen an die Grafen von Eppan und nach deren Aussterben an die Grafen von Tirol vergab. Und diese fühlten sich schon bald als eigentliche Herren im Land.

Der erste vom Brixner Bischof belehnte Andechser Vogt baute sich sogleich eine Burg am Ambraser Hügel, der in Urkunden *ad umbras/im Schattigen* genannt wurde. Sie lag nahe dem ehemaligen Römerlager *Veldidena*. Über die folgenden 100 Jahre schweigen die Quellen. 1133 legte sich der Andechser Graf unvorsichtigerweise mit dem mächtigen und hochfahrenden Bayernherzog Heinrich dem Stolzen an. Der zögerte nicht lange. Er berannte und brannte die Ambraser Burg einfach nieder. Der nun obdachlose Andechser musste sich eine neue Bleibe suchen. Und so gründete er am Nordufer des Inns, unterhalb der ver-

Insbrugg, wie die Stadt um 1565 wohl aussah. Eine seit dem 12. Jahrhundert bestehende Brücke verband die Altstadt mit dem Vorort *Anbruggen.* Der Abbildung aus dem 19. Jahrhundert lagen das *Schwazer Bergbuch* und ein Fresko im Florentiner Palazzo Vecchio zu Grunde. Vasari malte mehrere Stadtveduten, um einer Erzherzogin, die mit einem Medici verheiratet war, das Heimweh zu lindern. (SA)

schneiten Berge, den Markt *Anbruggen* samt neuem Ansitz. Der Ort war gut gewählt, lag er doch an einer belebten Fernstraße. Kaufleute von und nach Italien zogen hier durch. Das Kloster Wilten betrieb daselbst bis 1165 eine Fähre über den Inn. Wegen des zunehmenden Verkehrs ließ Berchtold V. von Andechs eine Holzbalkenbrücke über den Fluss schlagen. Damals ein schwieriges Unterfangen. Die Pfeiler bildeten Kästen aus massiven Baumstämmen, die mit großen Steinen gefüllt waren. In der Mitte der Brücke errichtete man ein Haus. Hier wurde Maut eingehoben. Das älteste Stadtsiegel Innsbrucks aus dem Jahr 1267 macht mehr her, als die stilisierten jüngeren. Es zeigt die Innbrücke nämlich mit drei statt zwei Brückenpfeilern. Die Ansicht links aus späterer Zeit zeigt die Innbrücke mit fünf Pfeilern und das Mauthaus. Da Hochwässer den Übergang häufig beschädigten und auch mitrissen, mussten die Innsbrucker regelmäßig für kleinere und größere Reparaturen aufkommen. Die Ansiedlung im unteren Teil des Bildes ist das ältere Anbruggen. Die mauernumgürtete Stadt gegenüber entstand erst später.

In *Anbruggen* wurde es nämlich bald eng, der Markt prosperierte. 1180 bezeugt eine Urkunde, dass die Andechser Grafen *„vom Probste Heinrich von Wilten die Befugniß erlangt haben, ihren Markt auf den jenseits der Brücke gelegenen Grund und Boden des Stiftes Wilten zu verlegen."* Sogleich legte Graf Berchtold am gegenüberliegenden Ufer des Inns, *trans pontem*, die Marktsiedlung *Jnspruk* an. Zudem erbaute er sich an der Brücke eine Wohnburg. Die älteste urkundliche Namensnennung stammt aus den Jahren zwischen 1167 und 1183. Irgendwann zwischen 1187 und 1204 wurde *Jnspruk* zur Stadt erhoben. Die Bewohner hatten zuvor ihren Markt mit Mauern und einem Graben umgeben. Eine Bestätigung des Stadtrechts erfolgte 1239.

Stadtsiegel 1267 (*Innsbrucker Stadtnachrichten*) – Medaille 800 Jahre Innsbrucks (SA)

Kolorierter Kupferstich von Schloss Ambras und Innsbruck aus dem Städte-Atlas *Urbium paecipuarum mundi theatrum quintum* von Georg Hoefnagl, erste Auflage 1598. Es ist dies die erste Darstellung Innsbrucks in Richtung Westen. (SA)

„In der Nähe der Stadt auf einem Hügel befindet sich die Burg Ambras, die vom Erzherzog Ferdinand von Österreich fertiggestellt wurde, mit einer prächtigen Bibliothek und einem Arbeitszimmer. Dieser Palast wurde vom Prinzen für sich und seine Höflinge erbaut, damit sie die kühle Luft dort genießen können während des Sommers."

Kolorierter Kupferstich Innsbrucks aus dem Städte-Atlas *Civitates Orbis Terrarum* von Georg Braun und Frans Hogenberg nach Alexander Colin, 1576. Ansicht um 1563. Innsbruck in Richtung Osten, am Talende die Stadt Hall (SA)

„Innsbruck hat eine unbeschreiblich vorteilhafte Lage und einen sehr fruchtbaren Boden. Die Herrscher des Landes haben es daher sehr früh als Sitz gewählt. [...] Dort gibt es ein sehr schönes Rathaus, von dem die meisten vergoldet sind, und ein weiteres Haus, das von Kaiser Maximilian gebaut wurde, das mit Silberschindeln bedeckt ist."

Albertiner und Meinhardiner

Die Stadt Innsbruck sah in ihrer Geschichte viele Landesherren. Die älteren *Andechser* Grafen trugen häufig den Namen Albert und wurden deshalb *Albertiner* genannt. Ihnen folgten die jüngeren *Meinhardiner*, gleichfalls ein bedeutendes bayerisches Adelsgeschlecht. Graf Meinhard I. von Görz heiratete die Tochter des letzten *Albertiners*, und gewann damit nach dessen Tod 1253 die Grafschaft Tirol.

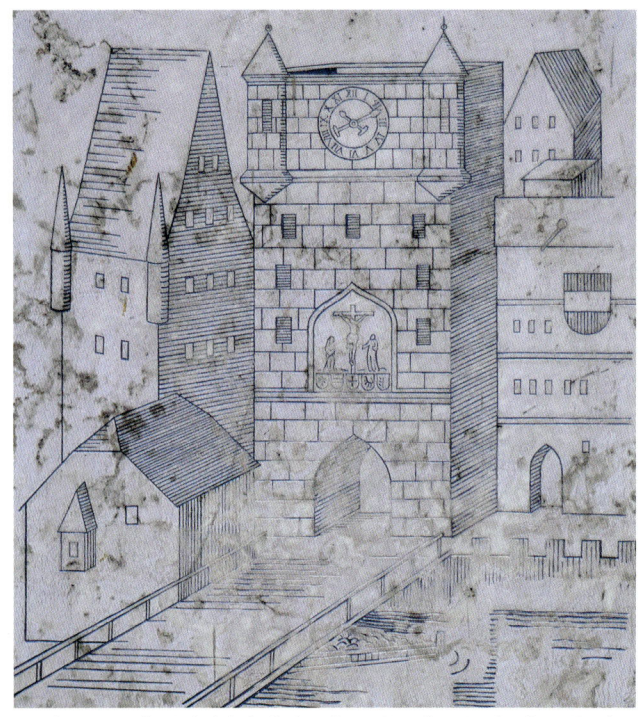

Vor der Passage des Andechshofes findet sich eine Darstellung Innsbrucks zur Zeit der Andechser Grafen. Links vom Inntor deren Wohnburg. Im Haus an der Brücke wurde Vieh geschlachtet. (*SA*)

Sein Sohn, Meinhard II., folgte ihm 1258 als Graf von Görz und Tirol. Ehrgeizig wie er war, strebte er nach Höherem. Dabei kam ihm der Sturz des Bayernherzogs Heinrichs des Löwen 1280 zu Gute. Meinhard II. nutzte das Machtvakuum, und eignete sich Teile des Inntals, das Eisack- und Etschtal samt Seitentälern an. Der römisch-deutsche König Rudolf I. von Habsburg betrachtete jede Schwächung der Bayern mit Wohlwollen und bestätigte Meinhard 1282 als eigenständigen Landesherrn. Vier Jahre später brachte dieser noch die Gerichtsbarkeit der Fürstbistümer Brixen und Trient an sich. Meinhard II. wurde so zum Gründer des Landes Tirols. Er zog dabei alle Register und schreckte auch vor Gewalt nicht zurück. Rasch begann er nun seine junge Herrschaft zu konsolidieren. Meinhard vereinheitlichte die Verwaltung, förderte die Wirtschaft und ließ ein

Wappen der Grafen von Tirol (*wikimedia commons*)

Tiroler Landrecht aufzeichnen. 1273 gründete der Herrscher auf Anregung seiner staufischen Gattin Elisabeth im Oberinntal das Zisterzienser-Kloster Stams als Grablege für seine Dynastie. Stams wurde in der Folge Begräbnisstätte der Tiroler Landesfürsten.

Stift Stams mit der Grablege der Tiroler Landesfürsten. (*SA*)
Über die *goldenen Mander und Weiber* von 1684 wachen Zisterziensermönche. (*SA*)

In der Münzstätte seiner Residenzstadt Meran ließ Meinhard II. seit 1274 Münzen prägen. Seine Kreuzer trugen stolz den Tiroler Adler im Münzbild. Doch auch dem mächtigen Adelsgeschlecht der Meinhardiner war kein ewiges Leben beschieden. Seine Söhne hatten nämlich keine männlichen Nachkommen. Da sich einer von Ihnen, Heinrich II., vom Wittelsbacher Kaiser jedoch das Erbrecht seiner weiblichen Nachkommen zusichern hatte lassen, fiel Tirol 1335 an seine Tochter Margarete. Die schöne Gräfin war eine gute Partie und wurde schon als 12-jährige 1330 in Innsbruck mit dem neunjährigen Johann Heinrich von Luxemburg verheiratet.

Warum ein Luxemburger? Die beiden anderen Adelsgeschlechter mit europäischer Dimension, Wittelsbacher und Habsburger, waren darob *not amused*. Sie beschlossen, Tirol untereinander aufzuteilen. Der Süden samt Kärnten sollte an den österreichischen, der Norden an den bayerischen Herzog fallen. Beide hatten die Rechnung jedoch ohne die Tiroler und Luxemburger gemacht. Diese wehrten sich nämlich erfolgreich und alles blieb beim Alten. Doch auch der Erfolg der Luxemburger war enden wollend. Die Ehe zwischen Johann Heinrich und Margarete stand nämlich unter keinem guten Stern. Die Gatten waren einander in tiefer Abneigung verbunden. Margarete machte mit dem Ungeliebten schließlich kurzen Prozess und setzte ihn 1341 vor die Tür. Als Heinrich von der Jagd heimkehrte, blieb ihm das Burgtor und mit Hilfe des Tiroler Adels, schließlich auch das Land verschlossen. Margarete behauptete, dass ihre Ehe wegen Unfähigkeit ihres Gatten nicht vollzogen wurde. Und sie sah sich rasch nach Ersatz um. Nur wenige Monate später verband sie sich mit dem Wittelsbacher Markgrafen Ludwig von Brandenburg, Sohn von Kaiser Ludwig dem Bayern. Der verstoßene Heinrich verpasste seiner Ex als Retourkutsche den wenig freundlichen Beinamen *Maultasch*, der an ihr hängen blieb.

Der neue Landesfürst *de iure uxoris* wusste den Tirolern gleich richtig zu begegnen. Im *Großen Tiroler Freiheitsbrief* vom 28. Jänner 1342 bestätigte er dem Land die althergebrachten Rechte. Die Urkunde richtete sich an „*alle Gotteshäuser, Geistliche und Weltliche, alle Städte, Dörfer und Märkte und auch alle Leute, edel und unedel, reich und*

Der *Zwanziger* oder *Adlergroschen* genannte Kreuzer wurde 1274 – 1335 geprägt. (*SA*)

Fiktive Portraits von Meinhard I., Margarete Maultasch und Meinhard II. im Spanischen Saal des Schlosses Ambras bei Innsbruck (*SA/KHM*)

arm, wie die geheißen oder wo die gelegen oder gesessen sind in der Grafschaft Tirol." Aus diesen Formulierungen des Freiheitsbriefes leiteten manche Historiker die Landstandschaft nicht nur von Adel, Klerus, sondern auch von Städten und Märkten sowie der Bauern ab. Ludwig hätte ihnen zugleich das Recht eingeräumt, seine Regierung zu kontrollieren, Gesetze zu erlassen und Steuern zu bewilligen. Damit wären die Landstände neben dem Landesfürsten Träger der politischen Macht in Tirol geworden. Eine solch weitreichende Interpretation ist allerdings umstritten. Die Landstände hatten damals auch noch kein eigenes Versammlungshaus. Sie traten im 15. Jahrhundert oft mehrmals im Jahr in Meran, Bozen, Brixen, Sterzing, Hall und Innsbruck zusammen.

Die Eheschließung Margaretes mit dem Wittelsbacher war ein veritabler Skandal. Der Papst in Avignon verweigerte aus politischen Gründen die Auflösung der Ehe wegen der behaupteten *impotentia coeundi* Heinrichs und verhängte über das Paar den Kirchenbann und über Tirol das Interdikt. Nun durften im Land keine Messen gelesen und keine Sakramente gespendet werden. Dazu entbrannte auch noch ein Krieg. Die Luxemburger berannten Tirol und brannten Meran und Bozen nieder. Zudem zogen Heuschreckenschwärme übers Land, Überschwemmungen richteten große Schäden an und der *Schwarze Tod*, die Pest, verbreitete Furcht und Schrecken. Das Volk sah all dies als Strafe Gottes an. Die Menschen fürchteten wegen des Verbots kirchlichen Lebens auch um ihr Seelenheil. Die Ehe Margaretes verlief trotz aller äußeren Schwierigkeiten harmonisch. Knapp vor Ludwigs Tod 1359 gelang dem Habsburger-Herzog Albrecht II. den Papst zum Nachgeben zu bewegen. Das Fürstenpaar konnte nun endlich mit dem Segen der Heiligen Mutter Kirche den Bund der Ehe schließen. Ungeklärt blieb dagegen die Frage, welches der drei Adelsgeschlechter die Oberhand im Land hatte.

Das Gerangel um Tirol ging nun in die nächste Runde. Um dem Haus Habsburg Erbansprüche auf Tirol zu sichern, verheiratete Herzog Albrecht II. seine Tochter mit Meinhard III., dem Sohn des Tiroler Landesfürstenpaares. Nach dem überraschenden Tod ihres Gatten regierte Margarete Maultasch Tirol nun gemeinsam mit ihrem 18-jährigen Sohn Meinhard III. Dieser stand stark unter dem Einfluss seiner Wittelsbacher Verwandten. Er verstarb jedoch unter ungeklärten Umständen bereits 1363. Nun entbrannte der Erbstreit um Tirol zwischen Habsburgern und Wittelsbachern voll. Rasches und energisches Handeln war das Gebot der Stunde. Der neue Chef des Hauses Habsburg, Rudolf IV., ritt mitten im Winter mit kleinem Gefolge sofort los.

Mathias Burgklechner, Tiroler Aderkarte 1611 (*wikimedia commons/TLA*)

Rudolf hatte keine schlechten Karten. Margarete, durch den frühen Tod ihres Sohnes nun ohne Nachkommen, war den Habsburgern wegen der seinerzeitigen Intervention beim Papst gut. Und auch der mächtige Tiroler Adel neigte ihnen zu. Margarete übertrug die Grafschaft Tirol daher 1363 an Rudolf IV. und seine Brüder. An der in Bozen ausgestellten Urkunde hängen die Siegel der Landesfürstin und von 14 Tiroler Hochadeligen. Margarete blieb allerdings vorerst noch Regentin.

Die Wittelsbacher tobten und schufen Fakten: Bayerische Truppen marschierten in Tirol ein. Der nun folgende Krieg wurde in beiden Ländern mit großer Grausamkeit geführt und verbitterte das Klima zwischen Tirolern und Bayern auf Generationen (▶ *Andreas Hofer-Kapitel, 211*). In dieser verzweifelten Situation verzichtete Margarete im Sommer 1363 auch auf die Herrschaft. Die Bayern belagerten noch 1368 vergebens Innsbruck und Hall und gaben erst 1369, vier Jahre nach dem Tod Rudolf IV. auf. Sie erhielten eine hohe Entschädigungssumme. Kufstein, Kitzbühel und Rattenberg sowie das Zillertal fielen als seinerzeitige Morgengabe Heinrichs an Margarethe zurück an die Wittelsbacher. Erst Maximilian I. gewann diese Gebiete 1504 endgültig für Tirol. Margarete lebte bis zu ihrem Tod 1369 in Wien. Ein Fragment ihrer Grabplatte mit dem Tiroler Adler hängt im Arkadengang der Minoritenkirche.

Innsbrucks Bürger und ihre Häuser

Innsbruck lag bereits im Mittelalter dies- und jenseits des Inns. Die beiden Stadtteile verband seit dem 12. Jahrhundert eine Brücke. Den am Fuß der Nordkette gelegenen, älteren Markt nannte man *Ynbruggen/Anbruggen*. Er umfasste Mariahilf, St. Nikolaus und Hötting. *Anbruggen* sank mit Aufstieg der heutigen Altstadt zur Vorstadt herab. Dortselbst werkten Gerber und Steinmetze, dazu lag hier ein Kalkofen und eine große Ziegelei. Alles übelriechende, staubige und laute Gewerbe, die man lieber abseits sah. Einige Ecken waren auch übel beleumundet. Ein Siechenhaus am Ostrand der Siedlung wird erstmals 1313 erwähnt. Heute liegt an dieser Stelle die Kirche *St. Nikolaus* samt Friedhof. Es gibt in *Anbruggen* auch einen kleinen stimmungsvollen Pestfriedhof von 1625. Der *Pest-Lockdown* dauerte damals weniger als zwei Monate, gegen aktuelle *Corona-Lockdowns* kaum der Rede wert. Inn abwärts, am Berghang, lag einst auch ein jüdischer Friedhof. In *Anbruggen* saß der Kopf zuweilen recht locker. Am Beginn der Weiherburggasse befand sich nämlich die Richtstätte, *Köpflplatz* genannt. Die letzte Hinrichtung in Innsbruck fand, allerdings nicht hier, 1861 statt.

Zu hohem Ansehen brachten es in Hötting im letzten Drittel des 15. Jahrhunderts drei Erzgießereien. Hans und Jörg Seelos, Jörg Endorfer sowie Peter Löffler und sein Sohn Georg in Büchsenhausen, machten Innsbruck zur europäischen Bronzeguss-Hauptstadt. Hier wurden Glocken und High-Tech-Kanonen gegossen sowie zwei Erzstatuen für das Grabmal Kaiser Maximilians (▶ *Hall-Kapitel, 153*). Im 18. Jahrhundert lagen an den wilden Gebirgsbächen in Hötting acht Mühlen. Seit 1777 werkt in St. Nikolaus die Seifen- und Kerzenmanufaktur *Walde*. Die lange Silhouette mit Bürgerhäusern längs des Flusses zeigt, dass die Vorstadt *Anbruggen* Anschluss an das Stadtzentrum gefunden hat. Einige Ansitze adelten zudem das Viertel. Auch wenn viele Altinnsbrucker Gastwirtschaften längst geschlossen sind, liegt *Anbruggen* im Aufwind. Die beiden Innufer verbinden eine Reihe von Brücken. Keine von ihnen hat die Stürme der Zeit überlebt, sie wurden durch Neubauten ersetzt. Die der Hungerburgbahn stammt von der Stararchitektin Zaha Hadid. Dort wo heute der eiserne Innsteg über den Fluss führt, bestand von 1836 bis 1871 zwischen St. Nikolaus und dem Saggen auch eine Fähre.

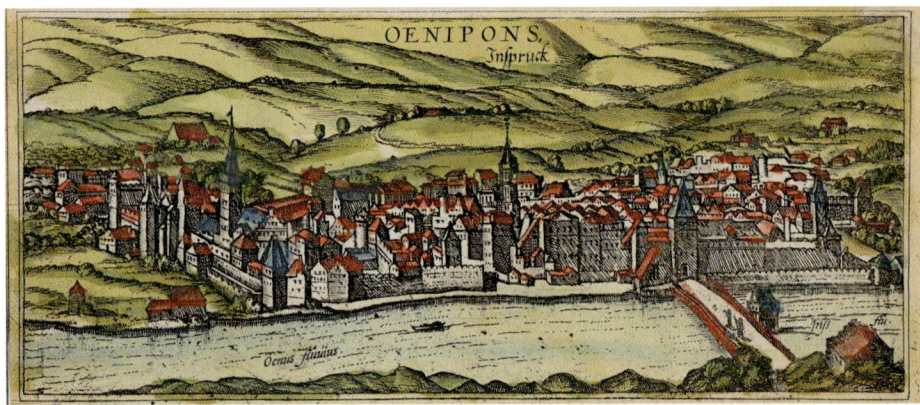

Die drei ältesten Ansichten von Innsbruck: Aquarell von Albrecht Dürer 1495 – Kupferstiche von Braun/Hogenberg 1574 (Ansicht um 1550) – Miniatur aus dem *Schwazer Bergbuch* 1556. (*wikimedia commons Albertina/SA/TLF*)

Die von *Anbruggen* durch den Inn getrennte *Altstadt* war bereits gegen Ende des 12. Jahrhunderts von einem Wehrgraben und Mauern umgeben. Selbige stockten die Innsbrucker 1355 sicherheitshalber noch einmal auf. Die Zeiten waren unruhig und in der Stadt gab´s was zu holen. An der Hausfront neben dem *Stiftskeller* sichtbare Mauerzinnen zeigen noch heute die Höhe der alten Stadtmauer. Verschwunden sind dagegen die Befestigungstürme. Fünf Stadttore führten einst in die Stadt. Das schönste war der von Maximilian errichtete und 1492 von Hofmaler Jörg Kölderer bemalte Wappenturm. Zusammen mit dem 1450 erbauten Stadtturm des *Alten Rathauses* mit seinem Spitzhelm und dem Turm der Pfarrkirche war Innsbrucks Silhouette damit perfekt.

Es ist ein Glücksfall, dass der große Albrecht Dürer auf seiner Durchreise durch Innsbruck 1495 drei Aquarelle angefertigt hat, zwei von der landesfürstlichen Burg und eine Stadtansicht. Mit der Spiegelung der Mauern und Türme im Inn vermittelt das Aquarell das märchenhafte Bild einer mittelalterlichen gotischen Stadt. Der kolorierte Kupferstich aus dem Städteatlas von Braun/Hogenberg wirkt dagegen ein wenig schematisch. Innsbruck ist in den hundert Jahren größer geworden. Detailgenauer ist wiederum die Stadtansicht aus dem *Schwazer Bergbuch* von 1556. Die Innbrücke ist hier weit weniger wuchtig, als am Stadtwappen.

Wer persönlich frei, ehrbar und von ehelicher Geburt war und möglichst dem Ehestande zugehörte, musste nur noch Bürger- und Einschreibegeld berappen. Dann konnte man Innsbrucker Bürger werden und in der Stadt wohnen. Verzog der Bürger auf Dauer, unterwarf er sich einer anderen Obrigkeit oder hing er gar dem lutherischen Unglauben an, dann war der Stadtbewohner sein Bürgerrecht auch rasch wieder los. Anders als Adel, Klerus, Juden und Hofbedienstete unterstanden Bürger dem landesfürstlichen Stadtrichter. Die Laube seines Amtshauses in der Herzog-Friedrich-Straße schmückt seit 1495 der *Quaternionenadler*. Heute residiert hier *McDonald´s*. Der Stadtrichter führte mit fünf Räten die Stadtverwaltung. Um 1315 wurde der Rat auf zwölf Mitglieder aufgestockt. Seit 1374 amtierte in *Inspruk* ein Bürgermeister, der 20 Jahre später über dem Stadtrichter stand – ein Zeichen erstarkten städtischen Selbstbewusstseins. Beide Amtsträger wurden alljährlich von der Bürgerschaft gewählt. Bürger und Handwerker schlossen sich in Bruderschaften und Zünften zusammen, wo man dem Gemeinschaftsleben frönte. Unverzichtbar waren Zünfte und Bruderschaften in der Kranken- und Altersversorgung, wozu sie sich im städtischen *Heilig-Geist-Spital* einkauften.

Bürger bestimmten die Geschicke der Stadt und standen unter ihrem Schutz. Dafür schuldeten sie dem Landesfürsten und der städtischen Obrigkeit Gehorsam und mussten Steuern zahlen. Im Ernstfall war es Bürgerpflicht, die Stadt zu verteidigen und bei Feuer und Überschwemmungen Hilfe zu leisten. Der Stadtschreiber führte das Innsbrucker Bürgerbuch. Die Aufzeichnungen über die Bürgerschaft reichen bis in die Regierungszeit Herzog Sigmunds des Münzreichens im 15. Jahrhundert.

Innsbruck war eine wohlhabende Markt- und Handelsstadt. Fernstraßen führten Kaufleute mit schwer beladenen Fuhrwerken in die Stadt. Auf Grund des Stapelrechtes mussten sie ihre Waren hier feilbieten, die in Ballenhäusern gelagert wurden. Am Hauptplatz hielten auch Bauern des Umlands ihre Produkte feil. Lautstark angepriesenes Obst, Gemüse, Eier, Käse und allerlei Geflügel, dazu geschäftiges Treiben, ergaben ein Bild fröhlichen Markttreibens. Große Bottiche waren hier eine Attraktion: In ihnen tummelten sich frische Fische aus den Seen und Flüssen Tirols. Die Kinder kreischten, wenn einer mit einem hohen Sprung zappelnd vor ihren Füßen landete.

Der Neuhof mit Kaiser Maximilians Goldenem Dachl aus dem 15. Jahrhundert (SA) – Laube des Trautsonhauses in der Altstadt (SA)

Haus- und Bergspitzen (SA) – Katzunghaus mit Stadtturm in der Altstadt (SA)

Die Bürger *Inspruks* durften einem Gewerbe nachgehen und Handel treiben. Fürs leibliche Wohl der Innsbrucker sorgten Bäcker, Fleischer, Bierbrauer und Weinhändler. *Ums Eck* boten Apotheker, Barbiere, Bader, Juweliere, Kürschner, Schneider, Schuster, Tischler, Schlosser, Sattler, Hufschmiede, Wagner, Töpfer, Bürstenbinder, Sailer, Korbflechter, Wachszieher und weitere Handwerker ihre Dienste an. Rege Bautätigkeit gab Bildhauern, Steinmetzen, Hafnern, Maurern, Malern, Zimmerleuten oder Dachdeckern reichlich Brot. Dazu bevölkerten Bettler, Blinde, Einbeinige, Epileptiker, Gauner und Taschendiebe die Straßen der Stadt. Innsbruck zählte um 1300 höchstens 1.500 Einwohner. Bei der ersten Volkszählung 1567 kam man ohne Hofstaat und Klosterbewohner auf rund 5.000, mit dem Umland auf 7.000 Einwohner. Heute zählt die Landeshauptstadt Tirols rund 130.000 Einwohner, wozu noch 30.000 Uni-Studenten kommen. Innsbruck ist damit nach Wien, Graz, Linz und Salzburg die fünftgrößte Stadt Österreichs.

Innerhalb der Stadtmauern war Baugrund rar. Rathaus, Pfarrkirche, Bürgerhäuser, Werkstätten und der Ansitz des Landesfürsten drängten sich dicht an dicht, oft nur durch enge, dunkle Gassen getrennt. Unter den Lauben lag Laden an Laden. Die üblen Gerüche im Gassengewirr veranlassten Kaiser Maximilian um 1500, die Straßen seiner Residenz zu pflastern. Der *Stadtplatz* mit dem *Goldenen Dachl* war das Zentrum der Stadt. Von hier führte die *Inntorgasse* Richtung *Ottoburg* und die damals *Unter den Chramen* genannte Herzog-Friedrich-Straße mit dem *Rathaus* in die Neustadt. Nach verheerenden Stadtbränden 1270, 1292, 1333, 1340 und 1390, die nahezu alle

Die Strafen im Mittelalter waren drastisch, wohl auch in Innsbruck (SA)

Fachwerkhäuser zerstörten, baute man die Stadt in Stein wieder auf. Maximilian erließ Bau- und Brandschutzvorschriften für Innsbruck, die nachmals von anderen Städten seines Reiches kopiert wurden. Die folgenden Brände, etwa das schwere Feuer von 1575, richteten nun nicht mehr so verheerende Schäden an.

Die Enge der Altstadt bedingte das Aussehen der Häuser. Diese waren hoch und schmal. Erdgeschoße nahmen Verkaufsläden und Vorratsräume auf, in den oberen Stockwerken lagen Wohnräume – die Stuben zur Straße, die Schlafkammern zum Hof. Der Rauch der Küchen entwich durch hohe Kamine. Enge Lichtschächte spendeten steilen Treppenhäusern nur wenig Licht. Das Häusermeer reichte schon bald an die Stadtmauer heran, die sich heute hinter angefärbelten Hausfassaden von Markt- und Burggraben verbirgt. Der Stadtrat gestattete den Eigentümern, Fenster in das Mauerwerk zu schlagen. Allerdings mussten diese im Kriegsfall wieder zugemauert werden. Innsbruck liegt in einer tektonisch aktiven Zone. 1572 dauerten die Erdstöße 40 Tage und verursachten schwere Schäden. Selbst der Landesfürst und sein Hof übernachteten aus Furcht vor dem Erdbeben tagelang in Scheunen außerhalb der Stadt. Altstadthäuser verstärkte man daher oft mit Stützmauern und Eisenklammern.

Nachdem die alte Andechser Burg an der Innbrücke aus allen Nähten platzte, erwarb der Landesfürst, Friedl mit der leeren Tasche, am Hauptplatz mehrere Häuser und vereinte sie zum *Neuen Hof*. Nachdem er seine Residenz 1420 nach Innsbruck verlegt hatte, hielt sich der Landesfürst hier bis zu seinem Tod auf. Seinem Nachfolger Sigmund dem Münzreichen war der Neuhof offenbar zu minder. Er übersiedelte in den Mitterhof und begann mit dem Ausbau der heutigen Hofburg. Albrecht Dürer hat den Innenhof der von Maximilian vollendeten landesfürstlichen Residenz 1495 in zwei weiteren Aquarellen verewigt. Maximilian war es auch, der der Stadt ihr weltbekanntes Wahrzeichen schenkte. Er ließ an den Neuhof 1500 von Niklas Thüring d.Ä. einen repräsentativen, mit Fresken und Reliefs verzierten spätgotischen Erker anbauen – sein *Goldenes Dachl*.

Dem wollten Adel, Beamte und Bürger nicht nachstehen. Auch sie verschönten nun ihre Häuser. Besonders eindrucksvoll die Turnierreliefs am *Katzunghaus*, die daran erinnern, dass die heutige Herzog-Friedrich-Straße Kampfplatz ritterlicher Schaukämpfe war. Das 1532 errichtete *Deutschordenshaus* in der Hofgasse ist einer der schönsten Ansitze der Altstadt, allerdings schon mit einer Renaissancefassade. 1541 ließ sich der Erbmarschall Tirols in der Herzog-Friedrich-Strasse das prachtvolle *Trautsonhaus* errichten. Der *Quaternionenadler* unter den Lauben des Hauses Herzog-Friedrich-Straße 35, das Laubengewölbe des *Helblinghauses*, verspielte Erker, steinumrandete Tore, holzgeschnitzte Türen und schmiedeeiserne Beschläge verströmen den Charme vergangener Tage. Vieles davon hat die Baumeisterfamilie Türing geschaffen.

Innsbruck war immer schon eine gastliche Stadt (▶ *Baedeker-Kapitel, 235)*. Es mangelte allerdings immer an Unterkünften. Pilger hatten es einfach, sie kamen im stattlichen gotischen *Leuthaus* des Klosters Wilten unter. Hier residieren heute die *Wiltener Sängerknaben*. Große Aufregung und wildes Gedränge herrschte in Innsbruck, wenn Fürsten mit vielköpfigem Gefolge einzogen. Im Mittelalter waren sie auf Romzug und reisten nur durch. Kaiser Maximilian und sein Hof hielten sich in Innsbruck demgegenüber länger auf. Als Landesfürst veranstaltete er rauschende Turniere und Feste, als Kaiser machte er hier auch große Politik. Dann war die Stadt voll mit weltlichen und geistlichen Notabeln, Räten, Gesandten und Sekretären. Die Wirtshäuser und Herbergen der Stadt verdienten daran gutes Geld. Zudem vermieteten die Innsbrucker privat Betten und Zimmer, Vorläufer von Airbnb. Weniger beliebt waren Söldnerheere im Dreißigjährigen Krieg oder Napoleonische Truppen, die durchs Inntal marschierten. Sie kampierten vor den Toren der Stadt und plünderten die Umgebung.

Die Innsbrucker hatten ihre Stadtmauer viel zu eng gezogen. Schon 1281 begann man entlang der Ausfallstraße Richtung Süden – heute die Maria-Theresien-Straße – Häuser zu bauen. Meinhard II. machte mit dem Wiltener Abt in der Folge ein für beide Seiten gutes Geschäft. Gegen eine Weinzollbefreiung erwarb er die Gerichtsbarkeit über die sogenannte Neustadt. Da es hier genügend Platz gab und wohl auch, weil man Kranke nicht unbedingt innerhalb der Mauern haben wollte, errichteten die Bürger hier 1307 das *Heilig Geist Spital*. Gemanagt wurde es von einem Rat der Bürger und einem Spitalspfleger. Behandlung und Versorgung lag in den Händen eines Arztes und seiner Pfleger. Den Innsbrucker Bürgern war ihr Spital im Bereich der heutigen Spitalskirche offenbar etwas wert. Wohltätige Stiftungen und Schenkungen machten das *Heilig Geist Spital* bald zu einem reichen Grundbesitzer. Für seine Beamten und Bediensteten gründete Maximilian gegenüber der Pfarrkirche 1508 ein eigenes *Hofspital*. Die Beamtenschaft war offenbar immer schon privilegiert. Die Landbevölkerung und bedürftige Kranke, Sieche, Waisen und Alte aus der Stadt kamen dagegen im *Kloster Wilten* unter. Dazu gab es vor den Mauern auch noch ein Leprosenhaus und ein Pestspital.

Da die Behandlung im *Heilig Geist Spital* oft nicht zu Heilung führte, lag seit 1320 neben dem Spital auch ein Friedhof. Als man auf Betreiben Kaiser Maximilians 1509 den Gottesacker um *St. Jakob* aufließ, wandelte sich der Spitals- zum Stadtfriedhof. Um den Toten das Warten aufs Ewige Leben zu verschönern, brachte man mit päpstlicher Bewilligung geweihte Erde vom Campo Santo aus Rom hierher. Vielfach erweitert bestand der Stadtfriedhof bis 1856. Die Stadt wuchs jedoch nicht nur Richtung Süden. In der nach Osten führenden Silbergasse, heute Universitätsstraße, gründete man eine landesfürstliche Schmelzhütte, dazu eine Köhlerei und weitere Gewerbebetriebe.

Von Mönchen, Pfaffen und Heiligen

Das Mittelalter war geprägt vom christlichen Glauben, der alle Lebensbereiche durchzog. Die Heilige Mutter Kirche und ihre Repräsentanten, Bischöfe, Priester, Mönche und Nonnen nahmen sich der religiösen Bedürfnisse des Adels wie des Volkes an. Sie forderten von den Gläubigen die Einhaltung der Gebote. Messbesuch und Beichte dienten auch der Überwachung. Bußprozessionen, Gebete und Andachten sollten Gott gnädig stimmen. Fanatische Prediger schilderten in glühenden Reden die ewige Verdammnis und die Qualen des Fegefeuers, aber auch die Glorie des Paradieses und des ewigen Lebens. Für das ungebildete Volk wurden Kirchen mit Fresken und Bildern geschmückt, die anschaulich biblische Geschichten erzählten. Verließen Gläubige die Kirche, zwangen an der Torwand häufig drastische Darstellungen des Jüngsten Gerichts zur dringenden Einkehr. Die Verbreitung von Angst und religiösen Schauern war schon immer ein höchst wirksames Mittel, Menschen zu Gehorsam, Frömmigkeit und Spenden zu bewegen.

Die Verfolgung von Hexen und Zauberern sind ein tiefschwarzes Kapitel in der Geschichte der katholischen Kirche. Mittels grausamer Folter suchte man den armen Beschuldigten Teufelspakt, Teufelsbuhlschaft, Hexenflug, Hexensabbat oder Schadenzauber nachzuweisen. Meist war ihnen der Flammentod sicher. Im Jahr 1485 wurde

Helena Scheuberin in Innsbruck vom Dominikanermönch Heinrich Kramer, vor das Gericht gezerrt. Es folgte der erste große Hexenprozess im Gebiet des heutigen Österreich. Der damalige Landesfürst, Sigmund der Münzreiche, hatte dem Inquisitor einen Geleitbrief ausgestellt. Man warf Helena und weiteren sechs Frauen vor, den Tod des Ritters Jörg Spiess durch Zauberei herbeigeführt zu haben. Der italienische Arzt, der den edlen Ritter wohl selbst zu Tode behandelt hatte und wohl die Konkurrenz heilkundiger Frauen fürchtete, hatte den Prozess angezettelt. Der stieß bei den Innsbrucker Bürgern auf starke Ablehnung. Die Geschichte ging überraschenderweise gut aus. Die Frauen mussten geringfügige Buße tun und wurden auf Anordnung des Brixner Fürstbischofs Georg Golser freigelassen. Der Inquisitor musste kleinlaut das Land verlassen.

Der Wiedertäufer Jakob Hutter – Hexenverbrennung (*wikimedia commons*)

Seine schimpfliche Niederlage veranlasste ihn zur Verfassung des *Hexenhammers*, der unrühmlichen Gebrauchsanweisung für Hexenprozesse. Um mehr Autorität zu verströmen, latinisierte er seinen Namen in *Henricus Institoris*. Bis 1722, dem Jahr der letzten Hexenverbrennung in Tirol, sind 242 Prozesse dokumentiert. Dabei wurden 38 Frauen und 34 Männer wegen Hexerei und Zauberei hingerichtet.

Kaiser Ferdinand I. ging hart gegen die Täufer vor. 1528 befahl er sie auszurotten. In Rattenberg wurden etwa 71, in Kitzbühel 68 und in Schwaz 20 Täufer hingerichtet. Um 1530 starben rund 600 Anhänger der täuferischen Lehre als Märtyrer. Der Herrscher sah in dieser fundamentalistischen Bewegung eine Gefahr, lehnten ihre Anhänger doch die weltliche und kirchliche Grundordnung ab. Enttäuscht von der Reformation, gingen sie weit über Luther hinaus. Täufer benötigten keine Priester. Sie traten mit Gott direkt in Verbindung und stützten sich ausschließlich auf das Neue Testament, das sie wörtlich auslegten. Für sie war nur die Erwachsenentaufe gültig. Täufer wollten als Bruderschaft gewaltfrei, in Gütergemeinschaft und nach urchristlichem Vorbild leben. Folgerichtig lehnten sie jede kirchliche und staatliche Obrigkeit ab und zahlten keine Steuern.

Das Täufertum war im Unterinntal und im Pustertal vor allem bei der bäuerlichen Bevölkerung verbreitet. Der Pusterer Jakob Hutter war ihr bedeutendster Führer und Prediger. Er wurde mit seiner Frau gefangengenommen und in Innsbruck am 25. Februar 1536 nach *peinlichem Verhör* am Scheiterhaufen als Ketzer verbrannt. Am *Goldenen Dachl* erinnert eine Gedenktafel an ihn. Auch seine Frau wurde hingerichtet. Wegen der unmenschlichen Verfolgungen wanderten viele Hutterer erst nach Mähren und später nach Amerika aus. Ihre Nachkommen pflegen bis heute einen Tiroler Dialekt.

Im Mittelalter besaß Innsbruck keine eigene Pfarre. Das Kloster Wilten entsandte Mönche in die Stadt, die Gottesdienste feierten und Sakramente spendeten. Die Innsbrucker mussten Jahrhunderte lang um ihre Pfarre kämpfen. Als ersten Schritt nahmen die diensttuenden Mönche seit 1276 in der Stadt selbst Unterkunft. Ab 1353 ersetzten, vom Wiltener Abt ausgewählte, *ehrbare Laienpfaffen* die Mönche. Im 15. Jahrhundert durfte der Stadtrat die *Pfaffen* selbst auswählen. Der Wiltener Abt gab nur mehr sein Placet. 1453 wurde *St. Jakob* dann Filialpfarre von Wilten. Die zögerliche Haltung der Äbte hatte auch pekuniäre Gründe, wollte das Kloster doch die Taxen für kirchliche Handlungen nicht verlieren. Daher wurden im Stadtgebiet erst im 16. Jahrhundert neue Klöster, Kirchen und Kapellen eingeweiht. Zur selbständigen Pfarre *St. Jakob* brachte es Innsbruck erst 1643 durch ein Machtwort des Brixner Fürstbischofs. Die gotische *St. Jakobs*-Kirche ersetzte man Anfang des 18. Jahrhunderts durch einen repräsentativen Barockbau. An die Vorgängerkirche erinnert Lucas Cranachs berühmtes Marienbild am Hochaltar.

Innsbruck ist auch kein alter Bischofssitz. Die Stadt unterstand Jahrhunderte lang den Fürstbischöfen von Brixen. Durch den Verlust der Tiroler Landeseinheit entstand 1921 die *Apostolische Administratur Innsbruck-Feldkirch*, die 1964 zum Bischofssitz erhoben wurde. Diözesanpatron ist der Heilige Petrus Canisius. Er war ein eifriger Vertreter der Gegenreformation. Aus diesem Grund berief Kaiser Ferdinand I. ihn und seine Mitstreiter der *Societas Jesu* nach Innsbruck. Der 1521 in den habsburgischen Niederlanden geborene Jesuit wirkte von 1561 bis 1580 in der Stadt. Er stand vor großen Aufgaben. Die lutherische Lehre hatte in Tirol nämlich zahlreiche Anhänger gefunden. Auch hier war die katholische Kirche durch Ablasshandel, Ämterkauf und liederlichen Lebenswandel der Amtsträger in eine schwere Krise geschlittert. Nicht wenige Priester waren übergelaufen und es herrschte großer Mangel

Die barocke Dompfarrkirche St. Jakob in Innsbruck (SA)

an Geistlichen. Seit 1571 war Petrus Canisius Hofprediger des Tiroler Landesfürsten Ferdinand II.

Canisius gründete 1562 mit 71 Schülern das erste Gymnasium Tirols, das später in seinem 1575 entstandenen Jesuitenkolleg untergebracht war. Aus dem Gymnasium entstand 1669 die Innsbrucker Universität. Das Bildungsangebot der Jesuiten war attraktiv, da gratis. Sie nutzten ihre guten Schulen als Kaderschmieden der Gegenreformation. Canisius verfasste auch einen Katechismus, den er, dem jeweiligen Bildungsniveau angepasst, in drei unterschiedlich anspruchsvollen Ausgaben herausgab. Canisius reiste viel und war einer der einflussreichsten Männer der Gegenreformation. Die Lutheraner hassten Canisius. Sie nannten ihn einen *gräußlichen Gotteslästerer und groben Tölpel, Götzendiener* und *Papstesel*. Canisius blieb ihnen nichts schuldig. Er beschimpfte den Protestantismus als *Pest Europas* und Luther als *brünstige Sau*. Im Dekret seiner Heiligsprechung nannte ihn der Papst noch 1925 *Zertrümmerer der Ketzer*.

Die Gegenreformation war in Tirol erfolgreich. Noch 1837 mussten 427 Zillertaler das *Heilige Land* wegen ihres evangelischen Glaubens verlassen. Der Kulturkampf zwischen stockkonservativen klerikalen Kreisen und liberalen Eliten wurde im 19. Jahrhundert in Tirol, und an der Universität noch im 20. Jahrhundert, mit größter Erbitterung geführt.

Zeitungsannonce 1854 – Petrus Canisius (*onb anno/kathpedia*)

Auch zum Stadtheiligen kam Innsbruck spät. Der Heilige Pirmin war ein iroschottischer Wandermönch, der im fränkischen Reich den christlichen Glauben verbreitete. Er starb 753 und wurde im Kloster Hornbach in der Pfalz begraben. Nach Aufhebung des Klosters durch die Protestanten gelangten seine Gebeine in den Dom von Speyer. Der kaiserliche Statthalter Schweikhard von Helfenstein überführte die Reliquie 1575 in seine Residenz nach Innsbruck und übergab sie den Jesuiten. Pirmins Grab ist das einzige Heiligengrab in Innsbruck.

Auch Innsbruck wurde mehrfach von der Pest heimgesucht. 1313 wütete eine schwere Epidemie, 1512 forderte der *Schwarze Tod* in der Stadt 700 Opfer. Die Ärzte wurden der Pest nicht Herr, also versuchten es die Innsbrucker mit der Anrufung von Heiligen. Im Pestjahr 1611/12 gelobten sie zudem die Errichtung eines Gotteshauses unter anderem zu Ehren des Heiligen Pirmin. Seither ist er Stadtpatron. Seine Reliquie wird in der Pirmin-Kapelle der Jesuitenkirche verehrt. Der viel beschäftigte Heilige ist auch noch Patron der Pfalz, des Elsass und der Insel Reichenau. Sein Attribut ist die Schlange. Er wird angerufen von Wöchnerinnen, hilft bei Augenleiden, gegen Pest, Schlangen, schädliches Gewürm, Vergiftung und Rheumatismus.

Die frühen Habsburger

Für die Habsburger war der Erwerb Tirols 1363 ein Glücksfall. Das silber- und salzreiche, von hohen Bergen umgebene Land ließ sich gut verteidigen. In Innsbruck kreuzte sich zudem die Straße, welche die östlichen Erbländer mit den vorderösterreichischen Besitzungen verband, mit der wichtigsten Nord-Süd-Verbindung über die Alpen. Voll Stolz teilte Rudolf IV. *der Stifter* dem Dogen Venedigs mit, *„dass nun alle Straßen zwischen Deutschland und Italien in seiner Hand seien."* Rudolf IV. herrschte bereits über das Erzherzogtum Österreich, und die Herzogtümer Kärnten, Steiermark und Krain, als ihn Kaiser Karl IV. 1364 auch noch mit der Grafschaft Tirol belehnte. Er war ein weitblickender und schöpferischer Herrscher, der auch vor Urkundenfälschungen nicht zurückschreckte. So legte Rudolf mit dem getürkten *Privilegium Maius*, dem großen Freiheitsbrief, den Grundstein für das Zusammenwachsen seiner Länder und die Vorrechte des Hauses Habsburg. Rudolf IV. starb jedoch 1365 überraschend mit nur 26 Jahren. Nun teilten seine Brüder die Herrschaft und begründeten eine *Leopoldinische* und eine *Albertinische* Linie.

Herzog Leopold III., in Tirol der I., erhielt die Herzogtümer Steiermark, Kärnten, Krain, die Windische Mark, Görz, sowie die Grafschaft Tirol und die Vorlande. Er war mit Viridis Visconti, Herzogin von Mailand, verheiratet. Leopold erweiterte zielstrebig seine Herrschaft und erwarb die Städte Freiburg, Feldkirch und die Hafenstadt Triest, die von ihm Hilfe gegen Venedig erhoffte. In Tirol förderte Leopold den Handel und verlieh Meran und Bozen Privilegien. Leopold wurde jedoch Opfer Habsburgischer Machtansprüche in der Schweiz. Er fiel 1386 in der Aufsehen erregenden Schlacht von Sempach gegen die Eidgenossen Uri, Schwyz und Unterwalden. Das Treffen war ein Desaster für das habsburgische Ritterheer. Die Elite des süddeutschen Adels blieb mit dem Herzog auf dem Felde. Leopolds Schädel wies tödliche Hieb- und Stichverletzungen auf. Die Zeit, in der Ritter gegen Ritter kämpften, neigte sich dem Ende zu. Die Zukunft gehörte den beweglichen Schweizer Fußtruppen und ihrer Taktik. Mit ihren langen Spießen hielten sie sich die Reiter vom Leib. Gestürzte Ritter wurden mit Panzerstechern gnadenlos niedergemacht. Nach seinem Tod übernahm sein Bruder, Erzherzog Albrecht IV., die Herrschaft über das habsburgische Länderkonglomerat und die Vormundschaft über die Kinder Leopolds I.

Leopold II. *der Dicke/Stolze*, Sohn des gefallenen Erzherzogs, übernahm von seinem Vormund 1392 die Regentschaft in Tirol und den Vorlanden, Herrschaften in Schwaben und im Elsass. Seinem Bruder Friedrich reichte er mit dessen Volljährigkeit 1402 die Regentschaft in den habsburgischen Besitzungen Vorderösterreichs weiter. Beide wollten die Schlappe ihres Vaters gegen die Schweizer ausbügeln. Friedrich zog daher 1405 an der Spitze eines Ritterheers gegen Appenzell. Und wieder erlitten die Ritter eine schwere Niederlage. Zahlreiche Vorarlberger Städte, darunter Feldkirch, Bludenz, Rankweil und Lustenau wechselten sofort die Seiten. Die Appenzeller stießen in der Folge bis Imst im Oberinntal vor und verbreiteten zwei Jahre lang auch in Innsbruck Furcht und Schrecken.

Im Jahr 1406 überließ Leopold seinem 24-jährigen Bruder Friedrich auch die Herrschaft in Tirol. Als Friedrich IV. begründete er die kurzlebige *Ältere Tiroler Linie*. Er verlegte 1420 den Sitz der Tiroler Landesfürsten von Meran nach Innsbruck. Meran blieb zwar formell bis 1849 Hauptstadt, war aber politisch und wirtschaftlich von geringer Bedeutung. Gleich nach Amtsantritt opponierten die zuvor von seinem Bruder hofierten Tiroler Adeligen im *Falkenbund* gegen ihn. Anführer war Heinrich VI. von Rottenburg, Oberhaupt einer mächtigen Adelsfamilie aus Südtirol. Dem *Falkenbund* gehörten 126 Tiroler Landherren sowie zahlreiche Städte und Gemeinden an. Friedrich nahm ihnen den Wind aus den Segeln, indem er dem *Falkenbund* einfach beitrat. Der intrigante Heinrich von Rottenburg gab jedoch nicht auf und verbündete sich mit dem oberbayerischen Herzog Stephan III. Dieser sah wieder einmal die gute Gelegenheit, Tirol unter bayerische Herrschaft zu bringen. Doch Friedrich siegte und setzte dem Treiben des Rottenburgers 1410 ein endgültiges Ende. Den Bayernherzog wies Friedrich IV. 1413 in die Schranken.

Friedrichs Herrschaft war durchwachsen. Auf Grund innerfamiliärer Teilungen erweiterte er seine Herrschaft auf den Süden des Elsass sowie die Markgrafschaft Burgau in Schwaben. Der Krieg gegen Venedig 1413 kostete dagegen eine Stange Geld und brachte nichts. Am Konstanzer Konzil, welches das große abendländische Schisma beenden sollte, setzte Friedrich auf den falschen Papstkandidaten Johannes XXIII. Dies brachte ihm Kirchenbann, Reichsacht und 1415/16 ein Jahr Haft ein. Friedrich verzichtete auf ein paar Landstriche in Vorderösterreich, legte Geld auf den Tresen und kam wieder frei. Wegen dieser Niederlage nannte ihn das Volk dann *Friedl mit der leeren Tasche*.

Tatsächlich hatte er durch den florierenden Silberbergbau die Taschen jedoch voll. Er war beim Volk beliebt, da er mit Hilfe der Bauern hart gegen den Adel vorging. Zudem bestätigte und erweiterte er deren Rechte in einer Landesordnung. Unter seiner Regentschaft erlebte das Land eine Zeit der Reformen und des relativen Wohlstandes. Gegen Ende seiner Herrschaft war jedoch auch Tirol von der schwersten Hungersnot des 15. Jahrhunderts betroffen. Zwischen 1437 und 1440 forderten Lebensmittelmangel und Epidemien in Europa Hunderttausende Tote. Die Bevölkerungszahl sank auf den tiefsten Stand in diesem Jahrhundert. Friedl mit der leeren Tasche starb 1439. Er ist im Stift Stams begraben. Seine überlebensgroße Erzstatue bewacht bis heute das leere Grab Maximilians in der Innsbrucker Hofkirche. Die Erzherzog-Friedrich-Straße in der Altstadt ist nach ihm benannt. Seine aus prominenter Familie stammende Gattin, Anna von Braunschweig, war dem Landesfürst eine treue Stütze und vertrat ihn mehrfach in diplomatischer Mission.

Conrad Witz, *Ambraser Hofjagdspiel*, höfische Falknerei um 1440 (*SA/KHM*)

Ein Hochzeitsgeschenk für Sigmund den Münzreichen aus der geplattnerten Garderobe Maximilians – Eiserne Schnabelschuhe (*SA/KHM*)

Sein Erbe und Nachfolger führte den klingenden Beinamen *der Münzreiche*. Als sein Vater Friedl starb, war Sigmund gerade 12 Jahre alt. Sein Vormund war Friedrich III., Erzherzog von Österreich und seit 1440 römisch-deutscher König. Seine Wahl hatte eine Menge Geld, *Handsalbe* für die Kurfürsten, gekostet. Immer in Geldnot, kam Friedrich daher Sigmunds Mündelgut, die Grafschaft Tirol, gerade recht. Der König beendete 1441 sogleich den ungeordneten Silberabbau im Schwazer Revier und verlieh die Schürfrechte an Gewerken. Um sich die sprudelnde Einnahmequelle möglichst lang zu erhalten, hielt er Sigmund bis zu dessen 19. Lebensjahr quasi als Gefangenen. Nach habsburgischer Hausordnung war sein Mündel bereits mit sechzehn volljährig. Friedrich hätte Sigmund wohl noch länger behalten, wenn die Tiroler Landstände dem König nicht gedroht hätten, ihn gewaltsam zu befreien. Der Kaiser ließ sich die Freilassung teuer ablösen: Mit einer Abstandszahlung von 30.000 Golddukaten und jährlich 16.000 Rheinischen Gulden. Eine unverschämte Summe – Verwandte kann man sich halt nicht aussuchen. Der neue Tiroler Landesfürst ritt mit großem Gefolge 1446 in Innsbruck unter Jubel des Volkes ein. Mit Eleonore von Schottland, Tochter König Jacobs I., gewann er eine prominente Gattin. Sie war sehr kunstsinnig und vertrat ihn mehrfach in seiner Abwesenheit. Sie starb 1480 in Innsbruck.

Prominent war auch sein Gegner: Nikolaus von Kues, nachmals Nicolaus Cusanus. Der hochgebildete Frühhumanist war ein Karrierist am päpstlichen Hof und ein erfolgreicher Pfründenjäger. Es wundert daher nicht, dass der um Papst und Kurie verdiente Cusanus als eben erst ernannter Kardinal 1450 auch noch zum Fürstbischof

Friedl mit der leeren Tasche (*wikimedia commons/KHM*)
Sigmund der Münzreiche (*wikimedia commons/Alte Pinakothek München*)

von Brixen erhoben wurde. Mit seinem herrischen Auftreten machte sich Cusanus jedoch Klerus, Domkapitel, Adel und nicht zuletzt den Landesfürsten zum Feind. Wegen strittiger Lehens- und Besitzverhältnisse des Bistums setzte Sigmund den Kardinal kurzerhand gefangen. Nach seiner Freilassung floh Cusanus nach Rom und fand dort im Heiligen Vater seinen Fürsprecher. Der Papst holte weit aus. Er bannte Sigmund 1460 und verhängte über Tirol das Interdikt. Der Streit wurde erst 1464 beigelegt. Cusanus blieb Fürstbischof, in Brixen residierte jedoch ein Weihbischof.

Silberkreuzer (*museum-digital/Münzkabinett Berlin*)

Erzherzog Sigmund war ein zügelloser Verschwender, der keine ehelichen, aber unzählige uneheliche Kinder zeugte. Sie zu versorgen kostete Geld. Wegen seines luxuriösen Lebensstils und eines sinnlosen Krieges gegen Venedig musste er Länder an den Burgunder- und den Bayernherzog verpfänden. 1488 beliefen sich Sigmunds Kreditverbindlichkeiten bei den Fuggern auf über 150.000 Gulden. Zur Besicherung diente das Schwazer Silber. Der Schwazer Bergsegen war die Basis seiner Regentschaft (▶ *Hall-Kapitel, 153*). Mit zwei Bergordnungen gleich zu Beginn seines Regierungsantritts suchte er daher die Effizienz des Silberabbaus zu steigern.

1477 verlegte Sigmund die Münzstätte von Meran nach Hall. Die nahe Innsbruck gelegene Salzstadt wurde damit zur bedeutendsten Handelsstadt Tirols. Dort ließ er den *Guldiner*, die erste Großsilbermünze der Neuzeit prägen (▶ *Hall-Kapitel, 153*). Herzstück der Münzreform Erzherzog Sigmunds war sein *Sechser (Kreuzer)*, auch kleiner Groschen genannt. Die Silbermünze wurde von 1482 bis 1496 in Hall geprägt und zeigt die Wappenschilder der Habsburgischen Erblande Tirol, Österreich, Steiermark und Kärnten. Auf der Vorderseite prangt stolz der Erzherzog. Während der Regierungszeit des Münzreichen wurden rund 32 Tonnen Silber vermünzt.

Seine landesfürstliche Residenz in Innsbruck verlegte Sigmund vom Neuhof in den Mitterhof, die nachmalige Hofburg. Auch bestimmte er die Stadt zum Sitz des Landtags. Seine Regentschaft stand, wie man sagte, unter dem Einfluss *böser Räte*. Als er aus Groll gegen Kaiser Friedrich III. auch noch daran ging, den Bayernherzog als Erben Tirols und der Vorlande einzusetzen, war das Maß voll. Auf massiven Druck des Kaisers und der Tiroler Landstände musste der als senil geltende Sigmund 1490 die Herrschaft an seinen Vetter, den römisch-deutschen König und Erzherzog Maximilian I., abgeben. Dabei hatten wohl auch die Fugger ihre Hände im Spiel, die auf den jungen Aufsteiger setzten. Maximilian besuchte Innsbruck, von Burgund kommend, erstmals im Mai 1489. Ein Jahr später ritt er dann als Landesfürst an der Spitze seines glänzenden Hofstaates in die Stadt ein.

Am Totenbett ließ sich Sigmund 1494 drei Becken mit Münzen ans Bett bringen. Er *wollt noch einmal in ein Silber greifen*. Die *Guldiner* waren geliehen. Der volkstümliche Herrscher wurde mit burgundischem Pomp in der Grablege der Tiroler Landesfürsten in Stift Stams zur Erde gebettet. Mit ihm erlosch die *ältere Tiroler Linie* des Hauses Habsburg. Als *Schwarzer Mander* wacht auch er am leeren Grab seines Nachfolgers.

Mit Maximilian, dem späteren Kaiser, wurde Tirol für einige Jahrzehnte zum *Nabel der Welt*, und Innsbruck zu einem der glänzendsten Fürstenhöfe Europas (▶*Kaiser-Kapitel, 131*). Die Altstadt verdankt Maximilian I. ihr heutiges Aussehen und das weltbekannte *Goldene Dachl*. Der Erker war seine Hofloge mit Blick auf den Stadtplatz. Der Bildschmuck zeigt ihn mit seinen beiden Frauen, vielleicht auch mit seinem Vater als Hofnarren und Sigmund den Münzreichen, Wappen, Moriskentänzern, fahnenschwingenden Landsknechten, und einer geheimen Inschrift. „*Ego sum lux mundi…*" – „*Ich bin das Licht der Welt…*" soll auf Reliefplatten in goldenen Schriftzeichen geschrieben stehen. Ein Spruch, den Maximilian mit Bedacht wählte. Und da schadete es nicht, dass die 2.657 güldenen Schindeln nur feuervergoldete Kupferplatten sind.

Maximilians Vater, Kaiser Friedrich III., wurde in Innsbruck geboren. Seine Residenz war jedoch die Burg von Wiener Neustadt, wo sich des *Heiligen Römischen Reiches Erzschlafmütze* hinter Dokumenten verschanzte. Hier wurde Maximilian auch geboren. Seine Mutter, Eleonore von Portugal, stand ihm weit näher, als der verschlossene, strenge Vater.

Maximilian regierte vom Sattel aus. Innsbruck war neben Augsburg seine liebste Residenz. Hier baute er den Mitterhof, den sein Vorgänger erworben hatte, um 1500 zu einer prachtvollen spätgotischen Stadtburg aus. Durch Maria Theresias äußerlich uninspirierten, barocken Umbau der Hofburg ist davon fast nichts erhalten. Maximilian liebte das Land, das er 1493 zur *Gefürsteten Grafschaft* erhob. Er nannte Tirol *einen groben Bauernkittel der wärmt*, und *eine Geldbörse, in die man nie umsonst greift*.

Maximilian hatte in Burgund einen modernen, zentralistisch und effizient geführten Staat kennengelernt. Seine Erblande und das römisch-deutsche Reich waren dagegen ein Puzzle aus vielen Territorien und Städten, die nur durch den gemeinsamen Herrscher verbunden waren. Mit viel Vision und Tatkraft wollte er das burgundische Regierungssystem auf seine Herrschaft übertragen, und er begann damit in Tirol. Mit dem Regiment als Regierung, der Raitkammer als Finanzverwaltung und der Hauskammer für die landesfürstlichen Betriebe wie Schmelzhütten und Zeughäuser, schuf er eine moderne beamtete Administration. Die Zuständigkeit der neuen Landesbehörden erstreckte sich auf die vorderösterreichische Ländergruppe, also Tirol und die Vorlande. Wenig Freude mit den Neuerungen hatten die Tiroler Landstände, die um ihren Einfluss fürchteten. Am Widerstand der Reichsfürsten scheiterte der Kaiser auch bei der Reform des Heiligen Römischen Reiches *Deutscher Nation*.

Wenn Maximilian in Innsbruck residierte, folgten ihm auch seine Reichsbehörden, Hofrat, Hofkammer und Hofkanzlei. Etwa 180 Hofräte, 200 Sekretäre und Schreiber regierten dann unter seiner Leitung von Innsbruck aus das Heilige Römische Reich und die Habsburgischen Erbländer. Dazu kam noch sein Hofstaat von etwa 400 Personen. Da Maximilian *Weltpolitik* machte, tummelten sich in Innsbruck häufig Gesandtschaften fremder Mächte, unter anderem jene des türkischen Sultans. Auch Machiavelli war einmal da. Und dann wurde es sehr eng innerhalb Innsbrucks Mauern.

Unter Maximilians Herrschaft erfuhr Tirol bedeutende Gebietszuwächse. Nach Aussterben der Görzer Grafen erwarb er das Pustertal und Teile Osttirols, im Unterinntal die bayerischen Landgerichte Kufstein, Kitzbühel und Rattenberg, das Zillertal, sowie Gebiete am Gardasee und im Ampezzaner Gebiet. Die Feste Kufstein eroberte er mittels seiner mächtigsten Kanonen, *Purlepauß* und *Weckauf*. Er transportierte die Riesengeschütze aus dem Innsbrucker Zeughaus mittelst 32 Rossen an den Inn, und dann auf Schiffen zum Belagerungsort. Nach Eroberung ließ er den Burghauptmann und 17 Mitstreiter köpfen (▶ *Kaiser-Kapitel, 131*).

Die Bergwelt Tirols war für Maximilian ein ideales Jagd- und Fischereirevier (▶ *Sagen-Kapitel, 269*). Die Schwazer Silber- und Kupferbergwerke und das Salz aus Hall verschafften ihm die notwendigen Mittel für seine aufwendige Hofhaltung, seine Kriege und die Hochzeiten seiner Kinder und Enkel (▶ *Hall-Kapitel, 153*). In Innsbruck veranstaltete Maximilian glanzvolle Feste und Turniere (▶ *Kaiser-Kapitel, 131*). Der Kaiser liebte die Musik, seine Innsbrucker Hofmusikkapelle war berühmt. Der flämische Hofkomponist Heinrich Isaac setzte der Stadt mit dem Lied *Innsbruck ich muss dich lassen* ein unsterbliches Denkmal. Der Text stammt vielleicht von Maximilian selbst (▶ *Oper-Kapitel, 197*). Um das Land zu schützen, errichtete Maximilian ein großes Zeughaus. Er ließ in Innsbruck die modernsten Geschütze Europas gießen und die elegantesten Rüstungen plattnern (▶ *Hall-Kapitel, 153*). Er verpflichtete die Tiroler mit dem Landlibell von 1511, ihr Land selbst zu verteidigen (▶ *Andreas Hofer-Kapitel, 211*).

Zur Bewahrung seines Nachrufs, *zu lob und ewigem gedächtnüs*, beschäftigte er so prominente Künstler wie Dürer, Altdorfer, Kölderer oder Burgkmair. Er war wohl der größte Kunstmäzen seiner Zeit (▶ *Kaiser-Kapitel, 131*). Sein leeres Grabdenkmal in der Hofkirche wird gleich von 28 Schwarzen *Mandern und Weibern* bewacht – durchaus angemessen für ein *Licht der Welt* (▶ *Hall-Kapitel, 153*). Es gilt als eines der bedeutendsten Herrschergräber Europas am Übergang von Spätgotik zur Renaissance. Dazu tragen auch die das Leben und die Taten des *unsterblichen* Kaisers verherrlichenden Alabasterreliefs des flämischen Bildhauers Alexander Colin bei. Auch wenn es nicht die vom Kaiser geplanten 40 Statuen wurden, der am Kenotaph *in ewiger Anbetung* verharrende Herrscher kann trotzdem zufrieden sein.

Goldenes Dachl (*SA*)

Altstadt (SA)

Nach dem Tod Maximilians ging es kontinuierlich bergab mit Innsbruck. Der schillernde Hof verblasste rasch. Die berühmte Hofkapelle des Kaisers wurde aufgelöst (▶ *Oper-Kapitel, 197*). Das von der Vollendung weit entfernte Grabprojekt Maximilians stagnierte. Das Zentrum des Habsburgerreiches hatte sich nach Madrid und Wien verlagert. Einzelne Bereiche konnten sich noch einige Jahrzehnte halten, der High-Tech-Geschützguss in Innsbruck etwa, oder der Silber- und Kupferbergbau in Schwaz. Im Land lebten im 16. Jahrhundert mit Schwankungen rund 140.000 Einwohner. Angesichts des harten Kampfes des Volkes ums tägliche Brot und des vielfach himmelschreienden Lebenswandels von Klerus und Adel, fand Martin Luthers revolutionäre Lehre rasch Verbreitung. Schriften, Flugblätter und Pamphlete kursierten in ganz Tirol. Hall, Schwaz, und Rattenberg im Inntal sowie das Zillertal waren reformatorische Zentren. Südlich des Brenners, vor allem im Pustertal, verbreitete sich die radikalreformerische Täuferbewegung, nach ihrem Prediger auch Hutterer genannt. (▶ *Mönch-Abschnitt, 34*).

Nachfolger des *letzten Ritters und ersten Kanoniers* wurde 1519 sein Enkel Karl V. Er herrschte zwei Jahre auch in Tirol. Nach der Teilung des Habsburger Imperiums 1521 übernahm Kaiser Karl V. Spanien samt den überseeischen Besitzungen, die süditalienischen Herrschaftsrechte sowie das burgundische Erbe. Sein Bruder Erzherzog Ferdinand erhielt die österreichischen Erblande und damit auch die Gefürstete Grafschaft Tirol. Karl V. besuchte einige Male Innsbruck, wenn die Reichspolitik ihn von Spanien nach Deutschland rief. Besonders dramatisch war sein Aufenthalt im Jahre 1551/52. Da fiel Kurfürst Moritz von Sachsen an der Spitze einer Fürstenverschwörung in Tirol ein, um den Kaiser gefangen zu setzen. Mit knapper Not rettete sich Karl V. über den Brenner. Nachdem die Söldner sich auf Kosten der Bürger vollgefressen und angesoffen hatten, zogen sie nach zwei Tagen wieder ab. Die Innsbrucker kamen mit einem blauen Auge davon. Nicht jedoch die Grablege der Tiroler Fürsten im Kloster Stams, die von der Soldateska geplündert wurde.

Ferdinand I. hielt sich in seiner langen Regierungszeit von 1522 bis 1564 mehrfach, allerdings nie lange, in Innsbruck auf. Er herrschte als Tiroler Landesfürst von Wien aus. Zumeist kam er, um zur Türkenabwehr vom Landtag Geld zu erschnorren oder, wenn aufwallender Unmut gebot, im Land zu erscheinen. Sonst ließ er sich durch einen Gubernator vertreten. Wegen der drohenden Türkengefahr im Osten brachte Ferdinand jedoch seine Kinder in Innsbruck in Sicherheit. Seine Gattin, Anna Jagiello von Böhmen und Ungarn, wich dagegen nur selten von seiner Seite. Fünfzehn Kinder waren die Folge, wobei einige in Innsbruck geboren wurden. Ferdinand I. ließ 1553 bis 1563 für den Kenotaph seines Großvaters, Kaiser Maximilians I., die *Hofkirche* errichten. Hier gebot er, die *Schwarzen Mander und Weiber* aufzustellen. Dem 1564 nach Innsbruck berufenen Franziskanerorden überließ er neben der Hofkirche ein Kloster. Im Barockgebäude mit seinem schönen Kreuzgang ist heute das *Volkskunstmuseum* untergebracht. Von hier aus betritt man auch die Hofkirche.

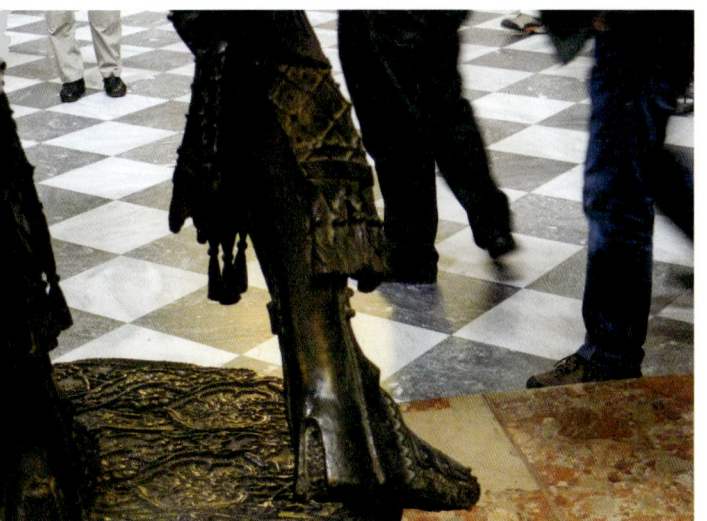

Hofkirche, Schwarze Mander und Weiber. Sie wurden ab 1506 in Maximilians Kunstgießerei in Mühlau von Gilg Sesselschreiber, Stefan Godl, Peter Vischer und anderen gegossen. (SA)

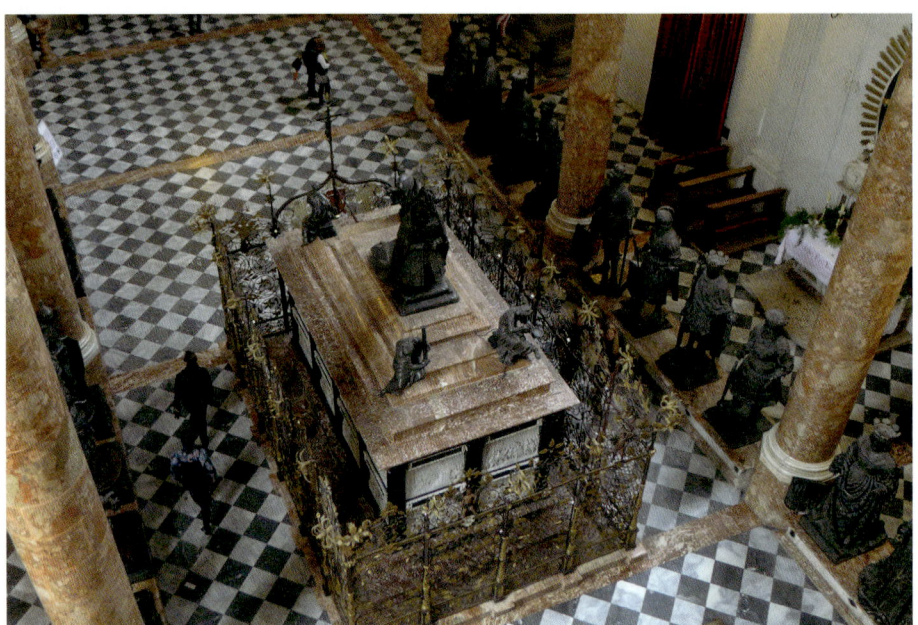

Grabdenkmal Kaiser Maximilians in der Innsbrucker Hofkirche (SA)

Die Fugger

Nach der kostspieligen Regentschaft Kaiser Maximilians lasteten schwere Schulden auf der Gefürsteten Grafschaft Tirol. Das Land war faktisch bankrott. Ein Tiroler Chronist hielt dazu fest: *„In diesem Land ist alles versetzt, was Geld beträgt, die Fugger von Augsburg haben das große Gut zu Schwaz inne und ziehen daraus jährlich 200.000 Gulden".* Das Geschäft mit den Habsburgern war für die Fugger einträglich, aber hoch riskant und es ruinierte zudem den Ruf (▶ *Hall-Kapitel, 153*). Der Prediger Jakob Hutter nannte die Fugger unumwunden eine Räuberbande. Und er hatte Recht. Gerade im Tiroler Bergbau waren die Fugger rechte Knappenschinder.

Die Augsburger *Räuber* machten jedoch Kaiser und Könige. So betrieb etwa Jakob Fugger 1490 den Austausch des schwächelnden Sigmund des Münzreichen gegen den Aufsteiger Maximilian als Landesfürsten. Die Fugger finanzierten die Wiener Doppelhochzeit 1515, durch welche die Habsburger Böhmen und Ungarn gewannen und ihr Reich zur bestimmenden europäischen Großmacht aufstieg (▶ *Kaiser-Kapitel, 131*). Karl V. wäre wohl nie Kaiser geworden, ohne die gewaltigen Bestechungsgelder an Kurfürsten, die Jakob Fugger vorstreckte. Diese *Handsalben* betrugen angeblich 850.000 Gulden, etwa zwei Tonnen Gold. Karl V. wurde am 23. Oktober 1520 im Dom zu Aachen zum Kaiser des Heiligen Römischen Reiches *Deutscher Nation* gekrönt. In seinem gewaltigen habsburgischen Reich *ging die Sonne nicht unter*. Basis dafür war das Schwazer Silber.

Das Einspringen der Fugger als private Finanzdienstleister der Habsburger lag auch im sich anbahnenden Systemumbau begründet. Moderne, von besoldeten Beamten geführte Verwaltungen und Gerichte sowie der Einsatz von Söldnerheeren erforderten ein neues, leistungsfähiges Steuersystem. Der Ersatz landesfürstlicher Finanzkammern durch zentralstaatliche Behörden erfolgte jedoch zu langsam.

Die Fugger kontrollierten praktisch alle Bereiche der damaligen Wirtschaft. Sie besaßen riesige Besitzungen, waren die bedeutendsten Bankiers und das größte Handelshaus Europas. Sie beherrschten Montanunternehmen, hatten eine marktbeherrschende Stellung im Kupferhandel, und waren Münzpächter. So prägten sie in der Zecca des *Heiligen Stuhls* Münzen für die Päpste und schnitten beim Ablasshandel kräftig mit.

Die Fugger waren frühe Globalisierer mit einem höchst effizienten Nachrichtendienst. Ihre Wirtschaftsmacht eröffnete den Augsburger Bankiers weitreichenden politischen Einfluss. Ihre Betätigungsfelder waren weit gefächert. Sie finanzierten auch die zahlreichen Kriege Maximilians und Karls V., die Kämpfe gegen den französischen König, gegen protestantische Heere und heranstürmende Türken. Der Aufstieg der Habsburger wäre ohne die Fugger nicht möglich gewesen. Obwohl Jakob und sein Nachfolger Anton Fugger zu den reichsten Persönlichkeiten der Weltgeschichte zählten, saßen die habsburgischen Schuldner letztlich am längeren Ast. Sie ruinierten die Fugger, indem sie die gewährten Darlehen nicht zurückzahlen konnten. Nach Berechnungen schulden die Habsburger den Fuggern inklusive Zinsen noch immer rund 320 Milliarden Euro.

Erzherzog Ferdinand, seit 1521 Maximilians Nachfolger in den österreichischen Erblanden und seit 1531 römisch-deutscher König, fehlte trotz riesiger Fuggerdarlehen an allen Ecken und Enden das Geld. Er musste die halben Schulden seines Großvaters Maximilian I. stemmen, in Summe drei Millionen Gulden. Das entsprach etwa dem fünf- bis sechsfachen Jahreseinkommen aller österreichischen Länder. Dazu kamen kriegerische Auseinandersetzungen mit Lutheranern und Türken. Die Osmanen belagerten 1529 Wien. Angesichts der existentiellen Bedrohung forderten Statthalter und Finanzkammer auch in Tirol von den Städten und Grundherren immer höhere Abgaben, die den Druck an Bürger und Bauern weitergaben. Es kam zu Unruhen im Land, der Tiroler Landtag protestierte gegen die rücksichtslosen Steuereintreiber.

Besonders verhasst war Gabriel von Salamanca. Seine zahlreichen Feinde mutmaßten in ihm einen getauften spanischen Juden. Er arbeitete bereits in der Finanzverwaltung Kaiser Maximilians. Erzherzog Ferdinand ernannte ihn 1521 zu seinem Generalschatzmeister und Erzkanzler. Salamanca beschaffte den Habsburgerherrschern die dringenden Darlehen der Augsburger Bankiers- und Kaufmannsfamilien. Der eitle Salamanca agierte dabei nicht uneigennützig, wie man ihm nachsagte. Auf Druck des eifernden Klerus und Adels musste er 1526 seine Ämter niederlegen, blieb jedoch ein wichtiger Berater des Landesfürsten. Von Kaiser Karl V. geadelt, belohnte ihn sein Bruder Ferdinand I. mit einer Reihe von Besitzungen in Tirol, Kärnten und im Elsass. Salamanca konnte es sich leisten, in Spittal an der Drau das *Schloss Porcia*, einen der bedeutendsten Renaissancebauten Österreichs, zu erbauen. Die Salamancas gründeten Mitte des 16. Jahrhunderts in Spanien eines der führenden Handelshäuser Europas.

Gabriel von Salamanca
(wikimedia commons)

Kaiser und Bankiers:
Kaiser Maximilian und sein Enkel Kaiser Ferdinand I. (SA), Jakob und sein Neffe Anton Fugger (SA/Kunsthalle Karlsruhe)

Der Knappen- und Bauernaufstand 1524/25

Die bestehende explosive religiöse, soziale und wirtschaftliche Gemengelage harrte in Tirol nur noch des zündenden Funkens. Dieser flog in der Bergwerksstadt Schwaz. Das dortige Kupfer- und Silberbergwerk galt im frühen 16. Jahrhundert als ertragreichstes der Welt. Im Rekordjahr 1523 förderten 8 Gewerken mit rund 10.000 Knappen 15,8 Tonnen Silber und 1.100 Tonnen Kupfer (▶ *Hall-Kapitel, 153*). Mit über 12.000 Einwohnern war Schwaz nach Wien die zweitgrößte Stadt im Habsburgerreich. Viele der zugewanderten Knappen hingen der lutherischen Lehre an. In der gotischen Pfarrkirche Maria Himmelfahrt trennte eine hohe Bretterwand Bürger und Bergknappen. Im nördlichen Kirchenschiff predigte ein katholischer Pfarrer gegen den Unglauben des Protestantismus und feierte die Messe im lateinischen Ritus. Im Südlichen wetterte ein reformatorischer Pastor gegen Papst und katholische Kirche. Er feierte den Gottesdienst auf Deutsch nach lutherischer Ordnung. Der Pastor hatte entschieden die größere Gemeinde. Der reiche Schwazer Bergsegen wog für gegenreformatorische Landesfürsten jedoch für lange Zeit schwerer, als der Segen der Kirche.

Die Knappen litten unter den schweren Arbeitsbedingungen sowie der schlechten und überteuerten Verpflegung. Die Fugger und andere Gewerken beuteten den Berg rücksichtslos aus. Viele Bergleute wurden nicht

Schwazer Bergbuch 1556 aus der Ambraser Sammlung: Knappen in einem Silberstollen (*SA/ADEVA/ONB*)

älter als 35 Jahre und waren berufsbedingt krank. 1525 beschweren sie sich bitter beim Landesherrn in Innsbruck. Doch Erzherzog Ferdinand wollte keinen Ärger, er war den Fuggern verpflichtet. Und so suchte er die unangenehme Angelegenheit einfach auszusitzen. Darauf erhoben sich 6.000 Knappen und belagerten Schwaz. Ein starker

Trupp, bewaffnet mit Hellebarden, Spießen, Schwertern und Büchsen zog in Richtung Innsbruck. Ihnen schlossen sich zahlreiche unzufriedene Bauern aus dem Unterinntal an. Die Lage war bedrohlich. Erzherzog Ferdinand zog ihnen nach der Salzstadt Hall entgegen. Auf freiem Feld traf man sich. Ferdinand akzeptierte die vier Forderungen der Knappen nach Absetzung des Amtsrichters und Verbesserung der Lebensverhältnisse. Auch räumte er ihnen unter Aufsicht ein Versammlungsrecht ein. Der Erzherzog zeigte persönlichen Mut, als er den von den Aufständischen umstellten Platz umrundete und dann durch eine Gasse von dannen ritt. Die Knappen zogen ehrerbietig die Hüte und rückten ebenfalls ab. Das dräuende Gewitter des Knappenaufstandes von 1525 hatte sich noch einmal verzogen. Schönwetter zog jedoch nicht mehr auf.

Im Süden Deutschlands brachen 1525 Bauernkriege aus. Die Bauern kämpften gegen menschenverachtende Feudalstrukturen, die Klerus und hohem Adel ein Leben in Saus und Braus ermöglichte. Der längst nicht mehr lebensfähige niedere Adel verdingte sich als Söldner oder war ins Raubrittertum abgeglitten. Die Aufstände waren jedoch nicht nur *Bauernkriege*. An ihnen beteiligten sich auch städtische Bürger, Knappen und nicht wenige Vertreter des Adels. Die Bauern trugen allerdings die Hauptlast. Wirtschaftliche Not, soziales Elend und weitgehende Rechtlosigkeit gegenüber Grund- und Gerichtsherren waren Ursachen der Gewaltausbrüche. Mit bis zu 80.000 Bauern war die gefährlichste Erhebung auf habsburgischem Boden der Windische Aufstand von 1515 in Kärnten, der Steiermark und Krain. Der Aufstand wurde von einem habsburgischen Söldnerheer brutal niedergeschlagen, die Anführer ohne viel Federlesens hingerichtet.

Wie überall anders, bewirtschafteten auch Tiroler Bauern nicht ihr eigenes Land. Der Boden gehörte adeligen oder kirchlichen Grundherren, denen sie Erbpacht zahlten. Ihre Stellung war jedoch besser als anderswo. In Tirol waren sie nicht leibeigen, sondern persönlich frei. Durch Maximilians Landlibell 1511 mussten Bauern, ebenso wie die anderen drei Landstände, die Gefürstete Grafschaft Tirol selbst verteidigen. Sie durften daher Waffen tragen. Die Bauern waren als vierter Stand, neben Klerus, Adel, Städten und Märkten im Landtag vertreten. Dies war einmalig in den habsburgischen Ländern, änderte jedoch nichts an ihrer wirtschaftlichen Not.

Und nun trat einer auf, der die feudale Ordnung überhaupt beseitigen wollte: Michael Gaismair. 1490 geboren, stammte er aus einer Gewerken- und Bauernfamilie in Tschöfs bei Sterzing. Er besuchte die Lateinschule in Sterzing und betrieb anschließend Rechtsstudien. Seine erste Anstellung fand er als Schreiber im Bergbau. Danach trat Gaismair 1518 in den Dienst des Landeshauptmanns Leonhard von Fels/Völs. 1524 ernannte ihn dieser zum Hauptmann, ein Amt, das eigentlich Adeligen vorbehalten war. Durch seine Arbeit in der Landesverwaltung wurde er Zeuge von Unterdrückung und Ausbeutung der Bauern und der ungenierten Bereicherung des Landeshauptmanns. Er quittierte den Dienst und verdingte sich als Schreiber beim Brixner Fürstbischof, der allerdings nicht viel besser war.

In Brixen wurde Gaismair im Mai 1525 Zeuge der angesetzten Hinrichtung von Peter Pässler wegen Unruhestiftung und Abgabenverweigerung. Doch plötzlich stürmten bewaffnete Bauernhorden den Richtplatz und befreiten Pässler. Nun brach ein ungezügelter Aufstand los. Die Bauern plünderten zahlreiche Adelshäuser, erstürmten die bischöfliche Burg und das Kloster Neustift. Die Schatztruhe des Fürstbischofs wurde beschlagnahmt und zur Bezahlung von Söldnern und zur Armenfürsorge verwendet. Michael Gaismair schloss sich den Aufständischen an. Man wählte ihn sogleich zum Anführer.

Landsknechte, sie schlugen die aufständischen Bauern nieder. Triumphzug Kaiser Maximilians (SA/ADEVA/ONB)

Als *Eisackfürst* verwaltete er fast vier Monate lang den bischöflichen Besitz mit Umsicht und Tatkraft. Er brachte Ordnung in die aufständische Bauernschaft und fasste die Forderungen der Aufständischen in 30 Artikeln zusammen. Gaismair gehörte zu den wenigen Bauernführern, die auch gesellschaftliche Visionen hatten. In einem Steckbrief wird Gaismair beschrieben als *„langer, aufgeschossener, hagerer, dünner Mann, im Alter ungefähr 34 oder 35 Jahren"*, dessen Erscheinung durch einen *„schwarz-braunfarbenen dünnen Bart, ein schönes kleines Gesicht, kurze Haare"* gekennzeichnet sei. Er *„geht mit geneigtem Kopf oder etwas bucklig und ist sehr beredt."*

Ein rasch einberufener Teillandtag verabschiedete am 8. Juni 1525 die 64 Meraner Artikel. Deren Inhalte waren unerhört: Predigt des Evangeliums ohne *allen ungegrundten zuesatz*, Beseitigung der weltlichen Macht der Kirche, Aufhebung der Klöster, Wahl der Pfarrer und Richter durch die Gemeinde, Abschaffung der Zünfte, fixe Preise für Handwerker, sowie das Ende jedweder Fron- und Abgabenleistungen an adelige Grundherren. Doch noch war das letzte Wort nicht gesprochen

Im Sommer 1525 berief Erzherzog Ferdinand einen Landtag nach Innsbruck ein. Ihm kam zupass, dass in Süddeutschland der gefährliche Bauernaufstand inzwischen weitgehend niedergeschlagen war. Auch waren die Habsburger Landesfürsten Tirols bislang recht beliebt und angesehen. Die Wut richtete sich vor allem gegen seinen Kanzler Salamanca. Ferdinands Position war allerdings labil, da er auf keinen der Landstände bauen konnte und nicht die militärische Macht hatte, sich gegen die Bauern zu stellen. Er war daher gezwungen, zu verhandeln.

Vorerst konnten sich die Bauern daher durchsetzen. Sie waren mit 200 Vertretern erschienen. Gleich zu Beginn der Tagung drückten sie und die Städtevertreter durch, dass der Klerus aus dem Landtag flog. Doch Ferdinand war ein gewiefter Taktiker mit dickem Sitzleder. Es gelang ihm, die Bauernfront zu spalten und Städte und Adel auf seine Seite zu ziehen. Am Ende blieb vom radikalen Meraner Reformprogramm wenig über. Die in der Folge erlassene *Tiroler Bauernlandesordnung 1526* erhielt jedoch religiöse, soziale und wirtschaftliche Regelungen und bot dem kleinen Mann wirksameren Schutz gegen die Ausbeutung durch Großgrundbesitzer, Fugger und Handelsleute. Das Regelwerk wurde daher von Anfang an von den anderen Ständen bekämpft. Dennoch war der Tiroler Bauernaufstand der erfolgreichste von allen, weil die Bauern rechtzeitig zurücksteckten, und Erzherzog Ferdinand rasch wieder Ruhe im Land haben wollte. Er gewährte eine weitgehende Amnestie für die Aufständischen, die jedoch in Teilen Südtirols nicht griff.

Gaismair war nun gezwungen, die bischöfliche Burg in Brixen und das, was von der Schatztruhe des Kirchenfürsten noch über war, zu übergeben. Vertrauensselig kehrte er zu weiteren Verhandlungen nach Innsbruck zurück, wo ihn Erzherzog Ferdinand festsetzen ließ. Ihm gelang jedoch im Oktober 1525 die Flucht in die Schweiz. Hier traf

Kupferstich der Bischofsstadt Brixen von Merian 1650 (SA)

er den Reformator Ulrich Zwingli. In der Abgeschiedenheit eines Klosters entwarf Gaismair eine *Neue Landesordnung für Tirol*. Der intellektuelle Bauernführer plante eine christliche Republik auf Basis der Bibel, also eine Art Gottesstaat. Entstehen sollte eine Gesellschaft ohne Adel und Klerus, ohne Stadt- und Burgmauern.

In Gaismairs Republik sollten alle Menschen – Männer wie Frauen – frei und mit gleichen Rechten ausgestattet sein. Vom Volk gewählte, besoldete Regierungsvertreter und Richter wären nur dem Gesetz verpflichtet, dörfliche Gemeinden hätten sich selbst zu verwalten. Aus Klöstern und Ordenshäusern sollten Spitäler und Heime für Arme, Alte und Kranke werden. Fugger und andere Gewerken wollte Gaismair enteignen, Gewinnobergrenzen und ein Zinsverbot einführen. Aus eingeschmolzenem Altargerät sollten wertbeständige Münzen geprägt werden. Seine *Tiroler Landesordnung* sah auch eine Art arbeitsloses Grundeinkommen und Beschäftigungsprogramme vor. In Brixen sollte eine weltliche Universität entstehen. Das waren revolutionäre Ideen, mit denen Gaismair die Grund- und Freiheitsrechte der amerikanischen Verfassung 1787 oder die Ideale der Französischen Revolution 1789 um Jahrhunderte vorwegnahm.

Um seine Ideen durchzusetzen, warb Gaismair ein Söldnerheer an und suchte die Eidgenossen für die Befreiung Tirols und Errichtung seiner Republik zu gewinnen. Mit wenig Erfolg. Im Frühjahr 1526 führte Gaismair den Pinzgauer Bauernkrieg gegen den Salzburger Fürstbischof an. Nach anfänglichen Erfolgen unterlagen die rund 4000 Bauern der erdrückenden fürstbischöflichen Übermacht. Tausende Aufständische wurden gehängt oder geköpft.

Gaismair floh auf venezianisches Gebiet und bewährte sich nun als Söldnerführer der Markusrepublik. Der Doge ließ sich vom Condottiere allerdings nicht zu einem Einfall ins habsburgische Tirol drängen. Am 15. April 1532 wurde Gaismair auf seinem Landgut nahe Padua von gedungenen Mördern mit 42 Dolchstichen hingemetzelt. Der Mord am Bauernführer und Sozialrevolutionär war dem Tiroler Landesfürsten und römisch-deutschen König Ferdinand I. 2.000 Goldgulden wert. Die *Tiroler Landesordnung 1532* beseitigte in der Folge die meisten Fortschritte der *Bauernlandesordnung 1526*. Zwei zeitgenössische Abschriften Gaismairs *Neuer Tiroler Landesordnung* haben jedoch die Zeiten überdauert. Sie liegen in Archiven in Brixen und Wien.

Venedig im *Triumphzug Kaiser Maximilians* um 1512 (*SA/ADEVA/ONB*)

Mit Ende der Bauernkriege verfiel Tirol wieder in Agonie. Die beginnende *kleine Eiszeit* Mitte des 16. Jahrhunderts verursachte Missernten, die Lebensmittelversorgung brach ein. 1540 und in den Jahren um 1570 verhungerten zahlreiche Menschen. 1542, 1546 und 1547 zogen Heuschreckenschwärme mit verheerenden Folgen über das Land. Bauern durften den hohen Wildstand nicht dezimieren, Hirsche, Rehe und Wildschweine fraßen ganze Felder leer. Schwere Erdbeben 1521 und 1572 verbreiteten Furcht und Schrecken. Nach 1543 brach die Pest erneut aus. Zwischen 1563 und 1566 starben im Großraum Schwaz 6.000 Einwohner, darunter 1000 Knappen an der *hungarischen* Krankheit. Bettler, Landstreicher und sonstiges zwielichtiges Gesindel machten die Gegend unsicher. Dazu kam, dass der Bergsegen in Schwaz und damit die Haupteinnahmequelle des Landes langsam versiegte. Um den Landesfürsten zur *Verstaatlichung* des Bergwerks zu bewegen, behübschte man die triste Situation mit einer prachtvoll illustrierten Werbeschrift, dem *Schwazer Bergbuch* von 1556 (▶ Hall-Kapitel, 153).

Auch politisch waren die Zeiten unruhig. 1546 wurden in Innsbruck und in ganz Tirol die Sturmglocken geläutet. Protestantische Truppen des *Schmalkaldischen Bundes* waren marodierend im Land eingefallen und hatten die Festung Ehrenberg bei Reutte eingenommen. Der Spuk war nach zwei Monaten vorüber. Die Gefahr schien für die Tiroler gebannt. Doch kurz darauf zogen spanische und italienische Söldner raubend und vergewaltigend durch Tirol. Karl V. hatte sie im Kampf gegen den *Schmalkaldischen Bund* angeworben. Weder Landesfürst und Adel, noch die heruntergekommene Geistlichkeit kamen dem Volk in seiner Not zu Hilfe.

Zum Schluss noch einige erwähnenswerte Ereignisse der Zeit: In Innsbruck wurde 1548 die erste Buchdruckerei eröffnet. Im Jänner 1549 besuchte der Sohn Karls V., der nachmalige spanische König Philipp II., mit einem 1.000-köpfigen Gefolge die Stadt. Zur Begrüßung ritt man ihm auf 400 Pferden entgegen. Sein schwer gichtkranker Vater hielt demgegenüber im November 1551 laut- und prunklos, in einer Sänfte getragen, seinen Einzug in Innsbruck. Umso spektakulärer war der Auftritt seines Neffen, Erzherzog Maximilian, der 1552 mit dem indischen Elefanten Solimano Aufsehen erregte. Er war ein Geschenk des portugiesischen Königs für den Zoo des Erzherzogs in Wien.

Wunderkammer und Einsiedelei

Kaiser Ferdinand I. starb 1564. Sein ältester Sohn, Maximilian II., folgte ihm auf den Kaiserthron. Seinen nächstfolgenden Sohn, Erzherzog Ferdinand, bestimmte er zu seinem Nachfolger als Gefürsteten Grafen von Tirol und in den Vorlanden. Ferdinand war zuvor 20 Jahre lang sein Statthalter im Königreich Böhmen. Am 17. Jänner 1567 zog der neue Landesfürst unter dem Jubel des Volkes endlich feierlich in Innsbruck ein.

Erzherzog Ferdinand kannte die Stadt aus Kinderzeiten, wuchs er doch mit seinen zahlreichen Geschwistern hier auf. Sein Vater hatte die Familie angesichts der drohenden Türkengefahr im sicheren Tirol untergebracht. Die kaiserliche Hofhaltung in Innsbruck war angesichts der angespannten Finanzlage jedoch bescheiden. Gegenüber der Hofburg lagen Obst- und Gemüsegärten, die schon Erzherzog Friedl mit der leeren Tasche erworben hatte. Ferdinand I. ließ die Grünflächen in einen Park umgestalten. Seine Kinder tobten sich hier aus, spielten mit Tieren, legten Beete an und jagten Schmetterlingen nach. Das unbeschwerte Glück war zuweilen zerbrechlich. Als 1543 die Pest ausbrach, musste der kleine Erzherzog Karl, nebst sechs Prinzessinnen überstürzt nach Bruneck in Sicherheit gebracht werden.

Jakob Seisenegger, Maximilian und sein jüngerer Bruder Ferdinand 1534 (*SA/KHM*)

Als Ferdinand II. von Prag nach Innsbruck zurückkehrte, schenkte er dem Garten viel Aufmerksamkeit. Er erwarb weitere Grundstücke und ließ nach italienischem Vorbild einen prachtvollen Renaissance-Lustgarten anlegen. In diesem künstlichen Paradies mit seinen romantischen Lauben, Brunnen, Teichen, Brücken und Pavillons gab es zur Erbauung auch Volieren, ein Löwenhaus, einen Hirschanger sowie einen Fasanengarten. Viele der 3000 Fasane beendeten ihr Leben auf den Tellern der landesfürstlichen Tafel. Auch ein Irrgarten durfte da nicht fehlen. Von einem *luftturm* hatte man einen Rundumblick auf Ferdinands Kunstwelt mit ihren rund 300 Terracotta-Statuen von Alexander Colin. Seinen Vergnügungspark krönte er mit einem *Ballspielhaus*, das 33 mal 46 Meter maß. Daran schloss das gleich breite, 100 Meter lange *Regattaspiel* an. Die Gebäude begrenzten den Rennplatz, auf dem Maximilian dereinst große Turniere veranstaltete. Da ging es dann in einem, den italienischen Baumeister Giovanni Lucchese mit der großzügigen Modernisierung der Hofburg „*wie in Italien gebreuchig*" zu beauftragen. Zentrum höfischer Festlichkeiten war hier die *paradeis*-Stube und der *gulden sal*.

Ferdinand II. ließ sich im Leben nichts abgehen. 1557 heiratete er als Statthalter in Prag heimlich die schöne Tochter eines Augsburger Patriziers, Philippine Welser. Philippine trug zwar einen großen Namen, sie entstammte jedoch nicht dem reichen Hauptzweig der Familie. Wie die Fugger zählten die Welser zu den großen Bank-, Handels- und Montanunternehmern in Europa. Kaiser Karl V. gehörte ebenso zu ihren Schuldnern, wie der französische König. Die Welser betätigten sich auch im Überseehandel mit Luxusgütern, Gewürzen, Zucker, Edelhölzern, Gold, Perlen und Sklaven.

Die Hochzeit fand in Böhmen im kleinen Kreis statt. Kaiser Ferdinand I. genehmigte die unebenbürtige Ehe seines Sohnes mit Philippine erst 1561, wobei er dem Paar strengste Geheimhaltung auferlegte. Seine Zustimmung wurde wohl dadurch erleichtert, dass er auch bei den Welsern hoch verschuldet war. Da Ferdinand II. und seine Philippine nach ihrer Übersiedlung nicht offiziell in der Innsbrucker Residenz des Landesfürsten wohnen durften, errichtete Ferdinand für seine Familie im Hofgarten gegenüber der Hofburg das dreigeschossige Sommerschloss *Ruhelust*. Es lag dort, wo heute das Tiroler Landestheater steht. Das prachtvolle Gebäude des Hofbaumeisters Lucchese hatte mehr als 50 Räume, darunter ein Bad und eine Kapelle. Ein Kleinod im Schloss war die kostbar eingerichtete Schreibstube des Erzherzogs. Vom Fachwerkbau, den die Witwe Ferdinands II., Anna Catharina Gonzaga bezog, ist nichts mehr erhalten. Es brannte 1636 und nach dem Wiederaufbau 1728 endgültig ab.

Hätte sich der Innsbrucker *Hofgarten* aus der Zeit Ferdinand II. erhalten, wäre er neben seiner *Kunst- und Wunderkammer* ein weiteres europäisches Highlight der Renaissance. So aber diente der Hofgarten nach dem *Dreißigjährigen Krieg* wieder als Obst- und Gemüsegarten. 1763 ließ Maria Theresia die Parkreste dem Zeitgeschmack entsprechend barockisieren. Nach weiteren Umgestaltungen ist der *Hofgarten* heute ein englischer Landschaftspark des 19. Jahrhunderts. Seit 2001 steht er unter Denkmalschutz. Er ist nach wie vor die Grünoase der Stadt, allerdings nur mehr auf einem Drittel der seinerzeitigen Fläche.

Philippine war klug, warmherzig und soll von außergewöhnlicher Schönheit gewesen sein. Sie war beliebt beim Volk, was ihr üble Nachrede ersparte. An Philippine erinnert in *Ambras* heute noch ein von ihr angelegter Küchenkräutergarten, ein Kochbuch und ein Kräuterbuch, die beide wohl von ihrer Mutter stammten. Im Oberschloss können Besucher die beheizte Wellness-Oase der Fürstengattin besichtigen. Ihr elegantes, holzgetäfeltes Bad schmücken Fresken mit Bade- und Bankettszenen. Die einzige, nahezu vollständig erhaltene Badeanlage des 16. Jahrhunderts besteht aus einem Schwitz- und einem Ruheraum. Im Zentrum das Badezimmer mit eine großen Wanne, die im Boden eingelassen ist. Am Wannenboden legte man heiße Steine, um das Wasser zu erwärmen. Das Spa diente der Körperpflege und Entspannung.

Philippine schenkte dem Erzherzog zwei Söhne, die jedoch, weil unebenbürtig, nicht erbberechtigt waren. Wegen der Geheimhaltung der Ehe wurden ihr die Kinder nach der Geburt vor die Tür gelegt. Von ihr aufgehoben, waren sie anerkannt. Andreas wurde Kardinal, Karl kaiserlicher General. Zwei in Böhmen verstorbene Zwillinge nahm das Paar nach Innsbruck mit. Ihr Grab wurde erst im 19. Jahrhundert zufällig in der Hofkirche aufgefunden.

Die glückliche Ehe hinderte den Erzherzog allerdings nicht, zahlreiche Liebschaften zu unterhalten und eine Reihe unehelicher Nachkommen zu zeugen. Der Landesfürst sah sich dabei in guter Gesellschaft mit seinen Vorgängern.

Als repräsentativen Wohnsitz schenkte Ferdinand seiner Gattin, neben anderen Besitzungen, die mittelalterliche Burg *Ambras*. Er ließ das Gemäuer vom Hofbaumeister Giovanni Lucchese, den er aus Prag mit nach Innsbruck nahm, zu einem prächtigen Renaissanceschloss gestalten. 1570 begann dieser mit dem Bau des *Spanischen Saals*, einem der schönsten Renaissancesäle Europas. In diesem stimmungsvollen Rahmen finden alljährlich die Konzerte der *Festwochen der Alten Musik* statt *(▶ Oper-Kapitel, 197)*. Daran anschließend entstanden ein leider abgerissenes Ballhaus, das Unterschloss zur Aufnahme seiner Sammlungen sowie ein Lustgarten.

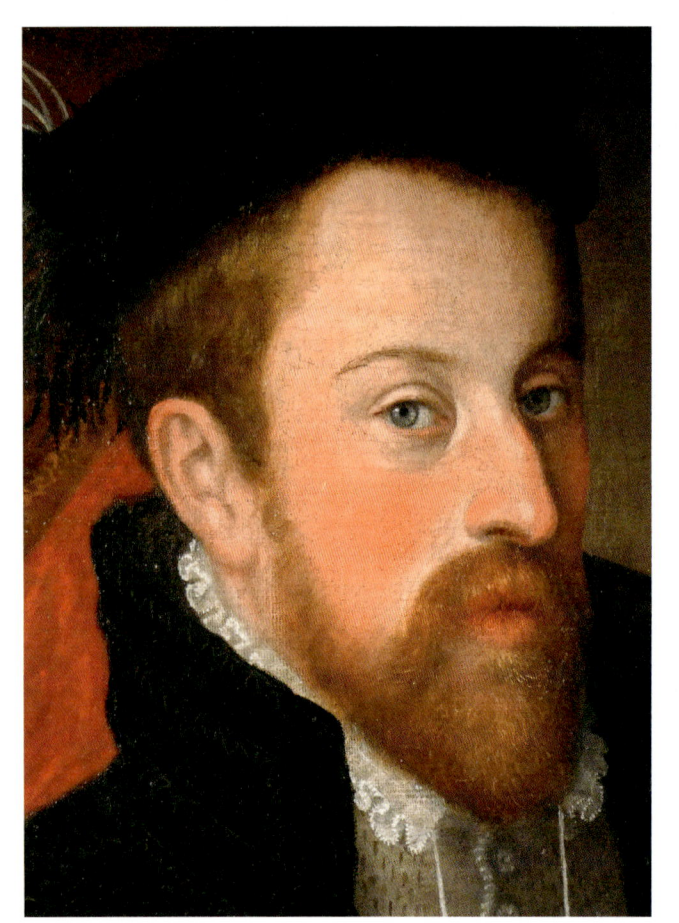

Ferdinand II. und Philippine Welser (*SA/KHM*)

Der Hofgarten. Aus dem Renaissancepark wurde ein englischer Landschaftsgarten. (*SA*)

August Podesta, Schloss Ambras um 1840. Im Vordergrund das Unterschloss mit den Sammlungen Ferdinand II. (*SA*)

Erzherzog Ferdinand II. liebte glanzvolle Feste und Turniere. Sein Vater Ferdinand I. spendierte seinem Sprössling 1546 die aus 87 Einzelteilen bestehende *Adlergarnitur*. Eine wahrlich noble Garderobe für jede Lebenslage, ließen sich aus dem vergoldeten Blechwerk doch zwölf Harnische, zu Ross, zu Fuß, fürs Feld, fürs Turnier, für Gestech und Fußkampf zusammenbauen (▶ Hall-Kapitel, 153). Das schon für Kaiser Maximilian tätige Plattneratelier Konrad Seusenhofer hatte sein Bestes gegeben und das kostete ganze 1.258 Goldgulden, das zwölffache Jahresgehalt eines erzherzoglichen Rates. Die Vergoldung alleine brachte es auf stolze 463 Gulden. Ferdinand II. wusste sich als Renaissancefürst zu inszenieren. Um Zeitgenossen und Nachwelt die eigene Großartigkeit vor Augen zu führen, ließ er von seinen Festzügen farbenprächtige Bilderkodices anfertigen. Und so können wir heute teilhaben an der Kolowrathochzeit 1580 und seiner eigenen mit Anna Caterina Gonzaga 1582. In aller Bescheidenheit erscheint er auf einem der Blätter als Göttervater Jupiter mit dem von drei Adlern gezogenen goldenen Baldachinwagen. Der Tradition Kaiser Maximilians folgend, dokumentierte er bereits um 1557 seine ritterlichen Heldentaten in einem fantasievollen Turnierbuch. Darin finden sich, wie in seiner Ambraser Sammlung, auch Reminiszenzen an seinen Feldzug 1526 gegen die Türken. Auf Dauer konnte er sie nicht aufhalten, 1529 belagerten sie Wien.

Die *Saliera* von Benvenuto Cellini und Rüstkammer (*SA/KHM*)

Schloss Ambras, Rüstkammer – *Spanischer Saal* (SA/KHM)

Seine *Ambraser Trinkbücher* zeigen das ganze Ausmaß der Exzesse der damaligen Renaissance-Eliten. Für eine Fressorgie wurden beispielsweise 3.300 Hühner, 430 Kapaune, 200 Rebhühner, 200 Steinhühner, 200 Tauben und 300 Wachteln ins Schloss geliefert und von Ferdinand und seinen adeligen Gästen wohl auch verzehrt. Der Landesfürst unterwarf seine Gäste einem besonderen Aufnahme-Trinkritual in seinem Schloss. In der Bacchusgrotte musste der Neuankömmling auf einem kunstvoll verzierten Eisenthron Platz nehmen. In diesem Moment schnappte ein komplizierter Mechanismus des Fangstuhls zu. Die Freiheit gewann man erst wieder, wenn man vor den Augen des Gastgebers und seiner feixenden Festgäste ein kleines Fässchen Wein leerte. Der Alkotest galt für Männer wie Frauen. Vor solchen exzessiven Festivitäten ging die Gesellschaft oft in den Innauen der Jagd nach. Nahebei besaß der Erzherzog auch ein Lusthaus samt Tiergarten. Innsbrucker Straßenbezeichnungen wie Fürstenweg, Tiergartenstrasse, Gemsen- oder Rehgasse erinnern heute noch daran.

Auf *Schloss Ambras* frönte Ferdinand II. auch seinem kostspieligsten Hobby. Er war ein fanatischer Sammler und schuf sich eine einmalige *Kunst- und Wunderkammer*. Der Landesfürst führte keine Kriege, sondern investierte in Kunst. Er beschäftigte dazu ein ausgedehntes Kunst-Agentennetzwerk von Kaufleuten, Höflingen, Diplomaten und Verwandten. Die angehäuften Preziosen, Rüstungen, Bilder, Bücher, Münzen, Kuriositäten und vieles andere mehr, sollten das gesamte Wissen seiner Zeit abbilden, ein wahrlich kosmischer Anspruch. In seinen Sammlungen findet sich auch das einzige Porträt von Vlad Tepes, bekannt als Graf Dracula. Einige seiner Exponate, *Saliera*, *Adlergarnitur* oder *Wenzelsbibel*, sind heute Highlights der großen Sammlungen Wiens. Ferdinands Museum gilt als ältestes erhaltenes seiner Art und zählt zu den sehenswertesten Kunst- und Wunderkammern Europas.

Philippine Welser kränkelte die letzten zehn Jahre ihres Lebens. Sie starb 1580, 15 Jahre vor ihrem Gatten, und ist in der *Silbernen Kapelle* der Innsbrucker Hofkirche begraben. Ferdinand II. blieb nicht lange alleine. Zwei Jahre nach ihrem Tod heiratete er im Alter von 52 Jahren seine 16-jährige Nichte Anna Caterina Gonzaga und machte damit seine Schwester zu seiner Schwiegermutter. Wegen des nahen Verwandtschaftsverhältnisses musste der Papst Dispens erteilen. Die Tochter des Herzogs von Mantua war eine gute Partie. Sie brachte als Mitgift 120.000 Gulden und Schmuck im Wert von 40.000 Golddukaten ein. Ferdinand II. ließ sich nicht lumpen. Anlässlich der dreitägigen Hochzeitsfeier gab es Festbankette und Theateraufführungen, eine Gamsjagd sowie ein spektakuläres Feuerwerk. Mit Anna Caterina hatte Ferdinand drei Töchter, aber keinen männlichen Erben. Seine Gattin war sehr religiös. Sie gründete nach seinem Ableben ein *Servitinnen-Kloster* und für Tertiarinnen des Servitenordens das *Regelhaus*, in das sie mit einer Tochter eintrat. In der *Servitenkirche*, dem Gotteshaus ihrer dritten Klostergründung, wurde sie 1621 begraben. Sie überlebte Ferdinand II. um 26 Jahre.

Ferdinand II. regierte Tirol und die österreichischen Vorlande rund dreißig Jahre. Er modernisierte die Verwaltung und verbesserte die Wirtschaft des Landes. Auf seinen Schultern lastete der enorme Schuldenberg, den seine Vorgänger Kaiser Maximilian I. und Kaiser Ferdinand I. hinterlassen hatten. Dazu machte er noch eigene Schulden. Wie Kaiser Maximilian frönte er einer ausgeprägten höfischen Repräsentationskultur. Ferdinand war ein humanistisch gebildeter Fürst und trug durch seine Hofhaltung, seine Bauten und Sammlungen wesentlich zur Verbreitung der Renaissance außerhalb Italiens bei. Angesichts der Not im Land betrieb er allerdings einem wahrlich unanständigen Luxus, den das arme Volk in den schwierigen Zeiten auch noch tragen musste.

Schloss Ambras mit dem *Spanischen Saal* (SA)

Ferdinand II. war ein Mann der Gegenreformation. Seinen ausschweifenden Lebenswandel, oft *auf borg*, wie die Kammerräte regelmäßig beklagten, kompensierte er im eifrigen Kampf gegen die Lutherischen. Er verlangte im Sinne des Augsburger Religionsfriedens von allen Tirolern, dass sie katholisch zu glauben hatten. Anderenfalls mussten sie das Land verlassen. Er schreckte selbst vor katholischen Spektakeln nicht zurück. So nahm Ferdinand II. etwa 1583 mit seiner zweiten Gattin und dem gesamten Hofstaat an einer fünfstündigen Massenwallfahrt von Innsbruck zur Seefelder *Oswald*-Kapelle teil. Ferdinand II. starb 1595 und ruht in der *Silbernen Kapelle* nahe seiner Philippine, von ihr allerdings durch ein kunstvolles Gitter getrennt. Nicht wenige der weltlichen und kirchlichen Renaissancefürsten zahlten ihr Wohlleben mit Gicht und Zuckerkrankheit und bereuten ihr sündiges Leben spätestens am Totenbett. So auch Ferdinand II., der für sein ewiges Seelenheil wenige Monate vor seinem irdischen Ableben das Kapuzinerkloster in Innsbruck gründete. *Requiescat in pacem.*

Ferdinand II. im Leben und im Tode (*wikimedia commons*)

Nach dem erbenlosen Tod Ferdinands II. war das Land jahrelang mehr oder weniger sich selbst überlassen. Ferdinands Neffe, Kaiser Rudolf II., war zwar seit 1595 formell Tiroler Landesfürst. Er residierte jedoch in Prag und zeigte wenig Interesse am Land im Gebirge. Erst nach energischen Bitten der Landstände entsandte der Kaiser 1602 seinen Bruder Maximilian III. als Gubernator nach Innsbruck. Als Kaiser Rudolf II. 1612 starb, wurde dessen ältester Sohn Mathias römisch-deutscher Kaiser und der Gubernator stieg zum Gefürsteten Grafen von Tirol auf.

Ferdinand II. und Maximilian III. – der Kontrast der Landesherrn konnte nicht größer sein. Maximilians kontemplativer Lebensentwurf stand im krassen Gegensatz zum verschwenderischen Auftreten des Renaissancemenschen Ferdinand II. Erzherzog Maximilian III. der Deutschmeister war sehr religiös und ein engagierter Verfechter der Gegenreformation. Er lebte als Hochmeister des Deutschen Ordens, der im dritten Kreuzzug entstand, sehr zurückgezogen und war nie verheiratet. Bevor er nach Tirol kam, hatte er sich vergeblich um die polnische Königskrone bemüht, außerdem kämpfte er gegen die Türken.

Maximilian lebte in einer sich grundlegend verändernden Welt. Ein halbes Jahr vor seinem Tod brach der *Dreißigjährige Krieg* aus. Europa war zerrissen in den Kämpfen zwischen katholischer und lutherischer Lehre. Bei Kriegsende hatten moderne Territorialstaaten die alte Feudalordnung abgelöst. Renaissance und Humanismus stellten den Menschen ins Zentrum ihrer künstlerischen und weltanschaulichen Betrachtungen. Nikolaus Kopernikus, Johannes Kepler oder Galileo Galilei zertrümmerten das geozentrische Weltbild der Kirche und bewiesen, dass sich die Erde um die Sonne dreht. Die Naturwissenschaften begannen ihren unaufhaltsamen Siegeszug. Fugger, Welser und weitere Handelsherrn verhalfen einem frühkapitalistischen Wirtschaftsmodell zum Durchbruch. Ihre Beteiligung am Überseehandel war Zeichen einer sich globalisierenden Welt. Der rasante Wandel verunsicherte die Menschen. Viele fürchteten um die Zukunft und sahen ihr Heil in der Religion. Zu diesen zählte wohl auch der Tiroler Landesfürst Maximilian III.

Er ließ sich 1615 im *Kapuzinerkloster* an der Nordseite der Kirche eine manieristische *Einsiedelei* einrichten. Nachdem die Witwe Ferdinands II., Anna Caterina Gonzaga, mit ihrer Tochter Maria in das von ihr gegründete *Regelhaus* übersiedelte, residierte Maximilian im Schloss *Ruhelust*. Von hier konnte er ungesehen durch einen hölzernen Gang zu den Kapuzinern gelangen, wohin sich der fromme Erzherzog häufig zu religiösen Betrachtungen und zum Gebet zurückzog. Die Eremitage besteht aus einer Reihe dunkel getäfelter Räume mit Mobiliar, das Maximilian selbst drechselte. Wie alle Habsburger Erzherzöge hatte auch er ein Handwerk erlernt. Einer der Räume diente schon der sehr gläubigen Anna Caterina als Betraum. Hier hängt auch ein Porträt Maximilians mit der sinnreichen Aufschrift:

„Kurz ist der Traum der Zeit! Oh´n End´ die Ewigkeit.
Wie ist mein Herz daran? So dacht hier Maximilian.

Das Kapuzinerkloster mit dem hölzernen Gang zur Eremitage
(*TLF, Aigner´scher Codex/wikimedia commons*)

Durchschreitet man die Räume der Eremitage, steht man schließlich vor einer Tür, die zu einer der bemerkenswertesten Raumschöpfungen Tirols führt. Eine finstere, nur von kleinen Fenstern spärlich beleuchtete, grottenartige Welt tut sich auf. Die Wände sehen aus, wie von Knappen roh aus dem Felsen gehauen. In einem Raum ein schmuckloser Altar, zwei Kerzen und ein Kruzifix, in einem anderen eine einfache Bettstatt aus Fichtenholz, ein schwarzgekachelter Ofen, dazu eine Rauchkuchl. Nicht die Schönheit der Schöpfung, sondern düstere Weltentsagung schlägt einem entgegen. In einer Beschreibung der Eremitage von 1894 liest man in diesem Sinne:

„Denn je mehr das Irdische zurücktritt, und seinen täuschenden Glanz des Zeitlichen verliert, desto leichter und höher erhebt sich der Geist zu Gott und hat einen Vorgeschmack der himmlischen und ewigen Freuden."

Bleibende weltliche Verdienste erwarb sich Erzherzog Maximilian III, indem er das Landlibell Kaiser Maximilians reaktivierte und Befestigungsanlagen gegen das lutherische Deutschland verstärkte. Er bewahrte Tirol im folgenden *Dreißigjährigen Krieg* damit vor mancher Kampfhandlung und religiösen Unruhen. Dann stiftete er den heute in Klosterneuburg aufbewahrten *Tiroler Erzherzoghut*. Dieser durfte das Kloster nur kurzfristig zu Erbhuldigungen verlassen, was zwischen 1620 und 1835 nur zehnmal geschah. Mit der Erbhuldigung gelobten die Stände dem Landesfürst Gefolgschaft, der wiederum die alten Privilegien bestätigte.

Grab Maximilians III. in St. Jakob in Innsbruck. Er kniet neben dem Landespatron, dem Heiligen Georg. (*TLF, Aigner´scher Codex*) – Maximilian III. (*wikimedia commons*)

Schließlich förderte Maximilian III. Mathias Burgklechner, einen Spitzenbeamten des Tiroler Regiments. Schon Erzherzog Ferdinand II. hatte ihm für ein Rechtsstudium in Padua ein Stipendium gewährt und ihn in den Adelsstand erhoben. Als Vizekanzler des Regiments kam er unter Maximilian viel im Land herum. Humanistisch gebildet und aus seinem Amtswissen schöpfend, verfasste er eine umfassende, mehrbändige Landeskunde, den *Tiroler Adler*. Das Werk enthält Städteansichten, Porträts der Landesfürsten, Wappen des Tiroler Adels, Aktenstücke und Urkunden. Aufschlussreich sind auch die kartografischen Darstellungen Burgklechners, die er als Ergänzung seines Geschichtswerks schuf. Befriedigte die dekorative *Tiroler Adler Karte* von 1609 vorzüglich repräsentative Ansprüche, so war die *Große Tirol-Karte* von 1611 die bis dahin genaueste Darstellung des Landes (▶ *Abbildung Seite 26*). Wegen einiger inhaltlicher Vorbehalte verweigerte Maximilian III. allerdings die Drucklegung des Werks. Das Originalmanuskript befindet sich heute im *Österreichischen Staatsarchiv* in Wien.

Maximilian III. starb 1618 in Wien. In seinem Testament verfügte der Landesfürst, dass er im *grünen Tirol* zur letzten Ruhe gebettet werde. Hier hatte er sich zu Lebzeiten vom Bildhauer Caspar Gras ein aufwendiges Grabdenkmal in der Innsbrucker Dompfarrkirche *St. Jakob* erbauen lassen.

Der Dreißigjährige Krieg

Am 25. September 1555 einigten sich die Konfessionen auf einen Kompromiss. Der Reichstag verabschiedete gegen den Willen von Kaiser Karl V., der für die Einheit des römisch-deutschen Reiches kämpfte, den *Augsburger Religionsfrieden*. Die Landesfürsten bestimmten nun die Religion ihrer Territorien und ihrer Untertanen nach dem Motto *cuius regio, eius religio*. Andersgläubige mussten das Land verlassen. Die habsburgisch regierten Länder, einschließlich der Gefürsteten Grafschaft Tirol, blieben katholisch. Der *Augsburger Religionsfrieden* hielt 63 Jah-

Jaques Callot, Der Galgenbaum aus dem Zyklus
Die großen Schrecken des Krieges, 1632 (*wikimedia commons*)

re. Im Jahr 1618 brach der Konflikt zwischen katholischer und lutherischer Partei, ausgelöst durch den *Prager Fenstersturz*, jedoch mit großer Heftigkeit wieder aus. Aus dem Religionskrieg entwickelte sich ein Territorialkrieg um die Vormachtstellung in Europa.

Mit Dauer des Krieges brach die Wirtschaft zusammen und die Gesellschaft erodierte, das Volk verrohte, Adel und Geistlichkeit verkamen. Auf der anderen Seite standen Kriegsgewinnler wie Albrecht von Wallenstein, der riesige Ländereien zusammenraffte. Der *Dreißigjährige Krieg* verwüstete den Kontinent und kostete Millionen Menschen das Leben. In einigen Teilen Süddeutschlands überlebte nur ein Drittel der Bevölkerung. Nach den wirtschaftlichen und sozialen Verheerungen dauerte es mancherorts mehr als ein Jahrhundert, um die Spuren des Krieges zu verwischen. Verschärft wurde das Unheil durch die *kleine Eiszeit*, die im 17. Jahrhundert zu Wetterkapriolen, Missernten und Lebensmittelknappheit führte.

Militärisch wurde Tirol vom *Dreißigjährigen Krieg* nur durch zwei Scharmützel in Reutte gestreift. Im Laufe der europäischen Auseinandersetzung zogen jedoch mehr als 10.000 Söldner von Italien nach Deutschland durch das Inntal. Sie wurden in Städten und Dörfern einquartiert und die Bevölkerung fürchtete mit Recht um Hof, Weib und Kind. Bevor Truppen durchzogen, trieben Bauern ihre Tiere daher auf die Almen. Um die Landsknechte im Zaum zu halten, teilte man ihnen mit mehr oder weniger Erfolg Kriegskommissare zu.

Das 17. Jahrhundert verlief in Tirol, abgesehen vom *Dreißigjährigen Krieg*, nicht weniger dramatisch als das 16. In den Jahren 1669, 1670, 1673 verwüsteten etwa verheerende Überschwemmungen das Land, weitere Katastrophen waren 1612 und 1693 Heuschreckeneinfälle und 1670 und 1689 schwere Erdbeben. 1670 stürzte in Hall der Turm der Stadtpfarrkirche ein. Viele Obdachlose flüchteten in Klöster. 1611/12 und 1633/34 waren große Pestjahre in Tirol. Die Seuche forderte tausende Tote. Kleinere Ausbrüche gab es zudem alle acht bis zehn Jahre. Dazu kamen Typhus, Fleckfieber und andere Epidemien. Die Bevölkerung Tirols nahm in der ersten Hälfte des 17. Jahrhunderts, nicht zuletzt wegen schwerer Versorgungsmängel, markant ab.

Der *Dreißigjährige Krieg* führte zudem auch in Tirol zu einem schwindelerregenden Münzverfall. Die angeworbenen Söldnerheere der kriegführenden Fürsten verschlangen Unsummen. Münzgeld wurde immer rarer. Die ungeheure Nachfrage verteuerte das Silber. Münzpächter, die in die eigene Tasche wirtschafteten, prägten daher *schlechtes Geld*, Münzen mit immer geringerem Edelmetallgehalt bei gleichem Nennwert. Schlussendlich kamen gar Kupfermünzen und Fälschungen in Umlauf. Die Zeit zwischen 1618 und 1623 ging als *Wipper- und Kipperzeit* in die Geschichte ein, da man zur Feststellung des Münzwertes eine Waage benötigte. Die Herrscher vermieden es, ihr Bildnis auf den Münzen zu verewigen, ein Zeichen des schlechten Gewissens?

Ungeheure Preissteigerungen bei Waren des täglichen Bedarfs waren die Folge. Breite Kreise der ohnehin geschwächten Tiroler Bevölkerung glitten dadurch in die Armut. *„Viele essen nur mehr Kräuter"*, hieß es in einem Bericht an den Tiroler Landesfürsten. 1622 errechnete man eine Inflation von 400%. Als Reaktion ging man zum Tauschhandel über. Die anfängliche Freude der Landesherren und Städte über den sprudelnden, aber immer schlechter klingenden Münzsegen, endete dann rasch. Sie bekamen nämlich ihr schlechtes Geld in Form von Steuern und Abgaben wieder zurück. Schon nach wenigen Jahren zog man daher das *Kippergeld* wieder ein und prägte nach gutem *Schrot und Korn*. Der Nennwert entsprach wieder dem Metallwert.

Kippergulden zu 60 Kreuzern, 1621 in Hall geprägt. (*Münzen Rauch*)

Leopold und Claudia

Das Fürstenpaar, das den *Dreißigjährigen Krieg* in Tirol zu stemmen hatte, war Leopold V. und seine Gattin Claudia von Medici. Dabei war Leopold, aus der steirischen Linie der Habsburger, nicht für die weltliche Herrschaft vorgesehen. Ohne höhere Weihen, wurde er bereits als 12-jähriger Bischof von Passau und später noch Oberhirte von Straßburg. Die Pfründe garantierten ihm ein sorgenfreies Leben. Um seine geistlichen Pflichten musste er sich nicht kümmern, diese erledigten Weihbischöfe.

Leopold V. lebte am Prager Hof und schlug sich dort auf die Seite des kunstsinnigen, aber zunehmend regierungsunfähigen Kaiser Rudolf II. Im folgenden Bruderkrieg des Hauses Habsburg, setzte er so aufs falsche Pferd. Der Traum, böhmischer König zu werden, war rasch ausgeträumt. Nach Kaiser Rudolfs II. Tod wurde der Putschist, Erzherzog Matthias, 1612 dessen Nachfolger. Der schwer gichtige Kaiser bekam die konfessionellen Auseinandersetzungen im römisch-deutschen Reich jedoch nicht in den Griff. Diese eskalierten 1618 schließlich im *Dreißigjährigen Krieg*. Weitgehend machtlos starb Matthias 1619. Ihm folgte sein Vetter Kaiser Ferdinand II. Er vereinte alle österreichischen Erblande bis auf die Gefürstete Grafschaft Tirol und die Vorlande. Als im Jahr seines Regierungsantritts der Tiroler Landesfürst Maximilian III. starb, ernannte er seinen Bruder Leopold V. dortselbst zum Gubernator.

Der Erzherzog zeigte sich dafür auch dankbar und richtete Kaiser Ferdinand II. 1622 in Innsbruck eine prunkvolle Hochzeit aus. Die Braut war Eleonore von Gonzaga, Tochter des regierenden Herzogs von Mantua. Dafür dankte ihm nun sein Bruder und erhob Leopold V. 1623 zum Tiroler Landesfürst. Leopold war sehr ehrgeizig und wollte eine Tiroler Habsburgerlinie begründen. Für einen Bischof ein Problem, da er wegen des Zölibats zwar uneheliche Kinder, aber keinen dynastischen Erben zeugen

Leopold V. und Claudia von Medici (*wikimedia commons/TLF*)

konnte. 1625 zog er daher nach Rom und verzichtete mit Segen des Papstes auf die Bistümer Passau und Straßburg zugunsten seines Neffen. Damit waren allerdings auch die reich dotierten Pfründe weg, ein Problem für jemanden, der gewohnt war, auf großem Fuß zu leben.

Leopold V. machte sich daher auf die Suche nach einer guten Partie, die eine ordentliche Mitgift versprach. Dabei kam ihm seine Schwester, Erzherzogin Maria Magdalena, die mit dem toskanischen Großherzog Cosimo II. von Medici verheiratet war, zu Hilfe. Dessen Schwester Claudia hatte 1621 den künftigen Herzog von Urbino geheiratet, der jedoch bereits im zweiten Ehejahr verstarb. Erzherzogin Maria Magdalena machte ihren Bruder Leopold V. nun auf die in einem Florentiner Kloster untergebrachte Witwe aufmerksam. Angesichts ihrer misslichen Lage kam der 21-jährigen Claudia von Medici das Interesse des 39-jährigen Tiroler Landesfürsten und Kaiserbruders gerade recht. Man lernte sich in Florenz kennen, der gegenseitige Eindruck war zufriedenstellend und so wurde am 19. April 1626 geheiratet.

Innsbruck erlebte nun die zweite pompöse und ungeheuer teure Hochzeit innerhalb weniger Jahre. Zu Ehren des Paares errichteten die Innsbrucker mehrere mit Fahnen und Blumen geschmückte Triumphbögen. Geheiratet wurde in der Hofkirche. Als stumme Zeugen assistierten die *Schwarzen Mander und Weiber* am Grabdenkmal Kaiser Maximilians I., die brennende Kerzen in den bronzenen Händen hielten. Im Goldenen Saal der Hofburg wurden die Großen des Landes festlich bewirtet. Beim Festmahl spielten vierzig Musiker der Hofmusikkapelle auf. Bürger und Bauern feierten in den Straßen der Stadt. Es wurde getanzt und gesungen, gevöllert und gesoffen, man erfreute sich am Mummenschanz von Spielleuten und Gauklern. Not und Hunger waren für den Moment vergessen. Claudia von Medici war Florentiner Verhältnisse gewohnt und stellte daher hohe Ansprüche an das Hofleben in Innsbruck. Mit der alten *Hofburg* war sie gar nicht zufrieden. Leopold wollte sie daher schleifen und einen Neubau *alla moderna* errichten. Doch dazu fehlte das Geld. Die einst stolze Hofburg Kaiser Maximilians verkam nun langsam als Verwaltungsgebäude. Das Tiroler Fürstenpaar übersiedelte stattdessen ins Schloss *Ruhelust* im *Hofgarten*. Leopold ließ im vormaligen Lustgarten allerdings Obst und Gemüse anbauen. Die schlechte Versorgungslage im Land forderte ihren Tribut.

Jesuitenkirche (*TLF, Aigner´scher Codex*)

Für seine und seiner Gattin Vergnügungen war ihm allerdings nichts zu teuer. Anlässlich der Durchreise des Großherzogs der Toskana veranstaltete er 1628 etwa im Löwenhaus eine Tierhatz, wobei ein großer Bär, eine Löwin und ein Tiger gegen einen weißen, roten und schwarzen Stier kämpften. In Architektur, Bildhauerei und Musik machte sich verstärkt italienischer Einfluss geltend. Das Fürstenpaar ließ etwa das große Ballhaus Ferdinands II. zum Hoftheater umbauen. Hofbaumeister Christoph Gumpp wurde dazu extra nach Italien geschickt, wo er in Parma, Mantua und Florenz die dortigen Theater studierte. Das in Innsbruck 1629 errichtete *Comedihaus* war das erste nördlich der Alpen. Die Außenmauern stehen noch heute und sind im Innsbrucker Kongresshaus verbaut (▶ *Oper-Kapitel, 197*).

Als strammer Vertreter der Gegenreformation unterstützte Leopold V. die Jesuiten. Die katholische Ordensgemeinschaft der Gesellschaft Jesu (*SJ*) wurde vom Spanier Ignatius von Loyola gegründet und 1540 vom Papst anerkannt. Neben Armut, Ehelosigkeit und Gehorsam leisten die Ordensangehörigen noch ein viertes Gelübde: besonderen Gehorsam dem Papst gegenüber. Der Orden hatte sich die Reform der katholischen Kirche auf die Fahnen geschrieben und war Speerspitze der Gegenreformation. Die Jesuiten setzten auf Bildung und gründeten Schulen und Universitäten. Hier wurden nicht nur Theologie, sondern auch Logik, Mathematik, Astronomie, Physik, Philosophie und die antiken Denker und Dichter studiert und gelehrt. Prächtige Barockkirchen und aufwendige religiöse Feiern bis hin zum Jesuitentheater dienten ihrer Propaganda. Alles sollte den Gläubigen den Sieg des wahren katholischen Glaubens und der Heiligen Mutter Kirche vor Augen führen. Auch Erzherzog Leopold unterzog sich dem katholischen Spektakel. 1632 schloss er sich etwa, ein Kreuz tragend, einer Bußprozession an.

Die Jesuiten waren seit 1561 in Innsbruck präsent. Ihr wohl prominentester Vertreter war Petrus Canisius, der hier das Jesuitenkolleg und ein Gymnasium gründete. Leopold V. stiftete der *Societas Jesu* anstelle einer kleinen Vorgängerkirche 1627 ein repräsentatives frühbarockes Gotteshaus. Es wurde nach fast 20-jähriger Bauzeit 1646 vollendet. Baumeister Karl Fontaner und Christoph Gumpp der Jüngere nahmen sich dabei die römische Jesuitenkirche *Il Gesù* und den *Salzburger Dom* zum Vorbild. Die Krypta der *Jesuitenkirche* gestaltete Leopold V. für sein landesfürstliches Geschlecht als Grablege. Er, seine Gattin Claudia von Medici, seine Söhne und Nachfolger Ferdinand Karl und Sigismund Franz sowie sieben weitere Familienmitglieder sind hier bestattet.

Wie Kaiser Maximilian wollte sich Leopold V. in Innsbruck ebenfalls verewigt sehen – wenn auch in bescheideneren Ausmaßen. Er kannte Giambolognas bronzene Reiterdenkmäler der Großherzöge Cosimo I. und Ferdinands I. in Florenz und vielleicht auch jenes des Condottiere Gattamalata von Donatello in Padua. Man hatte ihm bei seinem mehrwöchigen Aufenthalt in Florenz sicher das von Paolo Uccello gemalte Reiterbild des Condottiere John Hawkwood im Dom von Florenz gezeigt. Und bei seinem Romaufenthalt hat Leopold die antike Reiterstatue Marc Aurels staunend betrachtet.

So etwas wollte Leopold V. auch in Innsbruck haben. Und es sollte etwas Besonderes sein. Er wandte sich daher an den berühmten Bildhauer Caspar Gras, der bereits das Bronzegrabmal seines Vorgängers, Maximilians III., in der Pfarrkirche *St. Jakob* entworfen hatte. Der Künstler war ein Enkelschüler Giambolognas. Und Gras lieferte Leopold V. etwas Besonderes. Er stellte Ross und Reiter in der gusstechnisch äußerst schwierigen Sprungstellung der Levade dar. Doch damit nicht genug. Erstmals steht das Pferd ohne den Schweif als dritte Auflage nur auf seinen zwei Hinterbeinen. Blei im Schwanz macht's möglich. Eine statische Spitzenleistung des Gießers Friedrich Reinhart aus dem Jahr 1622. Der Kopf Leopolds ist ebenso wie die Kleidung *alla natura*.

Caspar Gras, Leopoldbrunnen und Grabplastik Maximilian III. (*SA*)

Caspar Gras, Leopoldbrunnen und Grabplastik Maximilian III. (*SA*)

Caspar Gras goss dazu noch eine Reihe allegorischer Figuren von Göttinnen und Meeresgottheiten. Die Bildwerke sind bedeutende Denkmäler zwischen Manierismus und Frühbarock. Wegen des Todes Leopolds V. 1632 ist die Komposition jedoch Stückwerk geblieben. Gumpps Entwurf ging verloren, auch der geplante Aufstellungsort der Figurengruppe liegt im Dunkeln. Der heutige Brunnen ist eine gelungene Komposition des 19. Jahrhunderts. Die nackten Frauenfiguren wurden von den Bayern 1703 vom Hofgarten nach München entführt – der Bayernherzog hatte eben Geschmack. Demgegenüber wollte der Fundamentalkatholo Andreas Hofer die nachmals zurückgegebenen, unanständigen nackten *Weiber* einschmelzen lassen.

Die 27 Jahre alte Claudia von Medici wurde 1632 innerhalb von zehn Jahren zum zweiten Mal Witwe. Sie hatte in den knapp sechs Jahren ihrer Ehe mit Leopold V. fünf Kinder geboren, wovon vier überlebten. Das jüngste war eben erst geboren. Das Oberhaupt der Habsburgerfamilie, Kaiser Ferdinand II., hatte offenbar keinen passenden Erzherzog bei der Hand und so traf er nun eine ungewöhnliche Entscheidung. Er machte Claudia, die er offenbar bei seiner Hochzeit in Innsbruck schätzen gelernt hatte, zur Mitregentin in Tirol und Vorderösterreich. Auch sein Nachfolger, Kaiser Ferdinand III., war mit ihr zufrieden. Claudia regierte von 1632 bis 1646 für ihren minderjährigen Sohn Ferdinand Karl als Landesfürstin in Tirol und den Vorlanden.

Pitschmann, Claudia von Medici und Kanzler Biener im Tiroler Landtag (*SA*)

Ihr zur Seite stand ein fünfköpfiges Ratskollegium, dem seit 1638 auch Kanzler Wilhelm Biener angehörte. Er war ein fähiger Jurist und Kaiser Ferdinand II. empfahl ihn daher seinem Bruder Leopold V. als Berater. Biener machte sich als umsichtiger Verwalter beim Landesfürstenpaar unverzichtbar. Auch bekämpfte Biener Korruption und Amtsmissbrauch, was ihm naturgemäß nicht nur Freunde bescherte. Was der alteingesessene Adel und die hohe Geistlichkeit dem Bürgerlichen darüber hinaus schon gar nicht verziehen, war Bieners Neigung zum Hochmut.

Claudia gelang es, Tirol weitgehend aus dem Dreißigjährigen Krieg herauszuhalten. Sie ließ Befestigungsanlagen ausbauen oder neu errichten, heute noch unvergessen die in Trümmern liegende *Porta Claudia* in Scharnitz. Die Landesfürstin förderte Handwerk und Handel und verschaffte ihren Untertanen damit Brot. Zudem betrieb Claudia von Medici eine expansive Außenpolitik und vergrößerte die vorderösterreichischen Besitzungen. Claudia von Medici starb 1648 an *Wassersucht* und ist in der Krypta der *Jesuitenkirche* in Innsbruck begraben

Kurz vor ihrem Tod wurde die *Mariahilfer-Kirche* in Innsbruck eingeweiht. Die Tiroler Landstände hatten den Bau des Gotteshauses als Dank dafür gestiftet, dass die Gefürstete Grafschaft Tirol vom *Dreißigjährigen Krieg* nur gestreift wurde. Man führte dies auch auf den Schutz der Madonna zurück. Hofbaumeister Christoph Gumpp d.J. baute die Kirche 1646/47 im frühbarocken Stil. Das Patronat hat bis heute das Land Tirol inne. Den Landständen gelang es nicht, das Marien-Gnadenbild von Lukas Cranach d. Ä. aus der Pfarrkirche *St. Jakob* hierher zu übersiedeln. Daher gab man sich mit einer Kopie zufrieden. Der Landesfürst Leopold V. hatte das berühmte Bild seinerzeit vom Kurfürsten von Sachsen geschenkt bekommen.

Die landschaftliche *Mariahilfer-Kirche* in Innsbruck (*TLF, Aigner´scher Codex*)

Die letzten Landesfürsten in Tirol

Claudia übergab ihrem 18-jährigen Sohn Erzherzog Ferdinand Karl 1646 die Regierungsgeschäfte. Die Herrschaft dieses Landesfürsten war ein Tiefpunkt habsburgischer Geschichte in Tirol. Ferdinand Karl war ein haltloser Verschwender. Unter anderem verschleuderte er die riesige Entschädigungssumme, die ihm im Westfälischen Frieden 1648 zugesprochen wurde. Dafür musste er die westrheinischen habsburgischen Besitzungen Breisach, Elsass und Sundgau an Frankreich abgeben. Während seiner Regentschaft blühten Korruption und Misswirtschaft. Um seinen ausschweifenden Lebensstil zu finanzieren, verpfändete und verkaufte er nun Güter und Herrschaftsrechte in Graubünden und im Pustertal. Erzherzog Ferdinand Karl regierte das Land absolutistisch, war dabei aber ein schwacher, wankelmütiger und leicht beeinflussbarer Herrscher. Nach dem Huldigungslandtag 1646 berief er den Landtag nur noch einmal ein. Anlass war das Ende des *Dreißigjährigen Krieges* 1648.

Der Landesfürst gab für höfische Vergnügungen Unsummen aus. Die italienische Oper war seine Leidenschaft, die er von seiner Mutter erbte. Er ließ ab 1654 von Christoph Gumpp, dort wo heute das Landestheater steht, ein Hoftheater errichten. Es galt mit seinen raffinierten Bühnenmaschinen und Flugwerken als eines der schönsten nördlich der Alpen. Als *Maestro di Cappella di Camer* leistete er sich Pietro Antonio Cesti, der für Innsbruck mehrere Opern komponierte (▶ *Oper-Kapitel, 197*).

Hofkanzler Wilhelm Biener waren Verschwendungssucht und Lebensstil des jungen Landesfürsten höchst zuwider. Trotzdem diente er ihm loyal. Als etwa die Fürstbischöfe von Brixen und Trient die Wirren des Dreißigjährigen Krieges nutzend, sich bei seinem Regierungsantritt aus dem Verband mit der Gefürsteten Grafschaft Tirol davonstehlen wollten, hielt Kanzler Biener erfolgreich dagegen. Es kam deswegen zu tumultartigen Szenen im Tiroler Landtag in Innsbruck. Die klerikale Opposition gegen Bieners Politik wollte aus Protest die Sitzung verlassen, was der Kanzler durch vorsorglich aufgestellte Wachen vor dem Saal verhinderte. *„Es darf kein eigenes Wohl geben, nur das Wohl der Gesamtheit, wenn ehrliche Politik gemacht werden soll"* war einer seiner Wahlsprüche. Die Kirchenfürsten mussten sich murrend beugen.

Erzherzog Ferdinand Karl, Doppeldukaten 1642/1963 (*Dorotheum*)

Impressionen aus Rattenberg (SA)

Als Bieners Protektorin Claudia von Medici 1648 starb, kam die Stunde seiner Gegner. Sie verleumdeten den Kanzler wegen angeblichen Hochverrats und Unterschlagung beim neuen Landesfürsten, der auf seine Schmeichler und Günstlinge nur zu gerne hörte. Ferdinand Karl setzte ihn ab, der am Ansitz *Büchsenhausen* nun eine Bierbrauerei betrieb. Seine Feinde ließen jedoch nicht locker und Biener wurde in einem Geheimprozess zum Tode verurteilt. Der vormalige Kanzler wurde am 17. Juli 1651 im Schlosshof der Stadt Rattenberg dem Scharfrichter vorgeführt. Noch in seiner letzten Lebensstunde machten seine Gegner Nägel mit Köpfen. Sie hielten den Boten auf, der die Begnadigung nach Rattenberg bringen sollte, und Bieners Kopf fiel. Ein glatter Fall von Justizmord. Bieners Gattin beging daraufhin auf *Büchsenhausen* Selbstmord. Angeblich geistert sie noch heute im Schloss herum.

Ein großes Fest erlebte Innsbruck, als die abgedankte Königin Christine von Schweden, Tochter von König Gustav II. Adolf, am 31. Oktober 1655 mit 255 Personen Gefolge samt 247 Pferden feierlich einzog und in der *Hofburg* logierte. Sie konvertierte in der *Hofkirche* vom Protestantismus zum katholischen Glauben. Anschließend zog sie nach Rom weiter, ließ sich daselbst nieder und führte auf Kosten Schwedens ein freizügiges Leben. Papst Alexander VII. bemerkte über Christine, sie sei *„eine Königin ohne Reich, eine Christin ohne Glauben und eine Frau ohne Scham"*.

Ferdinand Karl warf weiter das Geld zum Fenster hinaus, ging auf die Jagd und ins Theater und starb 1662 mit 34 Jahren an einer *hitzigen Krankheit*. Zu seinem Andenken hinterließ er einen riesigen Berg an Schulden.

Die Landesfürsten Leopold V., Ferdinand Karl und Sigismund Franz im Spanischen Saal auf Schloss Ambras (*SA/KHM*)

Ihm folgte sein jüngerer Bruder Erzherzog Sigismund Franz als Gefürsteter Graf von Tirol. Er war für den geistlichen Stand bestimmt. Ohne je kirchliche Weihen empfangen zu haben, wurde er bereits mit 16 Bischof von Augsburg, dazu mit 23 von Gurk und mit 29 von Trient. Die drei Diözesen verschafften ihm ein standesgemäßes Auskommen. Er wäre der bessere Landesfürst geworden als sein Bruder. Sigismund Franzens Sparwille zeigte sich gleich nach Amtsantritt, als er die italienischen Höflinge, die *Erzfürstlichen Hofkomödianten*, den berühmten Komponisten Cesti sowie sämtliche Jagdhunde entließ. Sigismund Franz starb jedoch bereits im Jahr 1665. Er wurde nur ein paar Monate älter als sein Bruder. Damit erlosch die *jüngere Tiroler Linie* der Habsburger und mit ihm auch die Zeit der im Land regierenden Landesfürsten. Eine rund 500-jährige Tradition hatte ihr Ende gefunden.

Innsbruck beherbergte nun keinen Hof mehr. Die Stadt verblieb zwar Sitz der Landesbehörden, die Entscheidungen fielen jedoch in Wien. In Innsbruck vertraten Statthalter die Kaiser. Die föderalen Strukturen in Habsburgs Reich verloren zunehmend an Bedeutung. Kaiserlicher Absolutismus war angesagt. Mit Mut und Ausdauer suchten die Tiroler Landstände ihre Rechte dennoch zu wahren. Von 1665 bis 1720 wurden zehn Gesamtlandtage und dazu einige Ausschusslandtage abgehalten. Danach beriefen die Kaiser den Tiroler Landtag nicht einmal mehr für die traditionelle Erbhuldigung der Stände ein. Als Landesfürsten folgten nun hintereinander die Habsburgerkaiser Leopold I., Josef I. und Karl VI., der Vater von Maria Theresia.

Gleich der erste landesabwesende Landesfürst, Kaiser Leopold I., erwarb sich allerdings bleibende Verdienste um die Stadt. Er gründete 1669 auf Wunsch der Stadtväter und der Tiroler Landstände eine Universität in Innsbruck. Sie ging aus dem 1562 von Petrus Canisius gegründeten Jesuiten-Gymnasium hervor. Finanziert wurde sie unter anderem durch einen Salzaufschlag. 1677 lehrten an der Innsbrucker Universität fünf Professoren an der theologischen, je vier an der juridischen und philosophischen und zwei an der medizinischen Fakultät. Dazu kamen noch zwei Lehrer der italienischen und der französischen Sprache, ein Fecht- und ein Tanzmeister. Die Universität war anfänglich in Räumen des Komödienhauses in der Herrengasse untergebracht. Nach Aufhebung des *Societas Jesu* 1776 übersiedelte man in das langgezogene *Jesuitenkolleg*, rechts von der *Jesuitenkirche*. 1924 bezog die Uni Innsbruck das heutige Hauptgebäude der *Universitas Leopoldino-Franciscea*.

Innsbruck, eine Barockstadt

Das Aussehen der Innsbrucker Altstadt wurde von Kaiser Maximilian I. geprägt. Im Übergang von Gotik zur Renaissance beherrschte hier die Baumeister- und Bildhauerfamilie Türing das Innsbrucker Baugeschehen. Maximilians Nachfolger errichteten im 16. Jahrhundert das eine oder andere Renaissancegebäude, etwa die *Silberne Kapelle* in der Hofkirche. Der *Dreißigjährige Krieg* und die *Türkenkriege* ließen nur wenig Geld über für große Bauprojekte. Dies änderte sich durch den *Westfälischen Frieden* 1648. Die katholische Kirche suchte nun mit Pomp und grandiosen Kirchen- und Stiftsbauten neue Stärke zu zeigen. Imperiale Klosterresidenzen wie Melk, Göttweig oder St. Florian überragten weithin sichtbar ihre riesigen Ländereien. Die *Karlskirche* in Wien ist ein Juwel europäischer Barockbaukunst. Der an den Türkenkriegen reich gewordene Prinz Eugen baute sich in Wien das *Belvedere*. Die großen Adelsfamilien residierten nun in prunkvollen Barockpalais. Auch die Habsburgerkaiser standen da nicht nach. Aus dem *Augustiner Chorherrenstift Klosterneuburg* sollte ein zweiter Escorial entstehen.

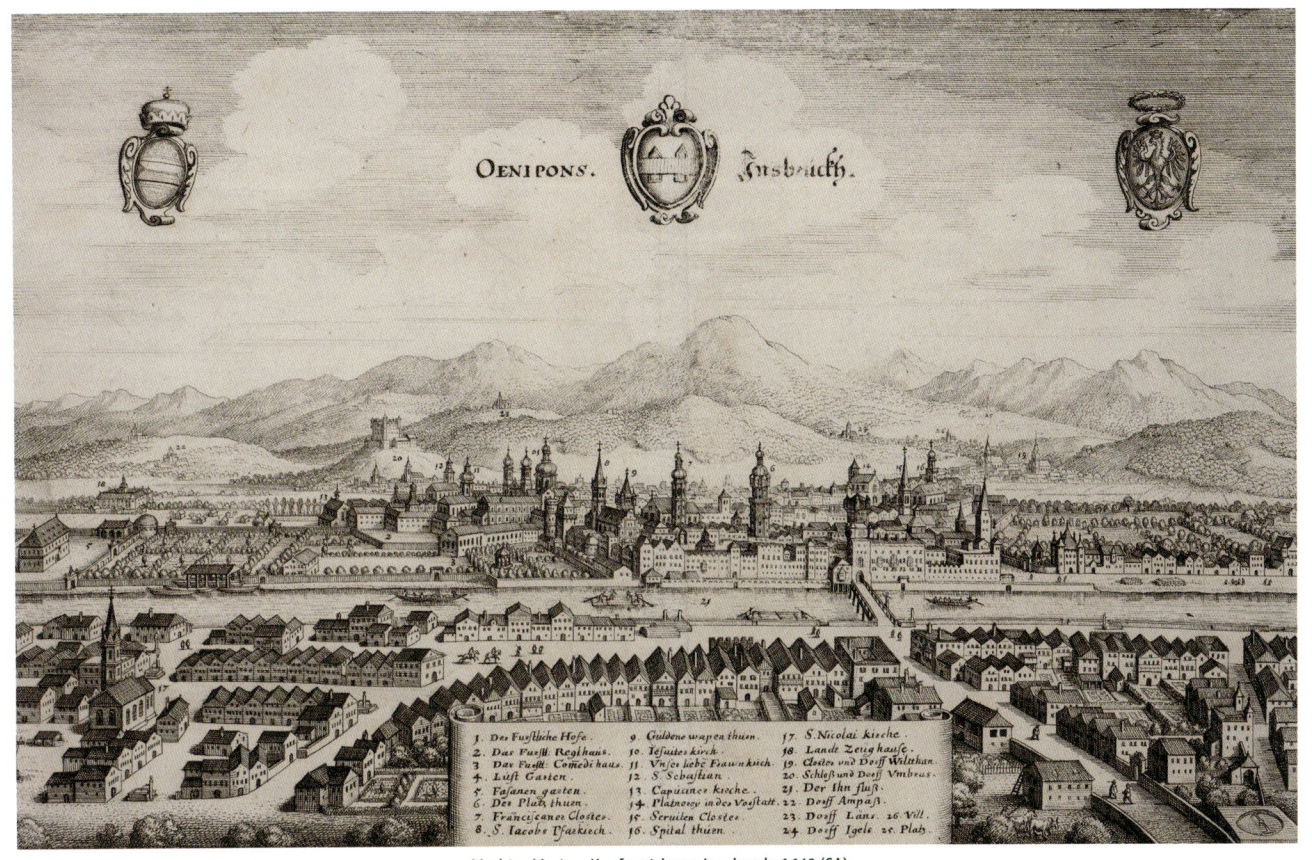

Mathias Merian, Kupferstich von Innsbruck, 1649 (SA)

Maria Theresia stoppte das teure Prestigeprojekt ihres Vaters. Stattdessen ließ sie *Schloss Schönbrunn* als barocke Sommerresidenz ausbauen. Fischer von Erlach, Lukas von Hildebrand oder der Tiroler Jakob Prantauer waren die großen Architektenstars der Zeit.

In Tirol übersäten barocke Pfarrkirchen das Land. Das fromme Kirchenvolk musste dafür tief in die Taschen greifen. Die Stararchitekten Innsbrucks entstammten der Familie Gumpp. Sie prägten über drei Generationen das neue, das barocke Aussehen Innsbrucks. Begründer der Dynastie war Christoph Gumpp. Er ist ein Vertreter des Frühbarocks, dessen Schöpfungen noch Elemente der italienischen Spätrenaissance zeigen. Im zweiten Drittel des 16. Jahrhunderts bis zu seinem Tod 1673 baute er vorzugsweise Kirchen und Theater. Beides diente dem Schauspiel. Sein Sohn, Johann Martin Gumpp d. Ä., verlegte sich auf Stadtpalais im italienischen Stil. Er hatte dabei sicherlich Peter Paul Rubens *Palazzi di Genova* vor Augen. Christophs ältester Sohn Georg Anton war vielleicht der kreativste der Gumpp-Familie. Er führte das Innsbrucker Hochbarock zum Höhepunkt und baute auch in *Stift Stams* an der Grablege der Tiroler Landesfürsten. Sein jüngerer Bruder Johann Martin Gumpp d.J. war ein vorzüglicher Festungsbaumeister. Im Auftrag Maria Theresias begann er 1754 mit dem barocken Umbau der gotischen *Hofburg*, wobei die stolze gotische Residenz schließlich als Rokokoschloss endete.

Ein Stadtspaziergang durch Innsbrucks barocke Neustadt steht im Kontrast zur gotischen Altstadt. Man beginnt die Wanderung am besten vor der schon erwähnten *Jesuitenkirche*. Der Landesfürst Leopold V. erteilte den Bauauftrag 1627 an Karl Fontaner und den jungen Christoph Gumpp. Er legte auch den Grundstein. Am 12. September veranstaltete man eine Kanonade anlässlich eines Sieges Tillys im *Dreißigjährigen Krieg*. Das lauteste Krachen stammte allerdings nicht von den Kanonen, sondern vom Einsturz des vorderen Teils der Kirche. Die Baumeister hatten gepfuscht. Man baute schließlich fast 20 Jahre am Gotteshaus. Es wurde ein Übergangswerk zwischen Renaissance und Frühbarock. Das schwarz-weiße Innere wirkt kühl und erinnert an den Salzburger Dom – was Wunder, wurde der Erbauer desselben, Santino Solari, doch beratend beigezogen.

Ein kleiner Abstecher stadtauswärts führt zum eindrucksvollen *Stadtpalais Tannenberg-Enzenberg*. Das mit Rustikaquadern verkleidete Erdgeschoß samt mächtigem Rundbogenportal dominiert die Straßenfront und erinnert an Florentiner Palazzi. Vier gotische Bürgerhäuser wurden zusammengelegt, zwei bereits 1679 von Christophs Sohn Johann Martin Gumpp. Am Weg zurück wandert man die Universitätsstraße entlang, vorbei an der langen Front des 1672 begonnenen *Jesuitenkollegs*. Hier lag einst die alte Universität Innsbrucks. Auch diesen Bauauftrag hatte Johann Martin an Land gezogen. Gegenüber befindet sich das *Palais Wolkenstein,* für das 1712 ebenfalls mehrere gotische Häuser barockisiert wurden.

Hier hat heute Geigenbauer Wolfgang Kozák seine Werkstatt. Wenn man Glück hat, kann man ihm bei der Restaurierung einer *Steiner*-Violine über die Schulter schauen. Der berühmte Barockgeigenbauer Jakob Stainer aus Absam, einem Dorf nahe Innsbruck, arbeitete auch für die Landesfürsten Ferdinand Karl und Kaiser Leopold I. Auf seinen kostbaren Instrumenten wurden in unserer Zeit bei den *Festwochen der Alten Musik* in Innsbruck auch schon die *Rosenkranz-Sonaten* von Heinrich Ignaz Franz Biber gespielt, ein Höhepunkt barocker Violinliteratur. Biber machte 1671 auch am musikbegeisterten landesfürstlichen Hof in Innsbruck Station. Stainer erwähnte ihn in einem Brief als *vortrefflichen Virtuos* (▶ *Oper-Kapitel. 197*).

Am manieristischen *Leopold-Brunnen* und der *Hofburg* vorbei führt der Durchgang unter dem ehemaligen Wappenturm in die Altstadt. Am Ende der Hofgasse liegt das *Goldene Dachl*. Die schmale Gasse ist fast über die gesamte Länge von gotischen Häusern gesäumt. Geschmackreduzierte Andenkenläden prägen heute das Bild. Besonders schön auf der rechten Seite das *Deutschordenshaus* von Georg Türing aus dem Jahr 1530.

Doch auch die Gumpps haben sich hier verewigt. Die barocke *Hofburgfassade* mit dem *Café Sacher* stammt vom Enkel Christophs, Johann Martin Gumpp d.J. Sie kommt in der Enge der Gasse kaum zur Geltung. Gut so, wird manch einer denken, ist die barocke Schaufront doch ein erster Stilbruch im mittelalterlichen Gepräge der Altstadt.

Gegenüber Maximilians Prunkerker dann gleich der nächste: Das spätgotische *Helblinghaus*. Es wurde 1725 im Auftrag eines neureichen Innsbrucker Bürgers durch einen bayerischen Stuckateur mit einer bunten Barock-Rokoko-Gipsglasur überzogen. *De gustibus non est disputandum.*

Jesuiten-Collegium und Kirche (*SJ*)

Alt und neu in Innsbruck: Quaternionenadler in der Erzherzog-Friedrich-Straße 1495 (*SA*) – Station der Hungerburgbahn von Zaha Hadid 2007 (*SA*)

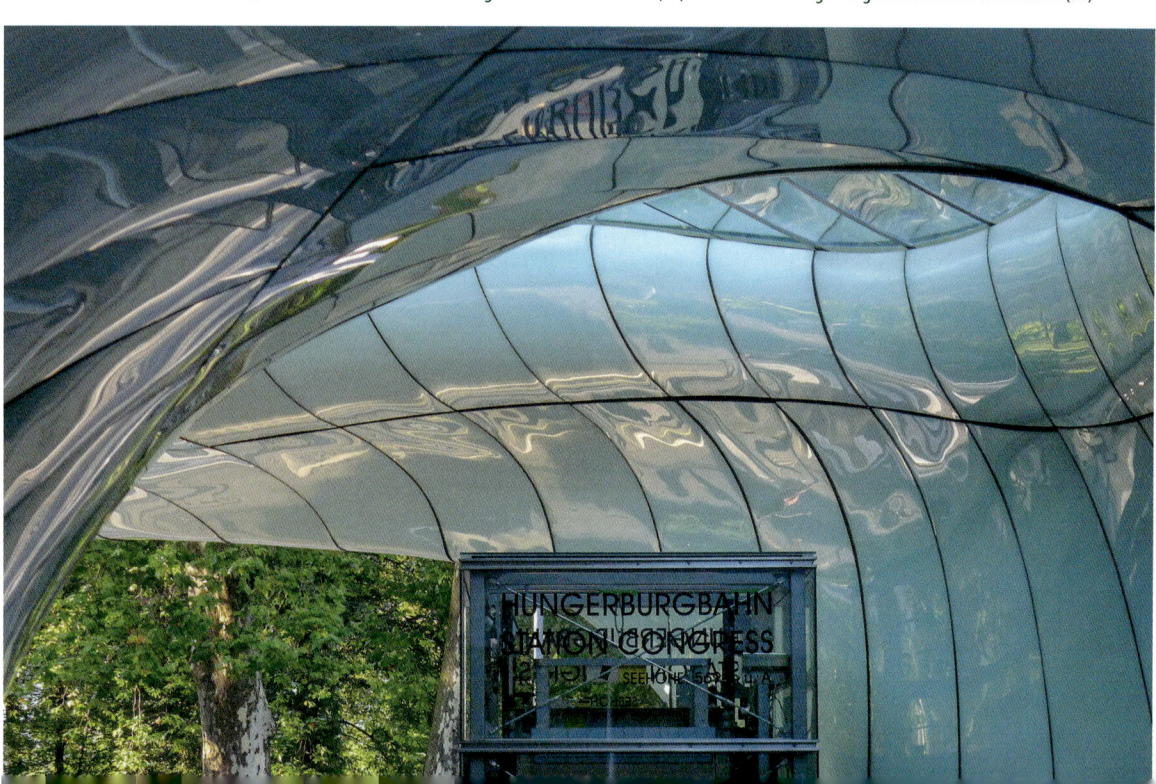

Kaufhaus Tyrol von David Chipperfield 2010 (*SA*) – Unter den Lauben, um 1500 (*SA*)

Man mag bedauern, dass Innsbruck aus seiner maximilianischen Blütezeit kein gotisches Gotteshaus besitzt. Die alte Pfarrkirche *St. Jakob*, von Erdbeben mehrfach beschädigt, wurde nämlich abgerissen. Von 1717 bis 1724 ersetzte sie Johann Georg Fischer, nach Plänen seines Onkels Johann Jakob Herkomer, durch einen repräsentativen Barock-Dom. Im Inneren geschwungene Altäre, gekrönt von mächtigen goldgerahmten Ölbildern, stuckgesäumte Deckenfresken, eine unter der Last von Engeln und Heiligen fast zusammenbrechende Kanzel, und kontrastierend zum marmorgemusterten Boden, ebenholzartiges, geschnitztes Gestühl – all das musste seinerzeit, wenn die mächtige Orgel dröhnte, Weihrauchschwaden die Sinne betäubten und bei Hochämtern unzählige Kerzen eine entrückte Atmosphäre verbreiteten, einen überwältigenden Eindruck der triumphierenden Heiligen Mutter Kirche abgegeben haben. So musste das Paradies sein. Dieses Erlebnis war auch geistige Wegzehrung für Pilger am Jakobsweg nach Santiago de Compostela, nach Rom oder gar nach Jerusalem. Wegen des *Marien-Gnadenbildes* von Lukas Cranach d. Ä. war die Innsbrucker Pfarrkirche *St. Jakob* ein vielbesuchtes Marienheiligtum. Erzherzog Ferdinand Karl überbrachte das *Maria-Hilf-Bild* 1650 mittels eines von 6 Schimmeln gezogenen Triumphwagens, wobei der ganze Hofstaat die Prozession begleitete.

Die geschwungene Rustikasteinfassade der Dompfarrkirche passt sich nicht schlecht ein in den Domplatz, mit seinen erheblich älteren Gebäuden. Das liegt wohl daran, dass man auch an den umliegenden Häusern den grau- bis rötlichbraunen porösen Kalkstein wahrnimmt. Der grobstrukturierte Stein der Höttinger Breccie hat durchaus etwas gemein mit dem Grundcharakter Tirols. So verglich schon Kaiser Maximilian das Land mit einem *groben*

Hofgasse mit dem barockisierten, ehemaligen Wappenturm (*SA*)

Bauernkittel, der wärmt. Das vielstimmige Geläut der Kirche ist jüngeren Datums. Die Glocken sind Meisterwerke der Gießerei Grassmayr, die seit 1599 in Innsbruck werkt. Der Betrieb steht in der großen Guss-Tradition der Stadt, die zu Maximilians Zeiten auch modernste Kanonen hervorbrachte (▶ *Hall-Kapitel, 153*).

Es geht nun in Richtung Neustadt, in die Maria-Theresien-Straße. Verlässt man die Altstadt nicht unter den Arkaden der Herzog-Friedrich-Straße, sondern geht durch die stimmungsvolle Kiebachgasse, kommt man am Wohnhaus der Baumeisterfamilie Gumpp von 1653 vorbei. Heute gibt es hier heiße Schokolade und Kuchen des Traditionscafés *Munding*. In der Hausfassade steckt eine Kugel aus den napoleonischen Befreiungskriegen. Geht man ein paar Schritte zurück, am Kunstantiquariat *Boschi* vorbei zum Haus Nr. 10, steht man vor der *Maria Theresianischen Normalschule* des Jahres 1768. Der stimmungsvolle, holzgeschnitzte Innenhof ist seit Jahren nicht mehr zugänglich. Erstaunlich, dass sich Touristiker dieser Sehenswürdigkeit nicht annehmen. Das Architekturjuwel war die zweite Schule der Stadt. Gebaut hat sie wohl Christoph Gumpp.

Der Blick von der Maria-Theresien-Straße auf die verschneite Nordkette ist neben dem *Goldenen Dachl* wohl das meistfotografierte Motiv Innsbrucks (▶ *Umschlagbild*). Hier steht eine weitere Sehenswürdigkeit Innsbrucks, die *Annasäule*. Sie erinnert an den Spanischen Erbfolgekrieg. Im November 1700 starb der letzte spanische König, ein Habsburger. Zu seinem Nachfolger bestimmte er jedoch einen Bourbonen. Kaiser Leopold I., der Chef der österreichischen Habsburger, *was not amused*, und es kam, wie es kommen musste. Es brach ein Krieg aus, der 14 lange Jahre dauerte.

Theresianische Normalschule 1768 (*Wallas*)

Im Zuge des gesamteuropäischen Konflikts wurde auch die Gefürstete Grafschaft Tirol in den Krieg hineingezogen. Der bayerische Herzog sah nämlich wieder einmal die gute Gelegenheit, sich des Landes zu bemächtigen und marschierte im Juni 1703 mit 12.000 Mann ein. Diese plünderten und brandschatzten Dörfer und Klöster und massakrierten die Bauern. Innsbruck wurde am 25. Juni kampflos geräumt. Die *Eroberung* dauerte jedoch nicht lange. Vom Tiroler Landsturm zurückgeschlagen, hatte der *Boarische Rummel* schon nach sechs Wochen ein Ende. Als Retourkutsche plünderten, brandschatzten und massakrierten die Tiroler nun in Bayern. Und danach war wiederum 100 Jahre lang Ruhe, bis zum Jahr 1809 *(▶ Andreas Hofer-Kapitel, 211)*. Zum Dank für die Errettung stellten die Tiroler 1706 die *Annasäule* auf. Der Heiligen deshalb gewidmet, da der letzte bayerische Eindringling Tirol am 26. Juli, dem Annatag, verließ. Bekrönt ist die Säule von einer Mondsichelmadonna. Das *Bodenpersonal* stellen die Heilige Anna, die Diözesanpatrone von Brixen und Trient sowie der Heilige Georg, Landespatron von Tirol. Am Säulenschaft flattern aufgeregt kleine Engerln.

Unter der *Annasäule* stehen wir auf unserer Barockwanderung durch Innsbruck nun mitten in der Neustadt. Außerhalb der Mauern, entlang der Straße Richtung Italien gelegen, breitete sie sich hier seit dem 13. Jahrhundert aus. In der Altstadt war es nämlich eng geworden. Mit der Zeit entdeckten Stadtbewohner zunehmend die Vorzüge der Neustadt. Häuser wechselten nun öfter ihre Besitzer, der Bäcker verkaufte an den Hofmusikus, dieser an den Kammersekretär, bis das Haus schließlich im 17. und 18. Jahrhundert oft in freiherrlichen oder gräflichen Besitz überging. Aus der vormaligen *Gstättn* entstand so eine von Palais und Kirchen gesäumte, barocke Prachtstraße.

Die Maria-Theresien-Straße Richtung Norden (*SA*)

Auch wenn Innsbruck seit Kaiser Leopold I. keinen Hof mehr besaß, Verwaltungs- und Wirtschaftszentrum blieb die Stadt allemal. Es gab eine Universität, Theater und andere Vergnügungen. Landadelige aus ganz Tirol wollten nun neben ihren Burgen und Schlössern auch ein elegantes Stadtpalais besitzen. Und das bedeutete Aufträge für die Gumpps.

Am Beginn der Maria-Theresien-Straße steht gleich ein barockes Bollwerk. Das mächtige *Stockerhaus* von 1732 mit seinem in den Burggraben hinausragenden Eckerker ist kein schlechter Start für unsere Prachtstraße. Das anschließende schmale gotische Bürgerhaus verschwindet fast unter der barocken Fülle des Nachbarn. Gegenüber liegt die *Spitalskirche*. An ihrer Stelle ist seit 1326 das *Bürgerspital zum Heiligen Geist* samt Kapelle und Spitalsfriedhof bezeugt. 1509 vergrößerte man den Gottesacker zum Stadtfriedhof. Die seit 1381 erwähnte Kirche wurde 1596 erweitert, erlitt jedoch knapp 100 Jahre später durch ein Erdbeben schwere Schäden. Um 1700 beauftragte man Johann Martin Gumpp, das ärmliche Bauwerk durch eine stattliche Barockkirche zu ersetzen. Die Schaufront der Kirche ist eindrucksvoll, die beiden Rustikaportale mit den geschnitzten Toren laden zum Eintritt.

Gegenüber steht das *Palais Lodron*, das durch Zusammenlegung zweier Häuser zu einem stattlichen Ansitz vereinigt wurde. Das Palais kann seine bürgerliche Herkunft trotz der Rokokoverzierungen nicht ganz verleugnen. Stolzer Hausherr war der Trienter Graf Nikolaus von Lodron, der sich bei der Rettung der Ambraser Schätze vor den anrückenden Bayern 1703 höchst verdient machte. Zum Dank plünderten die Bayern dann das von ihm angemietete *Fuggerpalais* in der südlichen Maria-Theresien-Stra-

Palais Lodron im 1900 *(Bernhard Kräutler)*

ße. Wie viele andere Häuser in Innsbrucks Barockstraße wurde auch das *Palais Lodron* durch geschmacklose Geschäftseinbauten, hier das Schuhgeschäft *Humanic*, und die Beseitigung der Fensterläden nachhaltig verunstaltet. Wir kommen zum 2010 eröffneten *Kaufhaus Tyrol* des englischen Stararchitekten David Chipperfield. Mit einiger Fantasie erinnern Fassade und Silhouette an eine gotische Schaufront. Zwei Häuser weiter, das *Palais Troyer-Spaur* (Nr. 39). Es wurde 1680 nach Plänen von Johann Martin Gump d.Ä. an Stelle zweier gotischer Häuser errichtet. Gegenüber das *Tschonerhaus* (Nr. 34), ein Barockpalais, das zwischen den angrenzenden Häusern aus dem frühen 20. Jahrhundert erheblich an Wirkung einbüßt. An Stelle des Bankgebäudes auf Nr. 38 stand zuvor das *Palais Ottenthal*. Und nun kommen wir zu den Höhepunkten barocker Architektur im südlichen Teil der Maria-Theresien-Straße. Hier ist das Lebensgefühl des 18. Jahrhunderts am besten einzufangen.

Betrachtet man den Stich der südlichen Maria-Theresien-Straße, fühlt man sich nach Italien versetzt. Links ein Gebäude, das Macht ausstrahlt, das hochbarocke *Alte Landhaus*. Es war Sitz der Tiroler Landstände, die Jahrhunderte lang die Geschicke des Landes mitprägten. Das erste Ständehaus befand sich nicht in Innsbruck, sondern seit 1563 in Bozen. Es war ein Geschenk Kaiser Ferdinands I. Erst im Jahr 1613 erwarben die Landstände auch in der Innsbrucker Altstadt einen Versammlungsort, das Haus *Zum Goldenen Engel*, heute *Frank Haus*. Für Gesamtlandtage war die Ratsstube jedoch zu klein, und so tagten hier nur Ausschusslandtage. Für feierliche Zusammenkünfte übersiedelte man in den *Goldenen Saal* der *Hofburg*. Dies war jedoch keine befriedigende Dauerlösung. Also erwarben die Stände 1666 in der Neustadt das vormalige *Harnisch-Haus* Kaiser Maximilians. Es war 1505 für die Brüder Seusenhofer errichtet worden. Die hier geplattnerten Prunkharnische sind heute Highlights in den Museen der Welt (▶ *Hall-Kapitel, 153*). 1581 war die vormalige Plattnerei zur Residenz von Kardinal Andreas, Sohn Ferdinands II. und Philippine Welsers, umgewandelt worden.

Das Versammlungshaus wurde durch einen Brand und Erdbebenschäden baufällig. Im Jahr 1722 entschlossen sich die Stände daher zum Neubau. Man trat an Georg Anton Gumpp heran und übertrug ihm schließlich zwei Jahre später den Auftrag. Gumpp hatte als Vorbild repräsentative römische Palazzi im Auge. Für den Hofbaumeister war das Landhaus ein Prestigeprojekt. Er erbot sich daher, den Auftrag ohne Gage, gegen Spesenersatz auszuführen. Der Abt von Wilten und der Innsbrucker Bürgermeister führten die Bauaufsicht.

Maria-Theresien-Straße, Altes Landhaus, Triumphpforte und Palais Sarntheim (*SA*)

Maria-Theresien-Straße, Annasäule und Altes Landhaus (*SA*)

Südliche Maria-Theresien-Straße, links das Alte Landhaus, rechts das Palais Trapp. Am Ende steht die Triumphpforte. (Stadtarchiv Innsbruck)

1728 war das Gebäude des *Landhauses* zur allgemeinen Zufriedenheit vollendet. Nun arbeitete man sechs Jahre lang an der großzügigen Ausstattung mit repräsentativen Deckenfresken, Stuck und Edelhölzern. Besondere Sorgfalt widmete man der dem Heiligen Georg gewidmeten *Landhauskapelle* im Innenhof. Schließlich war das Landhaus 1734 endlich fertig, und die Baukosten um das Dreifache überschritten. Abt und Bürgermeister hatten versagt. Die Landstände fassten eine Rüge der Landesregierung aus, freuten sich aber über ihren neuen Versammlungsort.

Die Freude währte allerdings nur kurz. Von 1740 bis 1790 wurde der Tiroler Landtag nämlich nicht mehr einberufen. Maria Theresia und ihr Sohn Kaiser Josef II. suchten aus ihrem Länderkonglomerat einen zentralistischen Einheitsstaat zu formen. Wiener Bürokraten standen Länderrechten immer schon verständnislos gegenüber, und an dieser Sichtweise hat sich bis heute wenig geändert. Der Föderalismus ist jedoch von alters her ein grundlegendes Bauprinzip des österreichischen Staatswesens. Manifest wird dies auch im *Alten Landhaus* in Innsbruck, heute wie damals Sitz des Tiroler Landtags. Dieses ist der bedeutendste hochbarocke Profanbau Innsbrucks geblieben. Die *Hofburg* ist bereits vom Rokoko geprägt.

Weiter in der Maria-Theresien-Straße. Für den Adelssitz gegenüber (Nr. 38), kam ein weiteres Mal der Palais-Spezialist der Gumpp-Familie zum Zug. Johann Martin Gumpp d. Ä. konzipierte um 1700 für den Adelsansitz *Trapp-Wolkenstein* ein elegantes italienisches Palais. Durchschreitet man die breite Einfahrt, findet man sich in einem hübschen Innenhof. Dieser führt durch ein schmiedeeisernes Tor in einen prächtigen Garten, an den ein Gartenhaus anschließt. Der vor rund 40 Jahren aufwändig restaurierte Palazzo verströmt den Charme vergangener Zeiten. Der Innenhof birgt ein stimmungsvolles Café-Restaurant und elegante Geschäfte. Am 17. Dezember 1769 gastierte hier der 13-jährige Wolfgang Amadeus Mozart im Rahmen einer musikalischen Akademie. Er war mit seinem Vater am Weg nach Italien und logierte in der Altstadt im Gasthof *Weißes Kreuz*. Das Konzert machte Furore.

Auch das nächste Bauprojekt zog Johann Martin Gumpp d. Ä an Land. Im italienischen Barockensemble der südlichen Maria-Theresien-Straße folgt auf das *Alte Landhaus* das *Palais Fugger-Taxis*. Ein Barockbau mit bewegter Geschichte. Errichtet wurde er auf einer Brandstätte für den Grafen Hans Otto Fugger. Nach einer Reihe von Besitzwechsel kam das Palais schließlich 1784 an Joseph Sebastian von Thurn und Taxis. Die Familie hatte seit dem 16. Jahrhundert das Amt des Innsbrucker Postmeisters inne. Er nutzte sein neues Palais nun als Wohnsitz und Poststation.

Ruggiero de Tasso richtete bereits 1460 Kurierdienste von Innsbruck nach Italien ein. Maximilian beauftragte 1489 die *Companía de Tassis* mit dem Postverkehr von Innsbruck in die burgundischen Niederlande, wo sein Sohn Philipp der Schöne Statthalter war. Die *Companía* hatte an der Strecke etwa alle 40 km Vertragsherbergen, wo Postreiter die Pferde wechselten. Seit 1504 gab es einen Innsbrucker Familienzweig derer von Taxis. Der Postdienst der Taxis wurde im 16. Jahrhundert auf das Heilige Römische Reich, die spanischen und habsburgischen Länder sowie Italien ausgedehnt. Seit 1670 nennt sich die gräfliche Familie *Thurn und Taxis*. Im Obergeschoß des Palais liegt der berühmte *Parissaal*. Joseph Sebastian ließ ihn mit dem Deckengemälde *Urteil des Paris* von Martin Knoller verschönern. Der Barocksaal diente der k.k. Post nachmals als Wartesaal für Postkunden. Der UPS-Kunde von heute wartet dagegen beim Greißler oder beim Änderungsschneider auf die Ausfolgung seines Pakets, *o tempora, o mores*.

Das letzte Gebäude auf der Landhausseite, direkt neben der Triumphpforte, ist das rotgestrichene *Palais Sarnthein*. Durch viele Umbauten und Kriegszerstörungen vermittelt der Bau nur mehr eine Ahnung, was Johann Martin Gumpp 1686 dereinst plante. Es war einer der stattlichsten Adelspaläste der Stadt.

Das gegenüberliegende *Servitenkloster* wurde 1614 von der sehr religiösen Witwe des Landesfürsten Ferdinand II., Anna Caterina Gonzaga, gestiftet. Im frühen 18. Jahrhundert wurde es nach Plänen Johann Martin Gumpp d.Ä. erweitert und barockisiert. Das Kloster beherbergt ein kleines Museum. Der krönende Abschluss der Maria-Theresien-Straße, die *Triumphpforte*, stammt nicht von den Gumpps. Sie ist mit Maria Theresia und einer tragischen Hochzeit verbunden.

Die Baumeister der Familie Gumpp bauten jedoch nicht nur Palais. Fünf bedeutende Kirchenbauten im Stadtgebiet von Innsbruck entstammen ebenfalls ihren Zeichenstiften. Von der landschaftlichen *Mariahilfer Kirche* war bereits die Rede. Zwei weitere zieren den Innrain. Das Gebiet lag vor den Mauern der Stadt, wo sich eine Holztrift und ein Lagerplatz für Holz befand. In der ersten Hälfte des 16. Jahrhunderts entstand an der vielbenützten Ausfallsstraße eine Vorstadt mit Beamtenhäusern. Seit 1679 wurde hier auch der belebte Wochenmarkt abgehalten. Urkundlich seit 1460 erwähnt, lag der Markt zuerst vor dem *Goldenen Dachl*, und ab 1587 am Rennplatz vor der Hofburg. Eine Markthalle steht am Innrain erst seit 1913/14. Die heutige Halle ist kein Baujuwel, der Besuch des Bauernmarktes lohnt jedoch allemal. Freitags und Samstags serviert man hier ein zünftiges Bauernfrühstück.

Der Markt am Innrain um 1840. Links der Turm der Ursulinenkirche, am Straßenende die *Johanneskirche* (TLF)

Für die Schulschwestern der Ursulinen erbaute Johann Martin Gumpp d. Ä. am Innrain 1700 bis 1705 ein Kloster samt Schule und Kirche. Seither drückten in dieser Bildungseinrichtung unzählige Mädchengenerationen die Schulbank. Die Schwestern bezogen 1971 einen Neubau, eine Bank kaufte das Gebäude und profanisierte die *Ursulinenkirche*. Einige Schritte weiter stadtauswärts, liegt die prachtvolle *Johanneskirche* von Georg Anton Gumpp. Das hochbarocke Gotteshaus verströmt italienisches Flair und bildete lange Zeit den Abschluss des Innrains. Heute von Ausfallstraßen eingezwängt, hat die Johanneskirche viel von ihrer einstigen Wirkung verloren.

Noch übler hat es die nahe dem maximilianischen *Zeughaus* gelegene *Siebenkapellenkirche* erwischt. Sie verkam jahrzehntelang als Materiallager der Post und wurde erst vor einigen Jahren wenigstens äußerlich hergerichtet. Die Kirche hat eine interessante Geschichte. Landesfürst Ferdinand II. ließ hier nach Vorbild der Grabeskirche in Jerusalem eine Heiliggrabkapelle erbauen. Der Papst gewährte der fürstlichen Familie dafür einen Ablass, den jedenfalls der Erzherzog mit seinem ausschweifenden Lebenswandel dringend nötig hatte. 1670 durch ein Erdbeben so schwer beschädigt, mussten die Reste des Gotteshauses abgetragen werden. Sogleich stand ein Gumpp-Baumeister parat. Unter Wiederverwendung alter Steine wurde die heutige Kirche nach Plänen von Johann Martin Gumpp d.Ä. errichtet. Vom *Kirchenräuber Seppl,* wie das Volk Kaiser Josef II. nannte, 1785 säkularisiert, diente die Kirche fürderhin als k.u.k. Militärdepot. Es ist erstaunlich, dass sich im *Heiligen Land Tirol* der Josefinismus bis heute hält. Die *Siebenkapellenkiche* hätte Besseres verdient.

Zu hohen Würden brachten es dagegen *Stiftskirche* und *Kloster Wilten*. Gegründet wurde es vom sagenhaften Riesen Haymon, der den Besucher auch gleich am Eingang zur Kirche als fünf Meter hohe Kolossalstatue erwartet (▶ *Sagen-Kapitel, 269*). Nachdem ein einstürzender Turm den gotischen Vorgängerbau zerstörte, errichtete Christoph Gumpp 1651 bis 1665 zuerst die Kirche. Der Südturm konnte nur bis zur halben Kirchturmhöhe ausgeführt werden, da der Hofbaumeister 1672 starb. Und dabei blieb es. Das Kloster vollendete man dann nach seinen Plänen erst 1696. Das Stift wurde im Zweiten Weltkrieg von alliierten Bomben getroffen. Im Zuge des Wiederaufbaus und wegen späterer Schäden erhielt der Turm auch neue Glocken. Gegossen wurden diese von der bis heute bestehenden Traditionsgießerei Grassmayr, deren Werkstätte nahe der *Wiltener Basilika* liegt. Die Rokokokirche stammt ausnahmsweise nicht von den Gumpps. Der Platz reicht in die Frühzeit Innsbrucks zurück, fand man unter der Kirche doch einen Vorgängerbau aus dem 5. Jahrhundert.

Wenn man Glück hat, kann man in der Stiftskirche die *Wiltener Sängerknaben* hören. Ihr Ursprung reicht ins Jahr 1235 zurück, als die Stiftsschüler auch für den Chorgesang geschult wurden. Sie sind sohin 250 Jahre älter, als die berühmten *Wiener Sängerknaben* und damit einer der ältesten und besten Knabenchöre der Welt. Die *Wiltener* sind im gotischen Leuthaus neben dem Stift untergebracht. Ihr Motto lautet: *„Zur Ehre Gottes und zur Freude der Menschen."*

Sieben-Kapellen-Kirche (*wikimedia commons*)

Johanneskirche und Siebenkapellenkirche (*Aigner´scher Codex/TLF*)

Barockes Innsbruck auf Künstler-Ansichtskarten:
Reiterstandbild Leopold V., Annasäule, Helblinghaus, Triumphpforte (*SA*)

Eine unglückliche Hochzeit

Maria Theresias Vater, Karl VI., zog am 17. November 1711 zwischen 5 und 6 Uhr abends, von Italien kommend, in Innsbruck ein. Er fuhr unerkannt in einem sechsspännigen Wagen durch die beleuchtete Maria-Theresien-Straße und stieg in der *Hofburg* ab. Wegen Schlechtwetters hatte man die ihn ankündigenden Feuerzeichen nicht gesehen. Zwei Hochämter, die feierliche Erbhuldigung durch die Stände, eine Staatskonferenz mit dem Prinzen Eugen von Savoyen, die Ernennung 47 wirklicher geheimer Räte und ein Abstecher nach Schloss Ambras – das war´s dann auch schon – und Karl VI. reiste nach nicht einmal 14 Tagen Aufenthalt weiter zu seiner Kaiserkrönung in Frankfurt.

Innsbruck konnte sich nach dem Verlust des landesfürstlichen Hofes danach nur noch einmal im Glanz imperialer Größe des Hauses Habsburg sonnen. Maria Theresia verkündete nämlich, dass sie beschlossen habe, der vernachlässigten Stadt *eine Gnad* zu erweisen. Es sei ihr Wille, dass ihr Sohn, Erzherzog Peter Leopold – der spätere Kaiser Leopold II. – 1765 in Innsbruck die Eheschließung mit der spanischen Infantin Maria Ludovica von Bourbon feiern sollte. Ein weiterer Grund war wohl, dass man der Braut, die von Madrid anreiste, wenigstens ein Stück des Weges entgegenkommen wollte. Die Festlichkeiten sollten mehrere Wochen mit barockem Pomp, Theater, Festtafeln, Bällen, Maskenumzügen, Feuerwerken, Pantomimen, Seiltänzern und vielen weiteren Belustigungen gebührend gefeiert werden. Maria Theresia wünschte sich auch ein Preisschießen und eine Bauernhochzeit – Unterhaltungen die nicht viel kosteten und der sparsamen Herrscherin Geld ersparten.

Maria Theresia übernahm als 23-jährige Erzherzogin nach dem Tod ihres Vaters 1740 in Wien die Regierungsgeschäfte. Einige Monate zuvor besuchte sie, von Florenz kommend, das erste Mal Innsbruck und blieb ganze sieben Wochen. Um ihre Herrschaft zu sichern, musste sie den österreichischen Erbfolgekrieg bestehen und hatte wenig Muße, sich um Tirol zu kümmern. Allerdings begann sie durch ihren italienischen Hofarchitekten die gotische, schon recht heruntergekommene *Hofburg* im Spätbarockstil umzugestalten. Der etwas eintönigen Schaufassade fiel schließlich auch der maximilianische Wappenturm zum Opfer. Neben der Wiener Hofburg und Schloss Schönbrunn besitzt in Österreich nur Innsbruck eine kaiserliche Residenz.

Die Trakte der *Hofburg* haben etwa 400 Räume. Man könnte meinen, dass der *Riesensaal* mit einer Länge von über 31, und einer Breite von 13 Metern durch die große Zahl Maria Theresias Kinder bedingt ist. An den Wänden mussten nämlich neben dem Herrscherpaar 16 großformatige Ölbilder ihrer Sprösslinge Platz finden. Auch das zentrale Deckenbild hat imperiale Ausmaße, benötigte der Triumph der Familien Habsburg und Lothringen doch reichlich Raum. Der Riesensaal war zum Zeitpunkt der Hochzeit allerdings mit *gar zu nackerten* Herkules-Fresken geschmückt, welche die Herrscherin aus Anstand mit Stoff bedecken ließ.

Altes Regierungsgebäude in der Altstadt um 1767 (*Stadtarchiv Innsbruck*)

Jakob Alt, *Hofkirche* und *Hofburg* 1845 (*SA*)

Imperial ausgestattet ist auch das Kaiserappartement. Von hier ließ sich Maria Theresia einen Zugang zur Pfarrkirche *St. Jakob* errichten, wo sie vom *Fürstenchörl* unbeobachtet der Heiligen Messe beiwohnen konnte. Die Verbindung zwischen Hofburg und Theater hieß dagegen *Fröhlichsgang*. Die Herrscherin machte sich auch um die Infrastruktur der 10.000-Einwohnerstadt verdient. So ließ sie die Stadtmauern und Türme schleifen und mit dem Material Stadtgräben auffüllen. Burggraben und Marktgraben erinnern daran. Zudem wurden Straßen und Brücken in Stand gesetzt.

Die Innsbrucker Bürger dankten es der Monarchin, indem sie die Prachtstraße ihrer Stadt nach Maria-Theresia benannten. Die Vorbereitungen der Hochzeit ihres Sohnes, des 18-jährigen österreichischen Erzherzogs mit der 20-jährigen spanischen Infantin waren gewaltig. Dies begann schon bei der spärlichen Einrichtung der Hofburg. Das Mobiliar, bis hin zu edelfurnierten Leibstühlen, wie man Mobiltoiletten damals nannte – man wird noch sehen, warum gerade ein solcher in Innsbruck Bedeutung erlangte – Besteck, Geschirr, die Hofküche mit unzähligen Töpfen und Pfannen, Betten, Stühle, Betschemel, Tische, Kanapees; dazu Kleider, Unterröcke, Schuhe und vieles mehr; für die kaiserliche Kanzlei Akten, Folianten, Register, was ein kaiserlicher Hof halt so zum Leben brauchte, musste aus Wien herbeigeschafft werden.

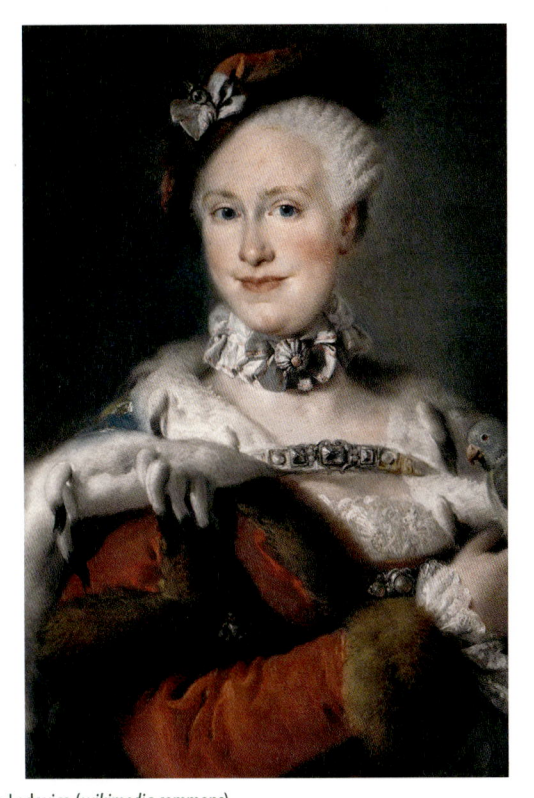

Erzherzog Leopold und Infantin Maria Lodovica (*wikimedia commons*)

Als endlich alles vorbereitet war, setzte sich, nach Besuch der Heiligen Messe samt Bitten um eine glückliche Reise, am 4. Juli 1765 eine riesige Karawane von 60 Pferdekutschen und 450 Insassen in Bewegung: der Kaiser samt Gattin und 4 Kindern, der Hofstaat, Bedienstete aller Sparten, vom Arzt bis zum Lakaien, vom Stallburschen bis zum Musikus, Minister, Sekretäre und Geistliche, vor allem aber die Beichtväter. Die Reise dauerte ganze 12 Tage. Man wählte die Südroute über den Semmering, die Herzogtümer Steiermark und Kärnten. In der Gefürsteten Grafschaft Tirol durchquerte man das Pustertal, und dann ging´s weiter über den Brenner nach Innsbruck. An den Übernachtungsorten gab´s untertänige Aufwartungen der örtlichen adeligen und geistlichen Honoratioren. Diese zelebrierten den Aufenthalt der Allerhöchsten Herrschaften mit üppigen Banketten, heiteren Tafelmusiken und Festbeleuchtungen. Man kann davon ausgehen, dass die Reisegesellschaft bei ihrer Ankunft in Innsbruck, trotz aller Polsterung ihrer Reisegefährte, ziemlich am Ende war. Da traf es sich gut, dass die Braut noch nicht angekommen war.

Für Maria Ludovica war die Anreise noch unkommoder. Von Madrid aus reiste sie mit der Kutsche in die Hafenstadt Cartagena, wo sie tagelang wegen Sturms festsaß. Dann eine unruhige Überfahrt nach Genua und weiter per Kutschenkarawane über Mantua, Trient, Bozen, den Brenner nach Innsbruck. An den Übernachtungsorten gab es unzählige Festivitäten. Ihre Reise dauerte 51 Tage. Leopold, der Bräutigam, war mit Ludovica bereits seit Februar 1764 *per procuratorem* verheiratet. Gesehen hatte er seine, ihm von den Eltern zugedachte Braut allerdings noch nie. Er war daher ganz aufgeregt, konnte er dem übersandten Porträt trauen? So reiste er ihr nach Bozen entgegen und war beruhigt, als er ihrer ansichtig wurde. Das übersandte Porträt log nicht. Und nun kommt der zuvor erwähnte erzherzogliche Leibstuhl ins Spiel – der Bräutigam litt nämlich an heftigem Durchfall!

Am 5. August 1765 war es dann endlich so weit: Dem feierlichen Einzug in die Stadt durch eine eigens errichtete Triumphpforte folgte ein bischöfliches Hochamt samt Trauung in der Pfarrkirche *St. Jakob*. Im *Riesensaal* der *Hofburg* dann die Hochzeitstafel. Tags darauf gab man im Hoftheater große Oper, Metastasios *Romolo ed Ersilia* mit angefügtem Ballett. An den folgenden Tagen besuchten die Hochzeiter und ihre Gäste Unterhaltungen unterschiedlichster Art. Die Innsbrucker feierten mit und erfreuten sich der Festbeleuchtung ihrer Stadt. Leopold konnte an all dem nur sehr beschränkt teilnehmen, er musste öfter zum Ort eilen, den auch ein Kaiser zu Fuß aufsucht. Ihm ging´s zeitweise so schlecht, dass man sicherheitshalber die Sterbesakramente spenden wollte.

Es sollte jedoch anders kommen. Nach dem Besuch einer Theateraufführung, wo er von seiner Loge aus mit einem Spektiv interessiert die Innsbrucker Damenwelt begutachtete, brach Kaiser Franz Stephan am Abend des 18. August 1765 plötzlich zusammen und verstarb binnen kurzem am erlittenen Schlaganfall. Maria Theresia blieb die ganze Nacht beim toten Gatten. Nach drei Tagen wurde der Leichnam Franz Stephans in Hall auf ein Schiff gebracht, nach Wien transportiert, und in der *Kapuzinergruft* beigesetzt.

Die gebrochene Maria Theresia blieb noch bis zum 1. September in Innsbruck, wo sie Anweisungen zum Umbau des Sterbezimmers des Kaisers in eine Kapelle und zur Gründung des *Adeligen Damenstifts* traf. Die Fräuleins sollten in alle Ewigkeit für das Heil des toten Kaisers beten. Ihre Räumlichkeiten liegen über dem *Stiftskeller*. Erzherzog Leopold verließ am 30. August mit seiner Gattin Innsbruck in Richtung Italien. Durch den Tod seines Vaters hatte er einen neuen Job: Großherzog der Toskana. Seine Mutter ließ zum Gedächtnis an ihren Gatten in den folgenden Jahrzehnten die *Hofburg* zu einem prächtigen Rokokotempel vollenden.

Leopoldbrunnen und gespiegelte Hofburg (*SA*)
Die fröhliche Südseite der Triumphpforte mit Blick gen Norden (*SA*)

Maria Theresia selbst trug seither nur mehr schwarz und kam nie wieder nach Innsbruck. Die *Hofburg* verwaiste und diente nur manchmal der Übernachtung kaiserlicher Familienangehöriger und hoher Staatsgäste. 1848 war sie kurz Residenz Kaiser Ferdinands, der mit seiner Familie vor der Revolution aus Wien hierher floh. Dem Bruder Kaiser Franz Josephs, Erzherzog Carl Ludwig, diente die Hofburg als Statthalter von Tirol als Unterkunft, er bewohnte jedoch nicht die Kaiserapartments.

Die aus Anlass der Hochzeit aus Holz und Gips errichtete Triumphpforte wurde 1774/75 auf Wunsch Maria Theresias nun in Stein ausgeführt, wobei man Material des abgebrochenen Vorstadttores verbaute. Und sie erhielt ein neues Aussehen: eine Seite ist der Freude über die Hochzeit ihres Sohnes, die andere der Trauer über den Tod ihres Gatten gewidmet. Die Triumphpforte wurde so zu einem architektonisch wie historisch würdigen Abschluss der barocken Maria-Theresien-Straße.

Maria Theresia war die letzte der drei Landesfürstinnen Tirols. Ihre Herrschaft dauerte von 1740 bis 1780. Die erste Gräfin von Tirol war Margarete Maultasch. Sie regierte das Land gemeinsam mit ihren beiden Ehemännern von 1335 bis 1363, zuletzt als Witwe für ihren Sohn. Margarethe behauptete sich gegen so mächtige Geschlechter wie Luxemburger und Wittelsbacher und übergab Tirol den Habsburgern. Die zweite, nunmehr Gefürstete Gräfin von Tirol, war Claudia von Medici. Sie war ebenfalls Witwe, ihre Regentschaft dauerte von 1632

Starke Frauen: Margarete Maultasch, Anna Caterina Gonzaga, Claudia von Medici, Maria Theresia (*wikimedia commons*)

bis 1646. Claudia gelang es, das Land weitgehend aus dem *Dreißigjährigen Krieg* herauszuhalten. Tirol wurde damit über rund 80 Jahre von Landesfürstinnen regiert. Darüber hinaus machten sich einige Gattinnen von Landesfürsten sehr verdient ums Land. Sie waren starke Frauen. Dazu zählten etwa Anna von Braunschweig, Gattin Friedls mit der leeren Tasche, die den Landesfürsten mehrfach vertrat; oder die beiden Gattinnen von Ferdinand II., die bürgerliche Philippine Welser und Anna Caterina Gonzaga, die mehrere Klöster in Innsbruck gründete. Aus dynastischer Sicht war ihr Hauptverdienst, dass sie den Landesfürsten viele Kinder schenkten. Diese dienten dann als Spielgeld im Verheiratungspoker der Mächtigen um Herrschaft und Erbe.

Es gab aber auch schwache Persönlichkeiten unter den Frauen der Landesfürsten. Bianca Maria Sforza, die zweite Gattin Kaiser Maximilians zählt dazu. Sie kam gänzlich unvorbereitet und sehr jung an den Hof des vielschichtigen Herrschers, der ihr auch nie eine Chance gab. Oder Elisabeth, Sisi, die meist abwesende Ehefrau Kaiser Franz Josephs. Sie entzog sich nicht nur ihrer repräsentativen Aufgaben, sondern lag mit ihren kostspieligen Extravaganzen auch dem Steuerzahler schwer auf der Tasche. Sie hielt sich nur einige Male kurz in Innsbruck auf. Wäre man polemisch, könnte man Sisi als letzten Schlag der Wittelsbacher gegen die erfolgreicheren Habsburger sehen.

Mit Habsburg bis zum Ende

Ein Papst in Innsbruck? Alle Glocken der Stadt wurden fest geläutet, als Papst Pius VI. auf der Rückreise von Wien Richtung Rom am 7. Mai 1782 um 9 ¾ Uhr des Nachts in der Stadt ankam. Er fand in der *Hofburg* Unterkunft. Seine Heiligkeit reiste recht bescheiden. Zwei Monsignori saßen mit ihm im Sechsspänner, dazu zwei Kuriere, drei Wagen für die Entourage, darunter Leib- und Wundarzt, sowie zwei Kaleschen fürs Personal, Wagenmeister, Pack- und Stallknechte. Natürlich gaben ihm der Tiroler Adel und die Geistlichkeit ein ehrenvolles Geleit. Auch eine Erzherzogin war dabei. Der Papst eilte sogleich in die festlich geschmückte und erleuchtete Pfarrkirche *St. Jakob* und gewährte der Geistlichkeit den Ringkuss. Seine Heiligkeit kam erst nach Mitternacht zum Speisen. Um 6 Uhr früh schon eine Heilige Messe, um 8 Uhr morgens am Rennplatz der Segen fürs massenhaft herbei geströmte Volk, wieder stürmisches Glockengeläute, Trompeten und Pauken, und weiter ging´s über den Brenner Richtung Ewige Stadt. Den Besuch in Wien bei Kaiser Josef II. hätte er sich sparen können. Dieser sperrte den Papst nicht nur vor der Bevölkerung weg, er sperrte auch weiter ein Kloster nach dem andern zu. Wahrscheinlich zog auch der Gegenpapst Johannes XXIII. auf seiner Fahrt zum Konzil in Konstanz 1414 durch Innsbruck. Sein Wagen kippte am Arlberg um. „*Hier liege ich in Teufels Namen!*", soll sein unpäpstlicher Kommentar zum Missgeschick gewesen sein.

Sturz des Papstes Johannes XXIII. am Arlberg (wikimedia commons)

Erzherzog Leopold kehrte Jahrzehnte später wieder nach Innsbruck zurück – nicht als toskanischer Großherzog, sondern als römisch-deutscher Kaiser. Nach dem seinerzeit Erlebten, hatte er sicherlich gemischte Erinnerungen an die Stadt. Und was ihn erwartete, wird seine ambivalente Haltung nur bestärkt haben. Nach dem Tod seines radikal-aufklärerischen Bruders Josefs II. 1790, hatte Leopold II. in Tirol einen schweren Stand. Das Landvolk beklagte sich bitterlich über die gotteslästerlichen Übergriffe auf die Religion durch den *Kirchenräuber Seppl*. Dieser hatte in Innsbruck mehrere Klöster aufgehoben, Kirchen säkularisiert, Jesuitenkirche und Hofkirche gesperrt, Prozessionen und religiöse Feierlichkeiten verboten. Kirchliches Vermögen wurde dem Religionsfonds einverleibt. Die Stände murrten über den Wiener Zentralismus, den Maria Theresia und Josef II. dazu nutzten, die historischen Länder gänzlich zu entmündigen. Die Wiener Zentralisten hatten für die *Tirolische Identität*, welche geprägt wurde vom *katholischen Glauben der Väter*, den *althergebrachten Rechten und Freiheiten des Landes* sowie dem *Recht auf Selbstverteidigung*, kein Verständnis. Schließlich hob Josef II. auch noch die Innsbrucker Universität auf. Leopold II. eröffnete sie 1791 wieder. Im Zuge der Napoleonischen Kriege wurde sie von den Bayern 1810 abermals geschlossen und dann erst 1826 wieder eröffnet.

Kaiser Leopold II. berief also nach 50 Jahren Sitzungspause die Stände am 22. Juli 1790 zu einem Gesamtlandtag ins *Alte Landhaus* in Innsbruck. Leopold II. hatte bereits im April die ständische Verfassung Tirols wiederhergestellt. Die Ständevertreter brachten nun eine lange Liste von Forderungen und Beschwerden vor. Leopold übte Nachsicht, nahm viele Reformen seines Vorgängers zurück, oder milderte sie wenigstens, und man erbhuldigte dem Kaiser als Landesfürsten.

Die gewonnenen Freiheiten wurden allerdings von der Weltgeschichte überrollt. Da erschien nämlich einer, dem die althergebrachten Rechte Tirols gänzlich egal waren. Er schickte seine Armee und forderte Unterwerfung: Napoleon Bonaparte. Innsbruck wurde am 5. November 1805 das erste Mal von den Franzosen unter Marschall Ney besetzt. Ihnen folgten die Bayern auf dem Fuß. In der Folge verschwand Tirol von der Landkarte und wurde in drei Verwaltungsbezirke des Königreichs Bayern aufgeteilt. An öffentlichen Gebäuden prangte an Stelle des österreichischen, das bayerische Wappen. Der militärische Widerstand der Tiroler wurde 1809 am Bergisel gebrochen (▶ *Andreas Hofer-Kapitel, 211*).

Welche Belastungen die Bevölkerung in diesen Jahren zu tragen hatte, weist die *Pusch´sche Chronik*: Von 24. Februar 1812 bis 19. Juni 1813 zogen durch Innsbruck 5 Divisions-Generäle, 15 Brigade-Generäle, 433 Stabs-Offiziere, 4.558 Oberoffiziere, 129.829 Unteroffiziere und Gemeine und 23.178 Pferde. An sie wurden 299.908 Mund- und 40.000 Pferderationen abgegeben. Im Jahr 1814 hatte der 13 Jahre dauernde napoleonische Spuk dann endlich ein Ende. Am 29. Juni erließ die kaiserliche Hofkommission den Auftrag, alle in der Stadt noch vorhandenen königlich bayerischen Wappen und Löwen *mit Anstandt* abzunehmen oder zu *verstreichen*.

Bayerischer Kreuzer, geprägt für Tirol 1906 (*ma-shops*)

Dritte Bergiselschlacht 1809, Riesenrundgemälde (*SA/Tirol Panorama*)

Durch den Wiener Kongress kam die Gefürstete Grafschaft Tirol am 14. Juli 1814 wieder zum Kaisertum Österreich, wie sich der Habsburgerstaat seit 1804 nun nannte. Die Rückkehr war jedoch eine große Enttäuschung. Kaiser Franz I., der Tirol während der Napoleonischen Kriege mehrfach verraten hatte, dachte nicht daran, tirolische Treue zum Haus Habsburg zu honorieren. Stattdessen behandelte er die Gefürstete Grafschaft wie jede andere Provinz seines Reiches. Zwar stellte er die landständische Verfassung Tirols wieder her, Bedeutung erlangte sie jedoch nicht mehr. Die Erbhuldigung nahm Franz I. 1816 in Innsbruck allerdings freundlicherweise entgegen. Drängende Wünsche nach Steuererleichterungen oder mehr Rechte für den Landtag blieben dagegen ungehört. Im Metternich´schen System galt allein der Wille des Herrschers. Und wem dies nicht passte, oder wer gar liberale Ideen vertrat, fand sich rasch im Visier seiner Polizeispitzel.

Tirol hatte in diesen Jahren auch drängendere Probleme. Im April 1815 brach der Vulkan Tambora auf Indonesien aus. Er schleuderte ungeheure Mengen Asche in die Atmosphäre. Es folgten Jahre ohne Sommer. Die Abkühlung des Weltklimas durch den Ausbruch hielt bis 1819 an. Im Juni 1815 regnete es in Tirol 21, im Juli 24 Tage, im Juni 1816 schneite es. In den Jahren 1815 bis 1817 kam es auf Grund dessen auch in Tirol zu einer schlimmen Hungerkatastrophe. In Innsbruck mussten Suppenküchen eröffnen. In die Essnäpfe wurde *Rumforder Suppe* geschöpft. Sie bestand aus Rollgerste und Erbsen. Der bayerische Reichsgraf von Rumford, der die billige Suppe für Soldaten, Bettler und Arbeitshäuser kreiert hatte, empfahl die Suppe mit altbackenem Weißbrot zu verfeinern: „*Das Kauen befördert bekanntlich die Verdauung sehr kräftig; auch verlängert es die Dauer des Genußes beym Eßen.*" Von Jänner bis April 1817 wurden 46.920 Portionen *Rumforder Suppe* unentgeltlich an Bedürftige verteilt. Es rächte sich nun, dass die Landstände die Errichtung öffentlicher Getreidespeicher verhindert hatten, wie sie Maria Theresia für Notzeiten anlegen lassen wollte. Zu alledem quälten Erdbeben schwere Gewitter, Hagelschlag und Überschwemmungen die ausgemergelte Bevölkerung. In Prozessionen glaubten die Menschen ein wirksames Mittel gegen immer wieder drohende Cholera- und Grippeepidemien gefunden zu haben.

Im Jahr 1821 wurde das Innsbrucker Stadtrecht geändert. Ein vom Kaiser zu bestätigender Bürgermeister stand nun an der Spitze der Stadt. Ihn unterstützten ein besoldeter und sechs unbesoldete Magistratsräte, 24 städtische Repräsentanten, Stadtkämmerer, Sekretär, Stadtbaumeister, Stadtarzt und weitere Amtsträger. 1826 erbrachte eine Volkszählung in Innsbruck folgendes Ergebnis: *Häuser 574, Familien 2.346, Familienmitglieder 8.843, Dienstboten 1.974; Totalsumme 10.767; davon männlich 4.900, weiblich 5.867.* Dies ergab im Schnitt fast 19 Bewohner oder 4 Familien mit Dienstboten je Haus. Diese Zahlen bildeten die bedrückenden Lebensverhältnisse vieler Bewohner

Das Tiroler Nationalmuseum Ferdinandeum in Innsbruck 1845 (*SA*)

Leopoldbrunnen und k.k. Nationaltheater, heute Tiroler Landestheater (*SA*)

Innsbrucks jedoch nicht ab. Ein Beispiel von vielen war der nachmalige Tiroler Historienmaler Karl von Blaas, der als 12-jähriger Sohn eines verarmten Landadeligen 1827 nach Innsbruck kam. Er schrieb in seinen Lebenserinnerungen:

„Mein Bruder hatte ein Zimmer in Gemeinschaft mit einem ebenso armen Studenten aus Nauders. Mein Lager war neben ihm auf seinem einfachen Bette. Bei bekannten Familien bewarb er sich für mich um das Mittagessen, einen Tag da, den anderen dort, wie es in den Städten Tirols üblich ist, daß arme Studenten von Wohlthätern gespeist werden. Ich hatte aber nur vier Tage in der Woche das Mittagsmahl. Die anderen Tage bekam ich vom Bruder 5–10 Kreuzer, um mir Brod und Butter zu kaufen. Das Frühstück fehlte ganz und Abends aß ich ein Stück Brod, das mir ein Bäcker im Hause gab. Mein Bruder, der ohne Besoldung [bei der Post] *practicirte, war selbst in Noth, er konnte weder Schneider noch Schuster bezahlen, daher er mir nicht einmal diese kleine Unterstützung geben konnte. Was blieb mir übrig als beim Bäcker um Brod zu bitten."*

Im Land herrschte in den folgenden Jahrzehnten politische Friedhofsruhe. Die Landbevölkerung fühlte sich bei ihren Heiligen, der Madonna und dem Herzen Jesu gut aufgehoben. Liberale Intellektuelle verschwanden in ihrer biedermeierlichen Welt. Nach Jahren des Krieges war der Hunger nach Kunst und Kultur in Innsbruck groß. Der 1818 gegründete *Verein zur Beförderung der Tonkunst* veranstaltete Konzerte und führte auch eine Musikschule. Zur Gründung eines Symphonieorchesters kam es erst 1893. Angesichts der Absicht Erzherzog Johanns, seine

Innsbrucker Altstadt 1833 (SA)

Sammlungen in Tirol unterzubringen, konstituierte sich 1823 ein *Verein Tiroler Nationalmuseum*. Ein eigenes Museumsgebäude wurde allerdings erst 1845 eingeweiht. 1825 eröffnete eine öffentliche Leihbibliothek.

1844 brach man das vom Landesfürsten Ferdinand Karl 1653/4 errichtete venezianische Theater, das einige Jahre als *Königlich bayrisches Hof-Nationaltheater* diente, ab und baute eine neue Bühne. Das *k.k. National-Theater* wurde zwei Jahre später mit drei Premieren, *Ein deutscher Krieger* von Bauernfeld, *Der Zerrissene* von Nestroy und der Donizetti-Oper *Lucretia Borgia* eröffnet. Das Haus wies allerdings gleich bauliche Mängel auf, man hatte ordentlich gepfuscht (▶ *Oper-Kapitel, 197*). 1850 eröffnete die Musikalienhandlung *Johann Groß* und die Kunsthandlung *Unterberger*, die in ihrer Auslage immer ausgewählte Bilder und Kupferstiche ausstellte. Zudem arbeiteten um 1847 hier 5 Instrumentenmacher. Darunter war Johann Georg Gröber, der *schwarze Tiroler*, der in seiner Wiener Lehrzeit als Fortepianomacher der bevorzugte Klavierstimmer Beethovens war. Die *Innsbrucker Liedertafel* sang ab 1855.

Nicht nur kulturell, auch wirtschaftlich ging in Innsbruck einiges weiter. Mit der *Schafwollwaaren-Fabrik Franz Bauer* 1814 und der *Weyrer'schen Schafwollwaaren-Fabrik* 1816, wurden gleich zwei Traditionsbetriebe in Mühlau bei Innsbruck gegründet. 1820 etablierte sich die *Felician Rauch'sche Buchhandlung*, 1822 die *Innsbrucker Sparkasse*, 1825 die *Tirolische Brand Versicherungsanstalt*. 1825 erwarb Franz Josef Adam den Ansitz Windegg und wandelte ihn in eine Brauerei um. Am 20. August 1828 fuhr erstmals die Post-Eilkutsche, *Diligence* genannt, auf der Strecke Innsbruck-Wien. Sie ging dreimal die Woche ab und benötigte etwa 36 Stunden. 1830 nahm die *Rauch'sche Kunstmühle* in Mühlau ihren Betrieb auf. 1836/37 fand ein weiterer Textilbaron, *Herrburger&Rhomberg,* mit einer Spinnerei den Weg nach Innsbruck. 1847 gab es in Innsbruck unter anderem 56 Schuster, 39 Schneider, 10 Handschuhmacher, 8 Juweliere, 26 Tischler, 22 Bäcker, 23 Fleischhauer, 48 Viktualienhändler, 23 Gastwirte, 44 Bier- und Weinschenken, 7 Kaffeesieder, 16 Buchbinder, 12 Uhrmacher, 7 Wundärzte, 3 Apotheker, und 10 Lohnkutscher. Ein Lehrer erteilte unentgeltlichen Turnunterricht. 1852 eröffnete das *Schwimmbad Büchsenhausen*. Das Wasser kam direkt vom Berg und hatte erfrischende 15 Grad.

Als 1848/49 im Kaisertum Österreich die Wogen der Revolution hochgingen, blieb es in Tirol weitgehend ruhig. Zwar feierten die Studenten und Innsbruck entsandte mit dem städtischen Archivar auch einen Abgeordneten ins Frankfurter Parlament. Geistlichkeit und konservativer Adel hatten jedoch liberale Gedanken im Land nie aufkommen lassen. Die stabilen Verhältnisse veranlassten Kaiser Ferdinand den Gütigen, Innsbruck von Mai bis August 1848 zur kaiserlichen Residenzstadt zu erheben. Er flüchtete mit seiner Familie ins Land im Gebirge, führte von der verwaisten *Hofburg* aus die Regierungsgeschäfte und wartete die Entwicklung ab. Die erzkatholischen Tiroler hielten ihm sicher zugute, dass er 1837 die Ungläubigen, 427 protestantische Zillertaler, des Landes verwies. Da das absolutistische Regime Metternichs durch die Revolution 1848 vom politischen Spieltisch gefegt wurde, nutzte Tirol die Gunst der Stunde: Der nun erstmals gewählte Landtag trat in Innsbruck zusammen und erneuerte die Landesverfassung. Das Staatsschiff schien nun in Richtung Konstitution, Volkssouveränität, Grundrechte und Föderalismus zu segeln.

Nach Anfangserfolgen wurde die 1848er-Revolution jedoch im gesamten Habsburgerreich brutal niedergeschlagen. Vom gescheiterten Aufstand blieb im Wesentlichen nur die Bauernbefreiung. Am 2. Dezember 1848 bestieg der 18-jährige Kaiser Franz Joseph I. den Thron in Wien. Dem revolutionären Frühling folgten nun lange Jahre des neoabsolutistischen Winters. Die Tiroler Landesverfassung wurde wieder aufgehoben. Franz Joseph stützte seinen absoluten Herrschaftsanspruch auf die Armee, Adel und Bürokratie sowie die katholische Kirche. Die unerfüllt gebliebenen politischen, religiösen, gesellschaftlichen und sozialen Forderungen der Revolution verschwanden jedoch nicht ganz von der Bildfläche. Sie verlangten in den folgenden Jahrzehnten nach neuen Antworten.

Die Antwort Kaiser Franz Josephs am Beginn seiner Regentschaft war der uneingeschränkte Herrscheranspruch *von Gottes Gnaden*, verbunden mit der Stärkung der *Heiligen Mutter Kirche*. Mit dem Konkordat 1855 räumte er der katholischen Kirche eine privilegierte Stellung ein, und überantwortete ihr Ehe und Schule. Die staatliche Ehe des *Allgemeinen Bürgerlichen Gesetzbuches* (*ABGB*) von 1812 wurde aufgehoben, die Ehe war von nun an Sakrament. Sämtliche Schulen unterlagen der Aufsicht der Bischöfe. Wer Lehrer werden wollte, musste katholisch, und der kirchlichen Obrigkeit genehm sein. Der stockkonservative Tiroler Klerus, die meisten Adeligen, viele Bürger und alle Bauern hatten damit kein Problem. Welche Zustände in diesen Jahrzehnten am Land herrschten, beschrieb der bereits zitierte Maler Karl von Blaas in seinen Lebenserinnerungen bildlich:

„Dieser Herr Pfarrer war von corpulenter Gestalt und hatte einen großen Magen. Nach seiner Siesta ging er heute zu

In nomine Patris et Filii, et Spiritus Sancti... Kretschmer 1885 (SA)

diesem wohlhabenden Bauern, morgen zu einem anderen, wo er mit gutem Käse, Schinken und Kaffee bewirthet wurde. Von da ging er in's Gasthaus, brachte dort mit dem Landrichter und Wirth den Abend bis 9–10 Uhr zu und, da er gewöhnlich benebelt war, mußte ihn der Meßner nach Hause führen. Diese zwei alten Herren waren damals die Tyrannen in Nauders. Wenn irgendwo eine Zither gespielt wurde, kam sogleich der Pfarrer und verdammte das Instrument, welches die Jugend verführe. Im Einverständniß mit der weltlichen Behörde wurde auch die unschuldigste Tanzunterhaltung verboten, so daß das Tanzen von der Jugend, welche mit mir aufwuchs, gar nicht gekannt wurde.

Der Pfarrer donnerte auf der Kanzel wie im Beichtstuhl gegen die Sittenlosigkeit, gab aber selbst ein schlechtes Beispiel, und die Heuchelei nahm mit dem Sittenverderbniß über-

hand. Vor ihm war die Geburt eines unehelichen Kindes eine große Seltenheit und nun tauchten jährlich einige solche traurigen Fälle auf, besonders unter der ärmeren Classe, da man die Armen nicht heiraten ließ. Der Pfarrer wurde wüthend, sobald er von einem neuen Scandal hörte. Sobald so eine Verunglückte entbunden hatte, mußte sie des Sonntags vor dem Hochamte bei der Kirchenthüre sich niederknien; der Pfarrer stand vor ihr in kirchlichem Anzug, hielt der Armen vor allen Kirchengängern ihre Schandthat in der rohesten und grausamsten Weise vor, schalt und beschimpfte sie öffentlich, so lange es ihm gefiel; dann besprengte er sie mit Weihwasser, sie konnte aufstehen, durfte ihm seine fette Hand küssen und in die Kirche hineingehen, wo sie jedoch auch einen besonderen Schandplatz hatte. Ich sah selbst einmal ein solch armes Geschöpf, welches vor Schamgefühl und Angst beim Wüthen des Pfarrers ohnmächtig zusammenbrach. Einige aufgeklärte Bauernburschen wollten sich rächen, aber ihre Verschwörung wurde verrathen und wer sich nicht einsperren lassen wollte, mußte flüchten."

Katholische Bauernfängerei (SA)

Zwischen dem politischen Katholizismus, den Ultramontanen, sprich Papsthörigen, und den Liberalen brach in der Folge ein Kulturkampf aus, der in Tirol jahrelang besonders erbittert geführt wurde. Den Beginn markierte 1861 die Ablehnung des Protestantenpatents durch den Landtag. Dies konnte allerdings nicht verhindern, dass 1876 in Innsbruck und Meran evangelische Gemeinden entstanden. Das Ende des Kulturkampfes markierte die Annahme des Tiroler Landesschulgesetzes 1892, das die staatliche Aufsicht über die Schulen wieder einführte. Aber auch hier gab man nicht klein bei. Man bezahlte Lehrern bis 1910 einfach keine Gehälter, und so konnten fast nur Geistliche den Lehrberuf ausüben. Damit blieb der katholische Einfluss gewahrt.

Militärische Niederlagen Kaiser Franz Josephs, 1859 gegen das sich einende Italien, 1866 gegen das aufsteigende Preußen, zwangen den Kaiser, auf die drängenden Fragen seines Reiches neue Antworten zu finden. Widerwillig musste er nun Zug um Zug die Einschränkung seiner Macht hinnehmen. Zentrale liberale Forderungen nach Beseitigung des Neoabsolutismus und Installierung einer konstitutionellen Monarchie, die Aufwertung des Parlaments, die Ausweitung des Wahlrechts, die Gleichstellung der Konfessionen und die Einräumung von Grundrechten, wurden verwirklicht. 1870 kündigte der Kaiser schweren Herzens auch noch das 1855er Konkordat auf. Mit dem *Februarpatent* 1861 erhielt Tirol wieder eine Verfassung und in Innsbruck tagte seit April der Landtag. Zu dessen Vorsitzenden ernannte der Kaiser einen Landeshauptmann, als Landesfürst ließ er sich durch einen Statthalter vertreten.

Nachdem die Liberalen im Reichsrat die meisten ihrer Forderungen durchsetzen konnten, hatten sie ihr politisches Pulver verschossen. Die Zukunft gehörte Massenparteien, Luegers Christlichsozialen und den Sozialdemokraten. Sogar in Innsbruck konstituierte sich 1891 ein sozialdemokratischer Verein. Nun traten zunehmend soziale Themen wie Armut und Arbeitslosigkeit in den politischen

Vordergrund. In Tirol behielten katholisch-konservative Parteien jedoch bis zum Untergang der Monarchie 1918 das Szepter in der Hand. Demgegenüber hatte Innsbruck von 1896 bis 1923 mit dem Textilkaufmann Wilhelm Greil, ebenso wie Bozen, einen langjährigen, deutschfreiheitlichen Bürgermeister. Als liberale Partei vertraten die Deutschfreiheitlichen vorzüglich das Bürgertum und forderten eine strikte Trennung von Staat und Kirche.

Als der Kulturkampf zwischen dem liberalen und dem katholischen Lager längst abgekühlt war, loderte er auf universitärem Boden fort. 1864 wurde in Innsbruck von deutschösterreichischen Studenten mit der *A.V. Austria-Innsbruck* die erste katholisch-akademische Verbindung gegründet. In der Folge lieferten sich Deutschfreiheitliche Burschenschafter mit katholischen Studenten regelmäßig gewalttätige Auseinandersetzungen. Blutgetränkte akademische Schlachtfelder lagen in Graz, Wien und Innsbruck. In Tirol war der *casus belli* die *Wahrmund-Affäre*.

Dr. Ludwig Wahrmund war Professor für Kirchenrecht an der juridischen Fakultät der *Leopold-Franzens-Universität* in Innsbruck. Er galt als Hoffnungsträger konservativ-katholischer Kreise. Aus nicht nachvollziehbaren Gründen wechselte er 1902 die Fronten und kritisierte in einem Vortrag die Wissenschaftsfeindlichkeit der katholischen Kirche. Professor Wahrmund war ein begnadeter Zündler. In den folgenden Jahren forderte er öffentlichkeitswirksam die Befreiung von Schule und Ehe aus den Fängen der katholischen Kirche. Wütende Proteste und enthusiastische Zustimmung waren ihm sicher. In Innsbruck formierte sich 1906 gar eine Frauendemonstration gegen den Professor, über die *Das Vaterland* am 15. März berichtete:

„Die zweite Kundgebung zum Schutze der christlichen Ehe, welche am Montag in der Landeshauptstadt Tirols stattfand, fiel über alles Erwarten großartig aus. Nicht weniger als 2000 Frauen Innsbrucks folgten dem Rufe des ‚Christlichen Frauenbundes', der in richtigem Verständnisse für die durch die Eherechtsreform-Bestrebungen schwer bedrohte Ehre und gesellschaftliche Stellung der Frauen die Versammlung im ersten Repräsentationssaale der Stadt veranstaltet hatte. Wohl noch nie hat Innsbruck eine so imposante und zugleich so zeitgemäße Frauenversammlung gesehen, wie gestern."

Am 18. Jänner 1908 hielt Wahrmund in Innsbruck einen Vortrag zum Thema *Katholische Weltanschauung und freie Wissenschaft* und griff Papst Pius X. direkt an. Er warf ihm Unterdrückung der freien wissenschaftlichen Forschung vor. Katholische Professoren und Studenten liefen sofort Sturm und es kam zu Prügeleien zwischen Anhängern und Gegnern Wahrmunds. Mitglieder des Herrenhauses, Thronfolger Franz Ferdinand und sogar der päpstliche Nuntius machten nun Druck gegen Wahrmund. Darauf wurden dessen Vorlesungen an der Uni Innsbruck ausgesetzt und der Professor mehrere Monate auf Urlaub geschickt.

Als Wahrmund im Juni 1908 an der Universität ein kirchenrechtliches Seminar abhalten wollte, ordnete die politische Behörde die Schließung der Innsbrucker Universität an. Dieser Anschlag auf die Lehr- und Wissenschaftsfreiheit ließ den Konflikt vollends aus dem Ruder laufen. In Graz, Brünn, Czernowitz, Leoben und Wien blockierten deutschfreiheitliche Studenten die Hörsäle und riefen einen zweieinhalbwöchigen Vorlesungsstreik aus. Katholische Studenten hielten dagegen. Jetzt schreckte sogar Kaiser Franz Joseph hoch. Er zischte dem Unterrichtsminister in der Öffentlichkeit vernehmbar zu: „Machen Sie mit diesem Skandal doch endlich ein Ende!"

Angesichts der Sackgasse, in die sich alle Beteiligten verfahren hatten, verhandelte der österreichische Ministerpräsident nun mit Wahrmund, was letztlich zu dessen *vergoldeter* Kaltstellung führte. Den Rest seines wissenschaftlichen Lebens verbrachte Ludwig Wahrmund in römischen Archiven. Als Folge der Wahrmund-Affäre stürzte die k.k. Regierung in Wien und der Statthalter von Tirol musste zurücktreten.

Auch wenn konservativ-katholische Tiroler im liberalen Gedankengut die größte Gefahr sahen, für die Landeseinheit bedrohlicher sollte sich der Nationalitätenkonflikt entwickeln. Durch den Ausgleich mit Ungarn war das *Kaisertum Österreich* 1867 in zwei nahezu unabhängige Reichshälften zerfallen. Die Doppelmonarchie nannte sich nun *Österreich-Ungarn*. Die Willfährigkeit des Kaisers gegenüber ungarischen Forderungen rief sogleich andere Nationen im Vielvölkerstaat auf den Plan. Diese verlangten nun ebenfalls ihre nationalen Rechte ein. Bei den *Deutschösterreichern* löste das Aufbegehren der anderen Nationen Verunsicherung aus. Auch wenn sie eine große, kulturell wie wirtschaftlich tonangebende Minderheit in der Donaumonarchie waren, mussten die Deutschen zunehmend um die Zukunft ihrer Vorherrschaft fürchten.

Am lautesten gebärdeten sich die Tschechen im Königreich Böhmen. Nicht viel leiser waren die Italiener in Tirol. In Trient und anderen Orten kam es, unterstützt von italienischen Irredentisten, zu Demonstrationen, Aus-

Deutschfreiheitliche Burschenschafter in Innsbruck (*SA*)

schreitungen und ständigen Provokationen von *Welsch-Tirolern* gegen Österreich und die Habsburger. Die k.k. Behörden übten zumeist großen Langmut und ließen die Störenfriede, nachträglich besehen, zu oft gewähren.

Die *Deutsch-Tiroler* trugen allerdings ein gerüttelt Maß Mitschuld an der Eskalation. Die Bevölkerung der Gefürsteten Grafschaft Tirol setzte sich um 1900 aus 55,6% Deutschen, 42% Italienern und 2,4% Ladinern zusammen. Das Trentino war italienisch. Daher forderten politische Aktivisten bereits anlässlich der 1848er-Revolution die Abspaltung italienischsprachiger Gebiete von Tirol und einen eigenen Landtag oder wenigstens weitgehende Autonomie. Die deutschsprachige Mehrheit ignorierte jedoch diese nicht unverständlichen Forderungen. Demgegenüber verlangten radikale Irredentisten der *Lega Nationale* oder *Dante Aligheri* den Anschluss ganz Südtirols an das Königreich Italien mit dem Brenner als Grenze – *fino al Brennero!* (▶ *Andreas Hofer-Kapitel, 211*)

Als Reaktion auf den italienischen Nationalismus wurde man 1905 in Innsbruck initiativ. Nach Vorbild des *Deutschen Schulvereins* und des Grazer Vereins *Südmark* zum Schutz der Deutschen Minderheiten in den Kronländern, gründeten prominente Deutschtiroler den *Tiroler Volksbund*. Dessen Motto lautete: *Tirol den Tirolern, von Kufstein bis zur Berner Klause!* Dazu liest man in den *Innsbrucker Nachrichten* vom 16. Mai 1908:

Innsbrucker Portraits von Innsbrucker Fotografen (*SA*)

„Die deutschen und rhätoladinischen Tiroler kämpfen einen schweren Kampf um die Erhaltung ihres Volkstums und um den ungeschmälerten Bestand ihres alten, weltgeschichtlich berühmten Landes Tirol. Mit allen Mitteln versucht ein Teil der Italiener Südtirols, teilweise unterstützt von Reichsitalienern, italienische Sprache und Besitz immer weiter nach Norden vorzuschieben. Lange Zeit geschah von Seite der Deutschen nichts dagegen. Nun aber hat sich der Tiroler Volksbund im Vereine mit anderen deutschen Schutzvereinen die Aufgabe gestellt, diesen Verwelschungsbestrebungen mit aller Kraft und deutscher Zähigkeit entgegenzuarbeiten."

Nachdem Franz Joseph 1859/1866 das lombardo-venezianische Königreich verloren hatte, stellte sich die Frage nach dem künftigen Studienort für *Welsch-Tiroler*. Die Italiener favorisierten Triest als Sitz einer italienischen Universität, aber auch Trient und Rovereto, alles Zentren des Irredentismus. Wien lehnte ab. Schließlich verfiel man auf die *Leopold-Franzens-Universität* in Innsbruck. Widerstände deutschnationaler Kreise waren vorprogrammiert. Italienisch als offizielle Unterrichtssprache auf Innsbrucker Boden ging für sie gar nicht. Zudem fürchtete man, dass die Stadt eine irredentistische Hochburg werden könnte. Anpöbeleien und Prügeleien zwischen deutschen und italienischen Studenten hatten eine lange Tradition in der Stadt. Trotzdem blieb k.k. Ministerpräsident Ernst von Koerber bei der getroffenen Wahl Innsbrucks.

Man mietete nun 1904 in Wilten Räumlichkeiten an. Nach Adaptierung sollte hier eine provisorische rechts- und staatswissenschaftliche Fakultät mit Vortragssprache Italienisch ihren Vorlesungsbetrieb aufnehmen. Die feierliche Eröffnung am 3. November in Anwesenheit italienischer Reichsrats- und Landtagsabgeordneter und zahlreicher italienischer Studenten anderer Österreichischer Universitäten verlief ohne Zwischenfälle. Unter den Festteilnehmern waren auch Cesare Battisti und Alcide de Gaspari.

Tumulte in Innsbruck. Oben Bürgermeister Greil, Statthalter Schwartzenau, Abgeordneter Dr. Erler (*Wiener Bilder vom 9. November 1904, ONB anno*)

Ersteren hängte man im Ersten Weltkrieg als Verräter auf, mit zweiterem verhandelte man Jahrzehnte später das Südtirolpaket (▶ *Andreas Hofer-Kapitel, 211*). Die Behörden glaubten nun, alle Hürden überwunden zu haben.

Dem war jedoch nicht so. Italienische Professoren und Studenten trafen sich am Abend zu einer Nachfeier im Gasthof *Weißes Kreuz*. Vor dem Lokal kam es zu lautstarken Protesten deutschfreiheitlicher Burschenschafter und Innsbrucker Bürger, die in weiterer Folge zu Prügeleien ausarteten. Plötzlich zogen italienische Studenten Revolver und schossen wild um sich. Es gab mehrere Verletzte. Die Situation eskalierte in bürgerkriegsähnlichen Zuständen. In den *Innsbrucker Nachrichten* vom 5. November 1904 konnte man Bürgermeister Wilhelm Greil dazu im Gemeinderat nachlesen:

„Meine Herren! Ein tieftrauriges Ereignis hat sich in den Mauern unserer Stadt zugetragen; eine unerhörte Gewalttat ist diese Nacht geschehen. Italienische Studenten haben mit ihren Revolvern auf deutsche Bürger geschossen und viele derselben wurden verwundet. Es handelt sich hier um ein planmäßig vorbereitetes Attentat. Ganze Salven wurden auf die Bürger abgefeuert! Die Erregung der deutschen Bevölkerung ist begreiflicherweise ungeheuer und das Gefühl der Unsicherheit ist allgemein gegenüber den Angriffen der Welschen. […]
Das Militär verhielt sich anfangs ruhig und die Polizei räumte mit Erfolg den Platz. Auf einmal hörte ich Kommandorufe des Kommandanten. Ich erhob neuerlich Protest gegen den Einsatz des Militärs und konstatierte, daß die Regierung die Verantwortung für dieses Vorgehen zu tragen habe. Trotzdem ging das Militär in schroffer Weise vor und machte einen Sturmangriff auf die Bevölkerung, welche nicht in der Lage war, mit solcher Schnelligkeit den Platz zu räumen. Viele wurden niedergestoßen, zahlreiche Personen verwundet. Am Burggraben aber ereignete sich der unerhörte Vorfall, daß ein Mann von rückwärts einen Stich erhielt. Und der Mann war der akademische Maler Pezzey, er ist ein Opfer der österreichischen Regierung."

Die Empörung richtete sich in der Folge nicht nur gegen die Italiener, sondern auch gegen das k.u.k. Militär, den k.k. Statthalter und den k.k. Ministerpräsidenten. Man machte sie für das vergossene *deutsche Blut* verantwortlich. Fassungslos waren die Innsbrucker, dass k.u.k. Soldaten mit gefällten Bajonetten auf die Bevölkerung losgelassen wurden. So etwas hatte es bislang noch in keinem deutschsprachigen Land der Monarchie gegeben. In der Folge kam es in der Stadt zu schweren Protesten, zur Zerstörung italienischen Eigentums und Verwüstung der italienischen Fakultät. Das Begräbnis des *Märtyrers* geriet zu einer patriotischen Demonstration, an der mehr als 3.000 Personen teilnahmen. Das Projekt der italienischen Universität war damit gescheitert und k.k. Ministerpräsident Koerber warf noch vor Jahresende das Handtuch. Die *fatti di Innsbruck* entzweiten die deutsche und italienische Volksgruppe in Tirol nachhaltig. Im allgegenwärtigen Nationalitätenstreit der späten Monarchiezeit stellten sie einen unrühmlichen Markstein dar.

Durch Erhebung zur Landeshauptstadt 1849 und Anschluss ans Eisenbahnnetz 1858 – 1867 fuhr der erste Zug über den Brenner, 1884 über den Arlberg – trat Innsbruck in eine Phase stürmischen Aufschwungs. Tirol wurde nun zunehmend von Touristen heimgesucht (▶ *Baedeker-Kapitel, 235*). Die Bevölkerung wuchs und mit ihr auch Stadt und Wirtschaft. Die Ansiedlung von Behörden, Kasernen, Gewerbe- und Industriebetrieben zog Beamte, Eisenbahner, Soldaten und Arbeiter nach Innsbruck. An der Universität waren zahlreiche Studenten inskribiert. Am 25. Jänner 1854 erschien die erste Nummer der *Innsbrucker Nachrichten*. Ein Jahr darauf hängte man in der Stadt die ersten Briefkästen auf. 1861 kam es zur Gründung von zwei sehr unterschiedlichen Traditionsbetrieben, der *Tiroler Glasmalerei- und Mosaikanstalt* und der *Hörtnagel'schen Fleischwarenfabrik*.

Der Bau eines Gaswerks durch eine Augsburger Firma und die Einführung der Gasbeleuchtung in Innsbruck führte zu heftigen Diskussionen. Der Fortschritt war jedoch auch hier nicht aufzuhalten. Seit November 1859 erhellten 200 Gaslaternen mit einer Leuchtkraft von je 15 Kerzen die Stadt. Anlässlich des 500-Jahr-Jubiläums der Zugehörigkeit Tirols zu Österreich beleuchteten diese im Herbst 1863 eine große Landesfeier. Vor einer riesigen Menschenmenge defilierte ein Schützenfestzug mit 6.000 Teilnehmern an Kaiser Franz Joseph vorbei. Möglicherweise nahm man das Fest zum Anlass, auch in Innsbruck Fiaker zuzulassen. Massenveranstaltungen der Folgejahre waren die große Tiroler Landesausstellung 1893, sowie das Andreas Hofer Jubiläum 1809-1909, zu dem der Kaiser ebenfalls nach Innsbruck anreiste (▶*Baedeker-Kapitel, 235*).

Zeichen für den wirtschaftlichen Aufschwung der Stadt war um 1900 die Gründung einer Reihe von Geldinstituten. Den Anfang machte 1895 die *Raiffeisen Zentralbank*, es folgten 1901 die *Landes-Hypothekenanstalt* und 1904 die *Bank für Tirol und Vorarlberg*. Dazu kamen Filialen Wiener Großbanken etwa *Creditanstalt* oder *Länderbank*. Laut Volkszählung 1880 verzeichnete Innsbruck 3.628 Wohnparteien – 19.138 Seelen vom Zivilstande, mit Militär 20.537, und 701 Häuser. Sieben Jahre später waren es schon 1066 Häuser. Wilten hatte 4.049, Hötting 4.204 und Pradl 1000 Einwohner. Die Gemeinden Wilten und Pradl wurden 1904 eingemeindet, wodurch die Bevölkerungszahl Innsbrucks sprunghaft von 26.000 Einwohnern auf 46.000 anwuchs. Hötting kam gemeinsam mit Mühlau und Amras erst 1938 zur Stadt. 1940 folgten Arzl, 1942 schließlich Igls und Vill.

Die Gründerzeit führte in Innsbruck zu reger Bautätigkeit. Zahlreiche Geschäfte, Wohnhäuser, Villen, Schulen, die Handelsakademie und Kirchen wurden errichtet. Von 1885 bis 1914 entstand ein neues Stadtspital in Pavillonbauweise. Menschenfreundliche Stiftungen finanzierten das Sieber'sche Waisenhaus und das vom selben Wohltäter erbaute *Kaiser Franz Joseph Jubiläums-Greisenasyl*. Eine *k.k. Eisenbahn-Betriebsdirection*, das *k.k. Hauptpostamt* und andere Verwaltungsgebäude schossen aus dem Boden. Ein wildes historisches Stilgemisch überraschte das Auge an allen Ecken und Enden – Romanik, Gotik, Renaissance, Barock – keine Anleihe wurde ausgelassen. Hoch in Mode war der alpenländische Heimatstil mit Fachwerk und Türmchen. Vereinzelt baute man auch modern, vorzüglich im Jugendstil. Für die Toten der Stadt errichtete man parkähnliche Totenäcker, insbesondere den *West-* und den *Pradler Friedhof* samt Kapellen und Arkadengängen. Hier protzte die Innsbrucker Prominenz mit ihren Familiengruften. Am *Pradler Friedhof* begrub man später auch Gefallene des Ersten Weltkriegs.

Die Stadt dehnte sich nach allen Richtungen aus. Neue Straßenachsen entstanden, nach Osten zu die *Museumstraße*. Der *Bozner Platz* bildete im Viertel das urbane Zentrum. Auch der einst vor der Stadt gelegene Hauptbahnhof wurde schon bald *eingemeindet*. Nach Westen, in Richtung des neuen Stadtspitals, führte die *Anichstraße* mit einladenden Geschäften, Cafés und Gastwirtschaften. Hier lag auch der von Gründerzeitbauten eingerahmte *Adolf-Pichler-Platz*, benannt nach dem berühmten Tiroler Dichter und Naturforscher. Der hier gelegene Altinnsbrucker Gastgarten ist inzwischen einem Glasbetonhotelkasten und einer Einkaufspassage zum Opfer gefallen. Im *Antiquariat Dieter Tausch (Nr. 12)* oder ums Eck, im *Antiquariat Gallus (Anichstraße Nr. 25)*, findet man Ansichten vom alten Innsbruck.

Innsbrucker Zeitung.

Für Freiheit, Wahrheit und Recht!

In Folge häufig an uns direct gerichteter Anfragen erlauben wir uns wiederholt zur Anzeige zu bringen, dass wir die

Musikalienhandlung Johann Gross in Innsbruck

(als unsere Vertretung für Tirol) in den Stand gesetzt haben, unsere Instrumente „**genau zu den Fabrikspreisen**" (ohne Berechnung von Emballage und Fracht) mit **jeder wünschenswerthen Garantie** liefern zu können, und dass nicht nur Stutz- und Salon-Flügel, sondern von jetzt ab auch **ein grosser Concertflügel** dort stets auf Lager sind. Es ist dadurch Jedermann die Gelegenheit geboten, unsere vielseitig prämiirten und von Fachautoritäten bestens empfohlenen Flügel

Kegel und Kugel.

Kegel aus hartem, ausgetrocknetem Holz von . . 2 fl. — kr. bis 3 fl. 25 kr.
Kugeln, lignum sanctum von . . . . . 2 fl. — kr. bis 3 fl. 50 kr.
Kugeln aus Gummi von . . . . . . 6 fl. — kr. bis 12 fl. — kr.

Handlung z. Schützenkönig in Innsbruck.

Fritz Mayr • Burggraben

Echte Panama
K 9.50, K 12.-, K 18.- bis K 50.-

Engl. Girardi
von K 4.- aufwärts

Kinderhüte
alle Sorten und Preislagen

Fritz Mayr
Burggraben

Fritz Mayr • Burggraben

Zeitungsannoncen (*onb anno*)

Innsbrucker Nachrichten.

Möbel-Haus Hugo Wierer
Andreas Hoferstrasse
neben der Herz Jesu-Kirche.

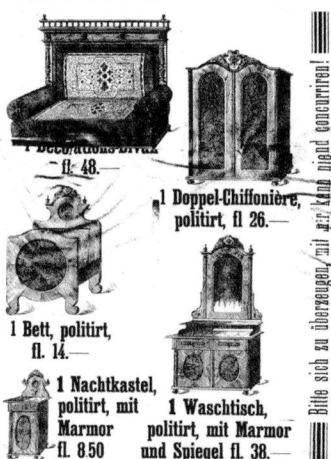

1 Doppel-Chiffonière, politirt, fl 26.—
1 Bett, politirt, fl. 14.—
1 Nachtkastel, politirt, mit Marmor fl. 8.50
1 Waschtisch, politirt, mit Marmor und Spiegel fl. 38.—

Bitte sich zu überzeugen, mit uns kann niemand concurriren!

Wilhelm Pirchl,
Herzog Friedrichstraße Nro. 40.

212   15

empfiehlt zur geneigten Abnahme:

Tabak, Zigarren, Stempel & Briefmarken.
Echt importirte Havanna-Zigarren.

In- und Ausländer
Weine in Flaschen.
Lager von französischen und steirischen Liqueurs,
alten Cognac und superfeinsten Jamaica-Rum.

Café's feinst Mocca, echt braun Java, Menado, Martinique, Cuba, Pori, Surinam, Ceylon, blau, blond, gelb u. grün, Java, Domingo, Santos.

Frisch mit Dampf gerösteter
Feinst Surinam-, Cuba-, Ceylon-, Menado- und Domingo-Café.
Bei Abnahme von 10 Pfund wird jede beliebige Sorte Café geröstet.

Mehl-Niederlage
aus der
Velenceer Anna Dampfmühle Nyèck.

Frische Znaimer-Essiggurken
in ⅛ Eimer-Fäßchen und en detail.

Häringe und Sardellen,
Astice (Hummer), Champignon, Elbe Caviar, Haricôts verts, Krebsschweife, Mixed Picles, Onions, Petits pois, l'iselli, französische Trüffel, Sardines de Nantes.

Englische Fleisch- und Wild-Saucen in Gläser.
Käse: echten Emmenthaler, Limburger, Münster, Schachtel, Parmesan, Romatour, fetten Schweizer, Straßburger, Neuschateler.

Großer Ausverkauf
bei
S. Graubart,
2 Karlstrasse 2.

Wegen Ueberfüllung des Lagers werden circa
3000 Paar Schuhe
zum Selbstkostenpreise abgegeben.
Starke Herren-Leder-Zugstiefletten von fl. 2·80 per Paar,
„ Damen-Leder-Zugstiefletten „ 2·60 „
„ Kinderschuhe „ 50 „
2730   Specialist in Hunia-Tuchschuhe.   0—6

Zeitungsannoncen (*onb anno*)

Zeitungsannoncen (*onb anno*)

Die alte Kohlstadt, ein rauchendes und übelriechendes Gewerbegebiet, stieg zum Wohnviertel *Dreiheiligen* auf. Die einstmals auf freier Wiese stehende *Siebenkapellenkirche* Gumpps und das maximilianische *Zeughaus* machen sich hier wie Fremdkörper aus. Nach Süden hin dehnte sich die Stadt auf den 1904 eingemeindeten Stadtteil *Pradl* aus, wo noch einzelne Bauernhäuser an den dörflichen Ursprung erinnern. Der Stadtteil *Wilten* mit dem großen *Prämonstratenser-Kloster* reicht bis an den Bergisel. Hauptachse war hier die *Andreas-Hofer-Straße*, die zum *Westbahnhof* und weiter zur alten Brennerstraße führte. Anschließend an den *Hofgarten* leisteten sich wohlhabende Innsbrucker Ende des 19. Jahrhunderts ein Villenviertel, den Stadtteil *Saggen*. Hier steht am Martin-Luther-Platz auch die evangelische *Christus-Kirche*. Zum Bahnviadukt hin verdichtete man die Bauweise zum *Blocksaggen*, Wohnanlagen mit begrünten Innenhöfen, die ein wenig an den Sozialwohnbau des *Roten Wien* erinnern.

Neben der Altstadt haben, jenseits des Inns, die Stadtteile *Hötting, St. Nikolaus* und *Mariahilf* ihr altes Aussehen wenigstens in Teilen in die Gegenwart gerettet. Das Häusermeer der Stadt erreichte zunehmend auch Umlandgemeinden wie *Amras* im Süden oder *Mühlau* und *Arzl* im Norden. Auf die *Hungerburg* und ins südliche Mittelgebirge baute man eine Berg- beziehungsweise Lokalbahn, womit auch der Luftkurort *Igls* dem Tourismus offenstand. Innsbruck zählte um 1900 rund 50.000, zehn Jahre später 65.000 Einwohner.

Saggen-Villen (*SA*)

Stadtimpressionen: Fensteridylle –
Klosterkirche Zur ewigen Anbetung 1895 (*SA*)

Stadtimpressionen: Ländliche Ecke in Altpradl – Saggen (*SA*)

Nach verlorenem Ersten Weltkrieg und dem Untergang der Habsburgermonarchie wurden die historischen Länder, die Erzherzogtümer Österreich ob und unter der Enns, die Herzogtümer Kärnten, Steiermark und Salzburg, die Gefürstete Grafschaft Tirol und das Land Vorarlberg souverän. In Innsbruck konstituierten sich am 25. Oktober 1918 deutsch-tiroler Reichsrats- und Landtagsabgeordnete zur *Tiroler Landesnationalversammlung*. Sie setzten als Vollzugsorgan einen 20-köpfigen *Tiroler Nationalrat* ein. Um die Landeseinheit und damit Südtirol vor der Annexion durch Italien zu retten, erhoben sich Stimmen, Tirol als selbständigen, neutralen Alpenstaat zu errichten oder sich Bayern anzuschließen

Am 12. November 1918 riefen in Wien die deutschsprachigen Abgeordneten des nicht mehr existierenden Reichsrats als *Provisorische Nationalversammlung* die *Republik Deutschösterreich* aus. Die historischen Länder erklärten in der Folge freiwillig ihren Beitritt zur neu entstandenen Republik, nachdem sich Staatskanzler Renner darum bemüht hatte. Artikel 2 des *Österreichischen Bundes-Verfassungsgesetzes* bestimmt daher, dass der Bundesstaat aus den selbständigen Ländern gebildet wird. Im *Friedensvertrag von Saint Germain* vom 10. September 1919 dekretierten die Siegermächte jedoch die Teilung Tirols und die Brennergrenze. Das *Selbstbestimmungsrecht der Völker* Präsident Wilsons galt auch für Tirol nicht. Damit begann der lange Leidensweg des Landes im Gebirge (▶ *Andreas Hofer-Kapitel, 211*).

Nachdem kaum jemand an die Lebensfähigkeit der jungen Republik glaubte, stimmten am 24. April 1921 in einer Volksabstimmung 99,77% der Tiroler für den Anschluss an das Deutsche Reich. Die Siegermächte, allen voran Frankreich, unterbanden jedoch alle weiteren Schritte in diese Richtung.

Kaiser Karl und Erzherzog Eugen im Jänner 1917 in Innsbruck am Weg an die Südfront
(SA)

Der letzte Kaiser des alten Österreich, Karl I., besuchte als Erzherzog und später als Monarch und Oberbefehlshaber der k.u.k. Armee auf seinen Inspektionsreisen an die Südfront mehrfach Innsbruck. Am 18. Jänner 1917 abends, knapp zwei Monate nach der Thronbesteigung, reisten er und seine Gattin in die Landeshauptstadt, um nach alter Tradition die Erbhuldigung der Gefürsteten Grafschaft Tirol entgegenzunehmen. Die Innsbrucker Nachrichten berichteten am 20. Jänner über das große Ereignis:

„Punkt 8 Uhr früh begann vom Bahnhofplatze aus der Einzug in die Stadt und in die Burg, wo die Würdenträger des Herrscherpaares harrten. Das Kaiserpaar trat durch das Hauptportal des festlich geschmückten Bahnhofgebäudes auf den Platz. Als die Menge seiner ansichtig wurde, brach lauter Jubel los und durch die dichten Reihen der Menschenmengen in den Straßen ging so die freudige Botschaft: Das Kaiserpaar naht!

Fast auf den Tag genau zwei Jahre später war die kaiserliche Familie wieder in Innsbruck. Die Umstände hatten sich jedoch gänzlich geändert. Der Erste Weltkrieg war verloren, der Kaiser hatte auf die Regierung verzichtet. Zur Abreise des Exkaisers Karl nach der Schweiz schrieb die *Salzburger Chronik für Stadt und Land* am 25. beziehungsweise die *Reichspost* am 27. März 1919:

„*So vollzieht sich nach 600jähriger Herrschaft sang- und klanglos der Auszug der Habsburger aus Oesterreich. Es ist eine seltsame Fügung, daß der letzte Herrscher des Habsburger Geschlechtes seine Zuflucht in einem Lande sucht, woher einst der erste deutsche Kaiser aus dem Habsburger Geschlecht gekommen ist.*"

„*Der Zug, der Kaiser Karl und die kaiserliche Familie in die Schweiz führte, ist in Innsbruck am Montagmittag eingetroffen und hatte zwanzig Minuten Aufenthalt. Angekündigt als Sonderzug einer englischen Mission, bildete eine Anzahl englischer Bewaffneter seine Begleitung. Während des Innsbrucker Aufenthaltes verließ von der kaiserlichen Familie nur Erzherzogin Maria Josefa für kurze Zeit den Waggon. Der Kaiser wurde einige Augenblicke am Fenster sichtbar. Die kaiserlichen Kinder, die sich ständig an den Fenstern befanden, sahen blaß und zart aus.*"

Nach 645 Jahren Herrschaft Habsburgs in Österreich und 555 Jahren in Tirol erfuhr das stolze Motto Kaiser Friedrichs III. aus dem 15. Jahrhundert eine Neuinterpretation:

AEIOU = **A**lles **E**rdreich **I**st **O**esterreich **U**ntertan!
AEIOU = **A**m **E**nd **I**s **O**llas **U**msonst!

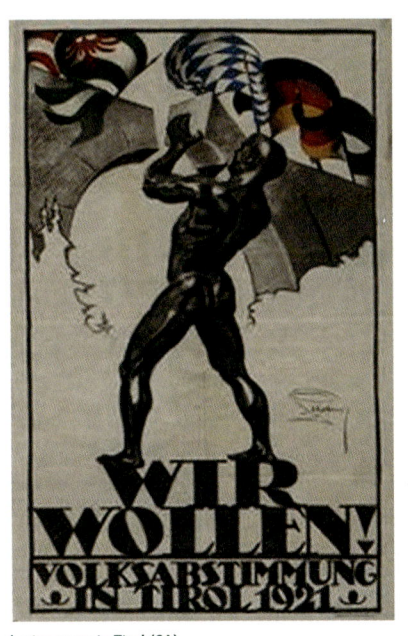

Postbüchl 1918/19 – Volksabstimmung in Tirol (SA)

KAISER MAXIMILIAN I. – LETZTER RITTER, ERSTER KANONIER

Altstadt – Goldenes Dachl – Hofkirche

Max

Maximilians Großeltern waren imponierende Gestalten. Ernst der Eiserne, ein Herkules, legte seine Ritterrüstung nur fürs Beilager ab. Cymburg von Masowien, eine Schönheit, stemmte Heuwagen und zerbrach Hufeisen mit bloßer Hand. Sagte man wenigstens. Sein in Innsbruck geborener Vater, Kaiser Friedrich III. galt demgegenüber als *des Heiligen Römischen Reiches Erzschlafmütze*. Sein Haus Habsburg führte er allerdings zielstrebig nach dem Motto AEIOU – *Alles Erdreich ist Österreich untertan!* Maximilians Mutter Eleonora war von ganz anderer Wesensart als der verschlossene, zaudernde Vater. Von ihr erbte er den offenen Blick für die Welt.

Maximilian kam am 22. März 1459 in Wiener Neustadt im Zeichen des Widders zur Welt. Menschen dieses Sternkreiszeichens wird ein starker Wille zugeschrieben, es sind Einzelkämpfer und prädestinierte Anführer. Sie wollen hoch hinaus, lieben den Wettkampf, stellen sich Herausforderungen und lassen sich durch Niederlagen nicht entmutigen. Nicht überraschend daher Maximilians Wahlspruch: *Per tot discrimina rerum – Durch so viele Gefahren*. Maximilian wurde zum Inbegriff eines glänzenden und vielschichtigen Herrschers am Übergang vom Mittelalter zur Renaissance.

Humanistische Gelehrte und ritterliche Haudegen formten Maximilian zum gebildeten und kühnen Mann, der in sieben Sprachen parlierte, reiten, schießen, schwimmen, klettern, ringen, tanzen und hofieren konnte. Die Jagd, schöne Frauen, luxuriöse Waffen, edle Pferde, und teure Bücher blieben seine Leidenschaft, ein Leben lang. Er war freigiebig, hatte Humor, war volkstümlich, hatte Sinn für Repräsentation und liebte das verschwenderische Leben. Geld zerrann ihm zwischen den Fingern. Unbeständigkeit, Ungeduld, zuweilen Gewalttätigkeit, Anflüge von Melancholie und oft viel zu hochfliegende Pläne waren Kehrseiten seines unruhigen Charakters.

Maximilian wurde in bewegten Zeiten geboren, mit Kriegen, Hungersnöten und Seuchen. Das Volk suchte sein Heil bei Gott und der Heiligen Mutter Kirche. Auch Maximilian war ein gläubiger Mensch. Er selbst erlebte traumatische Gewalt schon als dreijähriger Junge, als sein Onkel die kaiserliche Familie 1462 in der Wiener Burg aushungerte. Und Kriege begleiteten Maximilian sein ganzes Leben lang. Um ihn drehte sich die Welt, ein neues Zeitalter brach an. Sechs Jahre vor Maximilian wurde Leonardo da Vinci, fünf Jahre nach ihm Galileo Galilei geboren. 1453 erschütterte die Eroberung von Byzanz durch die Osmanen die Welt. In Florenz überragte Brunelleschis Kuppel die Stadt. Und als Martin Luther geboren und Cristoforo Colombo Amerika entdeckte, stand Maximilian in seinen besten Jahren.

Der Schluchtenscheißer am *Goldenen Dachl*, 1500 (*SA*)

Der sechsjährige Max mit seinem Lehrbuch, 1466 (*Faksimile/ONB*)
Drei Landesfürsten: Maximilian, Friedrich III. als Hofnarr und Siegmund der Münzreiche, 1500 (*Museum Goldenes Dachl/SA*)

Maria und Bianca

Wo finden wir für den Max eine passende Braut? So dachten sich seine Eltern als der Bub den Kinderschuhen entwuchs. Es fügte sich gut, dass ein anderer prominenter Vater vor derselben drängenden Frage stand. Der Burgunderherzog Karl der Kühne strebte nach der Königskrone und der abgebrannte Friedrich suchte eine Schwiegertochter mit stattlicher Mitgift. Den Königstitel konnte der Kaiser verschaffen, die Mitgift der Burgundertochter war unüberbietbar. Zudem war Maria Karls einziges Kind und so winkte das burgundische Erbe. Eine Hand wäscht die andere, dachten sich Kaiser und Herzog und die Hochzeit wurde beschlossen. Die Eheschließung erlebte der Herzog nicht, er fiel in einer Schlacht gegen die Schweizer.

Karl der Kühne war der glanzvollste Herrscher des glanzvollsten Reiches der Zeit. Am Burgunderhof zelebrierte man eine märchenhafte, anachronistische Ritterkultur, der Maximilian auch gleich verfiel. Doch Karls des Kühnen Ehrgeiz überspannte den Bogen. Ungeschlachte Schweizer Landsknechthorden mit langen Hellebarden machten den hochfliegenden Plänen des edlen Burgunderherzogs, seinem glänzenden Ritterheer und schließlich auch seinem Leben 1477 ein gewaltsames Ende. Maria war nun die beste Partie Europas. Maximilian ritt sofort los. Den Burgunderzug beschrieb er Jahre später im Abenteuerepos *Weißkunig*.

Der junge kühne Maximilian machte in Burgund *bella figura* – auch weil ihn Maria burgundisch einkleiden ließ. Das Fürstenpaar verlebte fünf glückliche Jahre, bis 1482, als Maria bei der Jagd vom Pferd stürzte und verschied. Maximilian focht mit dem französischen König Jahre um seine burgundische Herrschaft. Als österreichischer Erzherzog, Herzog von Burgund, Steiermark, Kärnten und Krain sowie Gefürsteter Graf von Tirol schon ein mächtiger Fürst, wurde Maximilian 1486 zum Deutschen König gewählt. 1508 nahm er in Trient noch den Titel eines erwählten Römischen Kaisers an. Er konnte nicht nach Rom ziehen, da die Venezianer ihm den Weg versperrten. Damit hatte er die Spitze der Machtpyramide erreicht.

Zu Maximilians zweiter Gattin, Bianca Maria Sforza, gibt's nicht viel zu erzählen. Sie war hübsch, unbedarft und eine glänzende Partie. Land brachte sie keines mit, dafür eine Mitgift von 440.000 Golddukaten. Die Eheschließung brachte ihrem Onkel Lodovico von Mailand 1493 zugleich den Herzogstitel ein. Maximilian liebte und schätzte die kinderlose Bianca nicht und tröstete sich anderweitig. Als der Herzog 1500 in französische Gefangenschaft geriet und als Geldgeber ausfiel, verlor Maximilian das letzte Interesse an seiner Gattin. Er kam 1510 nicht einmal zu Biancas Begräbnis, ein sehr schäbiger Zug. Sie soll an Dürrsucht gestorben sein.

Maximilian mit Bianca und Maria am Goldenen Dachl
Maximilian (*Museum Goldenes Dachl/SA*)

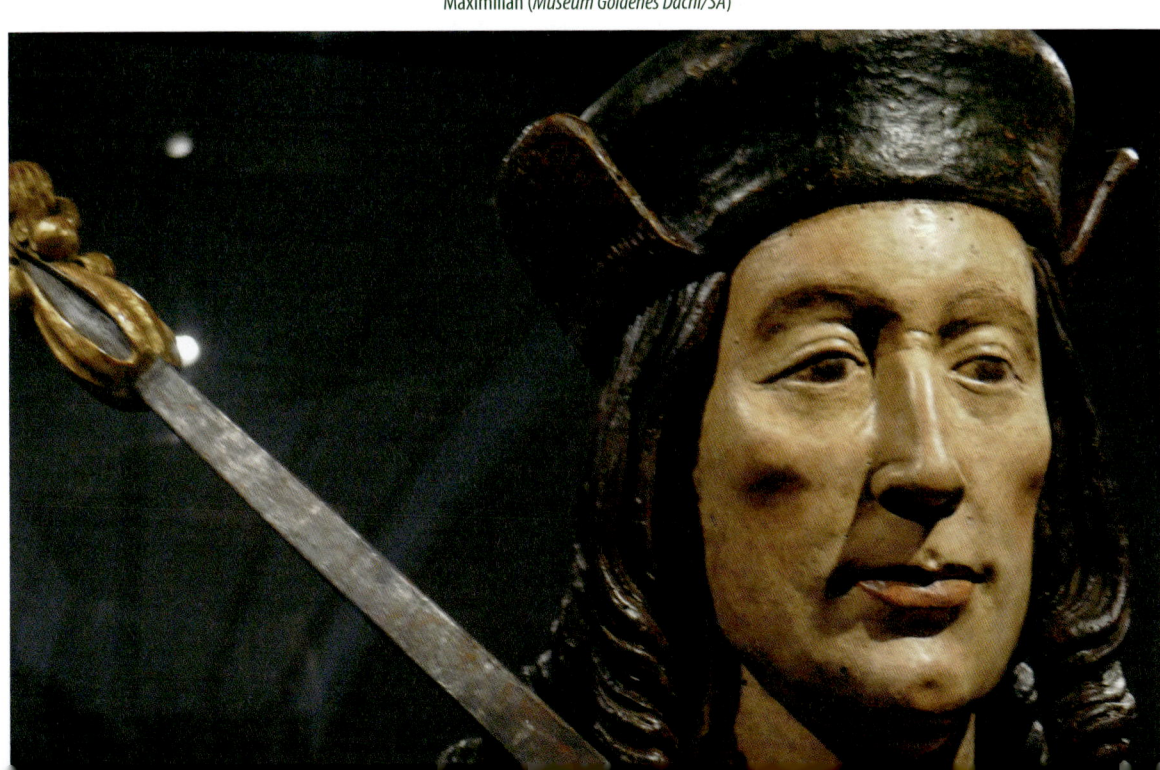

Der Medienkaiser

Er hätte *twitter* und *facebook* sicher exzessiv genutzt, Maximilian I., Kaiser, König, Fürst, Erzherzog etc. etc. Und wie ein amerikanischer Präsident Jahrhunderte nach ihm, hatte auch er mit *alternativen Fakten* kein Problem. Denn er wusste genau: *Wer sich zu Lebzeiten kein Gedächtnis macht, ist beim letzten Schlag des Sterbeglöckleins vergessen.* Seine *Social-Media-Plattform* hieß Johannes Gutenberg, Schöpfer des modernen Buchdrucks.

Maximilian war sein eigener, höchst rühriger und erfolgreicher *Public Relations Manager*. Er polierte seinen Stammbaum auf, textete selbst, entwarf Bildprogramme, spiegelte sich in Heldenepen und beschäftigte die bedeutendsten Künstler und Wissenschaftler seiner Zeit, um sein Leben, seine Visionen zu verbreiten. Zu seinem *Verlagsprogramm* zählte ein Gebetbuch, vier autobiographische Schriften, eine in Latein, dazu die fiktiven Ritterepen *Theuerdank*, *Weißkunig* und *Freydal*.

Dazu kamen monumentale Druckgrafiken wie die aus 192 Holzschnitten zusammengesetzte *Ehrenpforte*. Nach Art eines antiken Triumphbogens inszenierte Maximilian sich und seine Reichsidee auf 3 x 3,5 Metern monumental. Sein *Triumphzug* sollte noch großartiger werden. Auf 210 Holzdrucke angelegt, hätte das Werk bei einer Höhe von fast einem halben Meter wohl eine Länge von über 100 Metern erreicht. Eine burgundische Hochzeit, zwei Dutzend kaiserliche Kriege, unzählige Schlachten und Belagerungen, sein Hof, seine Länder, Fahnen, Hellebarden, Kanonen, Schwerter und Büchsen, Musikinstrumente, Ritter, Landsknechte, schöne Frauen, ein Staatsschatz und seine grandiose Person natürlich, benötigten Platz, viel Platz. Die erhaltenen 54 Meter, nachträglich koloriert, zeigen die erstaunliche Welt des grandiosen Kaisers. Auch wenn der *Triumphzug*, wie anderes auch, Stückwerk blieb.

Maximilian dachte an alles, und so *erfand* er für sein Versepos *Theuerdank* sogar eine eigene Schrift. Die Lohnschreiber hatten des Kaisers mannigfaltige Ruhmestaten in edle Reimform zu gießen und spannend auszuschmücken; die Maler und Grafiker seine Person in leuchtendes Gloriolenlicht zu rücken. Hans Burgkmeier d.Ä., Albrecht Altdorfer, Jörg Kölderer und sogar der große Albrecht Dürer ließen sich für Maximilians Propagandaprojekte einspannen. Sie waren wohl alle verzaubert vom Charisma des Kaisers, seiner Fantasie und der Energie, mit der er seine imperiale Selbstdarstellung vorantrieb. Finanziell hat es sich für sie zuweilen wohl nicht gelohnt, war Maximilian doch meist *abgebrannt*. Dabei sein ist alles, war wohl ihre Devise.

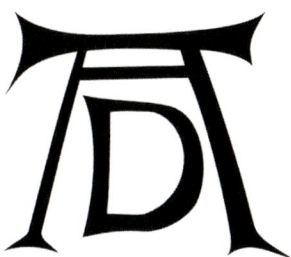

Der alte Maximilian aus der Sicht Albrecht Dürers, 1518 (*wikimedia commons/Albertina*) – Der Weißkunig Maximilian im Atelier von Hans Burgkmaier (*Faksimile/ONB*)

Innsbruck

Als Maximilian 1489 aus Burgund zurückkehrte, war er im besten Mannesalter, Witwer, erfahrener Kriegsherr und hatte in Burgund nicht nur eine dekadente, dem Untergang geweihte Ritterkultur, sondern auch ein modern verwaltetes, zukunftsweisendes Gemeinwesen mit reichen Handelsstädten kennengelernt. Den Fortschritt wollte er auch für seine Länder.

Maximilian war gewohnt, sein Reich vom Sattel aus zu regieren. Er hielt in vielen Residenzen sein Hoflager, am liebsten jedoch in Augsburg und Innsbruck. Beides hatte auch pekuniäre Gründe, denn Maximilian benötigte für seine verschwenderische Hofhaltung, seine hochfliegenden Kunstprojekte und 27 Kriege, die er während seiner Herrschaft führte, ständig Unmengen Geld. Die Reichsfürsten ließen ihn hängen. In Augsburg konnte er in die gefüllten Truhen seiner Hausbankiers, Fugger und Welser greifen. In der Gefürsteten Grafschaft Tirol machten ihn die Berge reich. Aus den Schwazer Gruben gewann er Silber und Kupfer; in Hall Salz, das *weiße Gold*, und alles in überreichem Maß.

In Zeiten aufstrebender Städte und triumphierender Landsknechthorden war mit mittelalterlicher Feudalkultur kein Staat mehr zu machen. Maximilian setzte in Innsbruck auf moderne Behörden, Regiment und Kammer, dazu ernannte er fähige Beamte für Finanz und Justiz. Er erließ zeitgemäße Gesetze, von einer Bergordnung bis hin zur Fischerei. Und als sich die Reformen bewährten, übertrug er sie auf seine Erbländer. Zentralismus statt Kleinstaaterei war angesagt, sehr zum Verdruss der Landstände, des Klerus, des Adels der Bürger und der Bauern.

Auch bei der Kriegsführung beschritt Maximilian in Tirol neue Wege. Mit dem Landlibell 1511 verpflichtete er die Bewohner – auch die Bauern – ihr Land selbst zu schützen. Dafür, aber auch für seine sonstigen Unternehmungen, ließ er in Innsbruck modernste Geschütze gießen, Rüstungen plattnern, Schwerter, Lanzen, Hellebarden, Büchsen fertigen. Alle diese Mordwaffen ließ er in Zeugbüchern säuberlich verzeichnen, und lagerte sie dann im eigens um 1500 errichteten Zeughaus.

Und auch Innsbruck sollte sich seiner würdig erweisen. Dank Meister Türing überzog die Gotik das Stadtbild, kreuzrippengewölbte Arkadengänge, hohe schlanke Häuser mit Erkern und Spitzgiebeln. Seine Hofburg erhielt einen hohen Wappenturm. Und als Loge für Turniere und andere Belustigungen baute er für sich und seine Gäste einen Prunkerker mit Reliefs und Fresken. Und damit ihn ja alle beneideten, versah er ihn mit vergoldeten Kupferschindeln – sein *Goldenes Dachl*.

Wappenturm 1499 (*Museum Goldenes Dachl/SA*)
Albrecht Dürers Aquarelle der Hofburg 1496 (*wikimedia commons/Albertina*)

Der letzte Ritter

Maximilian war ein unverbesserlicher Romantiker. In seinen fantastischen Rittergeschichten erlebte er als fiktiver Held *Theuerdank*, *Weißkunig* und *Freydal* unzählige Abenteuer. Im realen Leben führte er Kriege und veranstaltete Ritterturniere. Dafür benötigte man eine glänzende Rüstung, eine phantastische Helmzier, ein edles Ross und eine ebensolche Dame, deren Farben man dann stolz trug. Turniere waren wie Autorennen, auch sie kosteten eine Stange Geld. Die Rüstungen unterlagen der Mode und für den Tragekomfort sorgten Plattnermeister, deren Fertigkeit Modeschöpfern von heute um nichts nachstand.

Weißkunig, Maximilians alter ego im gleichnamigen Ritterepos, lässt in *Insprug* eine große Plattnerei errichten. Doch leider war das Wissen verloren, vor Armbrustbolzen schützende Harnische zu schmieden. *Weißkunig* löste das Problem, im Epos wie im täglichen Leben. Standen Harnischwerkstätten in Augsburg und Nürnberg für Massenware, lieferte Maximilians Innsbrucker Plattnerei mit ihren Paradeharnischen Luxus pur. Seine Stars unter den Harnischmeistern waren die Brüder Hans und Konrad Seusenhofer. Die Hofplattnerei lag in der Neustadt.

Ihre Meisterstücke waren teure Statussymbole für Maximilian und seine Freunde. So sandte er Heinrich VIII. von England einen prunkvollen Faltenrockharnisch, dessen edle Verzierungen alleine 264 Gulden verschlangen. Seusenhofer musste drei Jahre auf sein Geld warten. Zum Vergleich: Maximilians Hofplattnerei hatte ein Jahresbudget von 1.000 Gulden, 200 für den Meister selbst, 530 für sechs Gesellen, vier Polierer und zwei Plattnerbuben, dazu 100 Gulden für Holz und Kohle, sowie 170 Gulden fürs Material. Die Stahlplatten fertigten eigene Schmieden.

Mit einem Feldharnisch geschützt, konnte der geübte Ritter ohne Hilfe auf das und vom Pferd steigen und war im Kampf beweglich. Nicht so im Turnierkampf. Die Stechzeuge mit fix montierten Helmen wogen über 40 Kilo, die Sehschlitze waren schmal. Man ritt aufeinander los und suchte den Gegner mit stumpfer Lanze aus dem Sattel zu werfen. Das Stechen war die Königsdisziplin jedes Turniers. Der Unterlegene verlor nicht nur Waffen, Rüstung und Pferd sondern zuweilen Gesundheit und Leben. Erfolgreiche Turnierreiter konnten umgekehrt nicht schlecht davon leben.

Ende des 15. Jahrhunderts zog Maximilian einen regelrechten Turnierzirkus auf. Dafür schuf er unterschiedliche Regeln und Ausrüstungen. Um zu sparen, kamen nun Harnischgarnituren in Mode, die universell einsetzbar, aus bis zu 100 Einzelteilen bestanden.

Maximilian forcierte die Turniervariante des Rennens. Das Rennzeug war wesentlich leichter und erheblich billiger. Der Gegner sollte im Treffen aus dem Sattel geworfen, oder sein Schild, die Renntartsche, abgerissen oder zersplittert werden. Beides sah spektakulär aus und freute die Zuschauer. Da die Lanzen spitz waren, galt das Rennen als sportliche Mutprobe für Ritter. In seinem Turnierbuch *Freydal* dokumentiert Maximilian seine unzähligen Siege und die daran anschließenden Mummereien. Es ist auch ein *who is who* des ritterlichen Turniersports.

Gute Harnische waren ergonomisch geformt und auch erstaunlich beweglich. Die NASA untersuchte bei der Entwicklung ihrer Raumanzüge Rüstungen von Heinrich VIII. Darunter war wohl auch jene der Seusenhofer aus Innsbruck.

Freydal, das alter ego Maximilians, siegte immer (*Faksimile/KHM*)
Rüstung Kaiser Maximilians (*Museum Goldenes Dachl/SA*)

Der erste Kanonier

Maximilian hatte als erster Kanonier bildlich gesprochen den letzten Ritter auf dem Gewissen. Der Kaiser stand an einer Epochenwende. Das feudale Vasallenwesen lag in den letzten Zügen. Adelige Ritterheere unterlagen nun immer häufiger angeworbenen Landsknechten. Und auch die glänzenden Harnische versagten gegen Feuerwaffen und Kanonen.

Um 1500 hatte der Bronzeguss aus Innsbruck europäischen Ruf. Peter und Sohn Gregor Löffler und weitere Meister schufen in ihren Werkstätten Kunstwerke, Kirchenglocken, vor allem aber moderne Kanonen. Kupfer, Abfallprodukt im Silberbergbau und Hauptbestandteil des Bronzegusses, bezog man aus Schwaz. Dazu kamen Zinn, Zink, Blei, Holzkohle … die Gussgeheimnisse hüteten die Löfflers wie Augäpfel, waren Geschütze aus ihrer Gießerei doch die präzisesten und schönsten High-Tech-Waffen der Zeit. An ihnen zeigten auch andere Herrscher großes Interesse. Sie setzten daher alles daran, in ihren Besitz zu kommen. Auch Werkspionage war gang und gäbe.

Imposant aber unpraktisch waren dagegen die alten, schmiedeeisernen Steinbüchsen. Maximilian trennte sich daher von der *Wunderlichen Dirn* oder der *Wilden Gret* und ließ sie einschmelzen. Feldgeschützen aus Bronze, in Serie gegossen, gehörte die Zukunft. Die Zeugbücher Maximilians zeigen den ganzen Stolz des Kaisers, Hauptstücke, Kartaunen, Feldschlangen, Falkonen, Mörser und weitere Typen.

Die Geschützgießer wussten um ihren Wert. Als der Kaiser Peter Löffler, Jörg Seelos, und Jörg Endorfer als Artilleristen gegen Venedig rief, weigerten sich die betuchten Geschützgießer. Für den Kriegsdienst gaben sie sich nicht mehr her und Maximilian musste sich beugen.

Was maximilianische Belagerungsgeschütze tatsächlich konnten, ahnte der Kufsteiner Festungskommandant wohl nicht. Er war ein Verräter, hatte er doch Stadt und Burg 1504 kampflos den Bayern überlassen. Die Stadt war stark befestigt, die Burg praktisch uneinnehmbar, er fühlte sich sicher. Doch Machtmenschen wie Maximilian verzeihen den Verrat nicht.

Nach einer Woche Beschuss ergab sich die Stadt. Der Burghauptmann blieb unbeeindruckt, Maximilian zum Spott kehrte er persönlich den Staub der Steinkugeln von den Mauern. Nun sandte Maximilian nach *Purlepauß* und *Weckauf*, seinen größten Kanonen. Diese konnten Eisenkugeln mit 100 kg Gewicht verschießen. Erfolgreich, wie der Burghauptmann bald feststellen musste. Das Kriegsgericht legte ihm und 17 Mitstreitern das Haupt vor die Füße. Maximilian sah ungerührt zu. Er schreckte zuweilen auch vor Grausamkeiten nicht zurück.

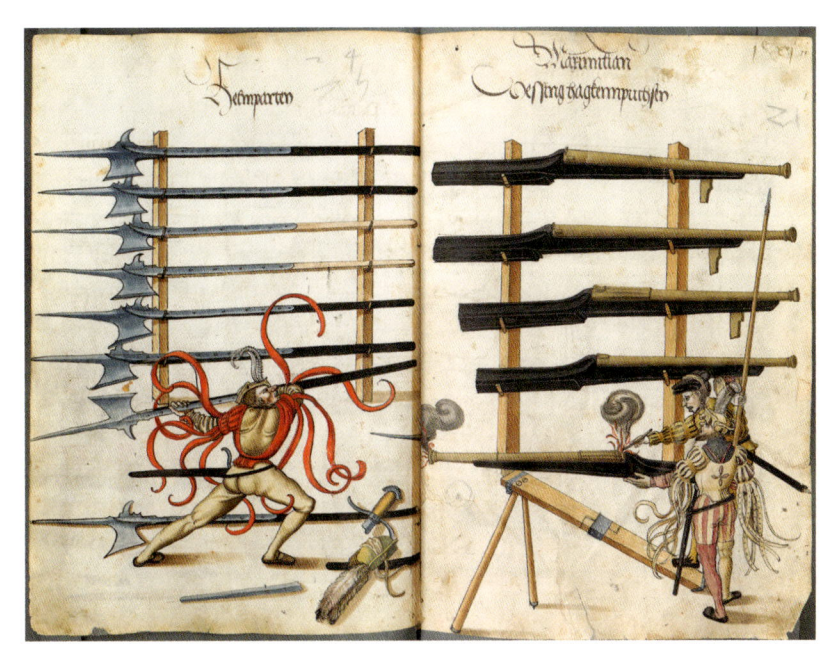

Maximilians Waffenarsenal in den Zeugbüchern (*Bayerische Staatsbibliothek cod. icon.222/MDZ*)

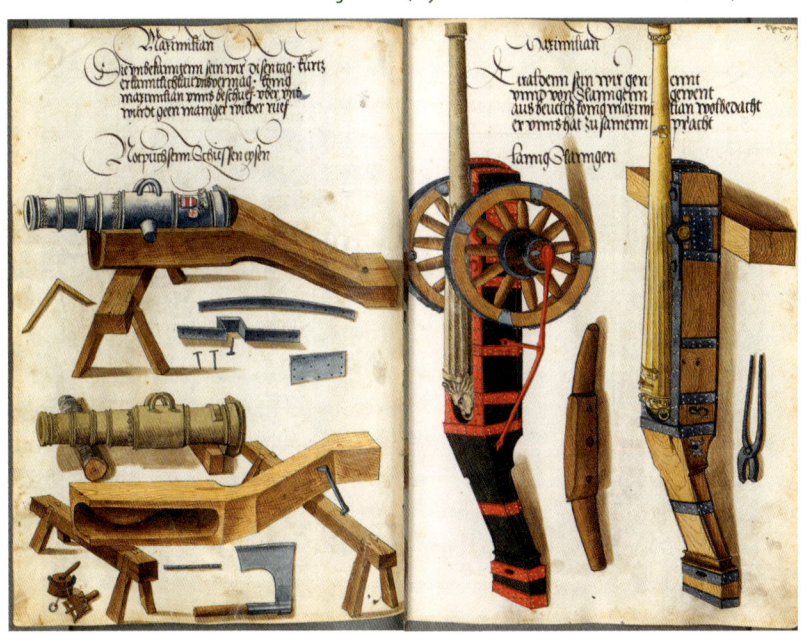

Mummereien

Maximilian war ein mäßiger Esser und Trinker – eine der wenigen Lebensbereiche ohne kaiserliche Exzesse. Ansonsten genoss der Herrscher das pralle Leben. Seine unzähligen *Schlafweiber* schenkten ihm wenigstens 14 uneheliche Kinder. Maximilian war ein Renaissancemensch. Er vergnügte sich auf Turnieren, Festen und Jagden, liebte Tanz und Musik. Freydals Inszenierungen waren Bühnen seiner höfischen Welt.

Doch auch das Volk kam dabei nicht zu kurz. Die Stadt war bei Festen mit Fackeln hell erleuchtet, zuweilen gab es ein Feuerwerk. Neben Turnieren vor dem *Goldenen Dachl* und am Rennplatz vor der Hofburg veranstaltete Maximilian regelmäßig Tanzfeste. Da spielten dann seine Musiker, Pfeifer und Paukenschläger zum allgemeinen Ergötzen. Maximilian liebte es, sich unters Volk zu mischen. Galant reichte er zu solchen Gelegenheiten auch bürgerlichen Damen die Hand, und wenn sie hübsch waren, auch seine Gunst, erotische Gedanken wohl inbegriffen.

Hoffeste dauerten meist mehrere Tage und boten Lustbarkeiten unterschiedlichster Art. Bei Mummereien, Maskenfesten nach dem Kampfspektakel von Stechen und Rennen, war Fantasie angesagt. In bunten Kostümen flanierten die Festgäste dann in den Sälen oder beobachteten von Logen aus das Spektakel. Anmut und Schönheit, eine einsame Dame wartete erwartungsvoll auf einen Begleiter, es wurde getanzt, geflirtet, geküsst, getratscht und bewundert. *Freydal* inszenierte.

Die Bilder seines Turnierbuches quellen über von bizarrsten Verkleidungen. Ekstatische Musiker, wild umher wirbelnde Tanzgruppen, grell Gestreiftes war angesagt, längs und quer. Narren, Flammengewänder, Federhüte, Schnabelschuhe, dicke Tölpel, Gelehrte, Vogelwesen mit Schnäbeln, Riesen, ein Zelt mit Affen, Prinzessinnen, Schaukämpfe, wilde Türken mit dunkelgeschminkten Augen, Italiener, Russen, Spanier und andere bevölkern die Szenen. Durchsichtige Masken tragen nur die Kavaliere. Auch in Gärten wird getanzt und am *Goldenen Dachl* verrenken sich Moriskentänzer die Glieder. Hofschneider Trummer hatte alle Nadeln voll zu tun.

Maximilians Hofkapelle bestand aus *trumetter, paugkern, geygern, luttenschlagern* Organisten, Pfeifern und Sängern, die für Kurzweil bei Festen und Ergriffenheit bei religiösen Zeremonien zu sorgen hatten. Musik war bei Festbanketten wesentlicher Teil des Pläsiers. Auch hier war *Freydal* der kreative Geist hinter den Spektakeln. Zwischenspiele, Hofnarren und Akrobaten, Feuerspeier, Zauberer, Possenreißer und Geschichtenerzähler ergötzten und sorgten für Staunen, Gruseln und Lachen. Till Eulenspiegel hätte hier gute Figur gemacht. Vor allem aber sollten die Gaukler Durst und Appetit anregen.

Anlässe für opulente Veranstaltungen gab es viele, Geburten, Hochzeiten, Siege, Gottesdienste, Begräbnisse. Auch hohe Fürstenbesuche lieferten Grund für Feiern und Feste, Repräsentation und Prachtentfaltung. Maximilian machte *Weltpolitik* in Innsbruck. Er empfing Gesandte des Dogen, des Papstes, des französischen Königs, ja selbst des osmanischen Sultans. Die Großen der Welt fühlten sich geschmeichelt, am Innsbrucker Hof auf Kosten des Kaisers schöne Tage und Wochen zuzubringen. Man fragt sich, wo Freydal, Weißkunig, Theuerdank, Maximilian all die Zeit hernahm – für Politik, Kriege, die Liebe, Feste und Spiele.

Freydals Mummereien *(Faksimile/KHM)*
Moriskentänzer am Goldenen Dachl *(Museum Goldesnes Dachl/SA)*

Fischen und Jagen

Maximilian schenkte seiner wenig geliebten Bianca Maria ein vergoldetes Falkenhäubchen aus Italien. Ohne Sicht blieb der Vogel still auf der Faust des Falkners sitzen. Die besten Jagdfalken kamen aus Zypern, Polen und Russland. Für adelige Damen war die Falkenbeiz ein höfisches Vergnügen. Bauern war dagegen bei schwerer Strafe untersagt, Wald und Berg mit Jagdwaffen zu betreten. 1503 ernannte Maximilian zum Schutz des landesfürstlichen Jagdprivilegs einen Obristjägermeister.

Für Maximilian war die Jagd eine Leidenschaft und Innsbruck, seine Residenz mitten im Gebirge, daher erste Wahl. In seinem *Geheimen Jagdbuch* von 1508 bestimmte er, wie Jäger bekleidet, Pirsch-, Hetz- und Falken-Jagden auszuüben, Hirsch, Gams und Steinbock in den Kochtopf zu bringen seien. Dazu benötigte der Waidmann Jagdschwert und Stachelbogen, eine hörnerne Armbrust, einen Degen, ein Schnittmesser, ein zähgestähltes Tillmesser zum Ausfällen der Gämsen; zur Bärenjagd einen guten Bärenspieß von ziemlicher Länge und einen Bergstock. Eine *grüne Hütte*, wohl ein Zelt, sollte vor dem Unbill des Wetters schützen.

Zu einer ordentlichen Hatz gehörten auch Treiber und zahlreiche Jagdhunde. Tragtiere beförderten auf eigens angelegten Pfaden alles das auf den Berg, was ein Jagdabenteuer zu einem unvergesslichen Erlebnis machte. Für Maximilian musste immer eine *kleine Bütte mit Gebratenem, Früchten, Käse, Brot und gutem Wein* mitgeführt werden. Nicht selten lud der Kaiser Gäste, Fürsten und Gesandte zur Jagd, um ihnen die Schönheit seiner Berge zu zeigen, vor allem aber, um als kühner Jägersmann Eindruck zu schinden. Jagden gaben dem einfachen Landmann aber auch Gelegenheit, mit dem volkstümlichen Kaiser persönlich zu sprechen und Bitten vorzutragen. Dafür standen immer Sekretäre und Räte bereit – anstrengende Dienstreisen für die hohen Herren.

Auch die Fischerei lag Maximilian sehr am Herzen, wie sein *Fischereibuch* von 1504 beweist. Zuweilen frönte er an einem Tag beiden Leidenschaften, der Jagd und dem Fischfang. Am Abend vergnügte er sich dann noch mit Frauenzimmern bei einem opulenten Bankett. Maximilian *erfand* auch den Fischbottich, um Fische frisch vom See auf den Tisch zu bringen. Wie es sich für einen berühmten Waidmann gehörte, ließ der Kaiser sich im Wappenhaus in Innsbruck die *Kürnstubn* für seine Trophäensammlung einrichten. Sein Hofmaler Kölderer malte den Raum mit *pamen, vogeln und klainen jägerlein* aus, wie es der Kaiser so liebte.

Jagd- und Fischereibücher Kaiser Maximilians (*Faksimile/ONB*)

Triumphzug

Krieg führen oder heiraten … Maximilian tat beides! Sein erster *Triumphzug* 1477, die *Burgundische Heirat*, legte die Latte nach allen Richtungen hoch – Maria von Burgund brachte ihm, beziehungsweise ihren gemeinsamen Kindern Philipp dem Schönen und Margarete das wirtschaftlich und kulturell blühendste Herzogtum Europas ein. Flandern, Brabant, reiche Handelsstädte, Antwerpen, Gent und Brügge fallen in die rechte Waagschale. Links dagegen ein 16-jähriger Krieg mit Frankreichs König um das burgundische Erbe. Maximilian handelte den Habsburgern damit eine Erbfeindschaft ein, welche die europäische Geschichte über Jahrhunderte prägt.

Der zweite *Triumphzug* Maximilians, die *Spanische Doppelhochzeit* von 1496, veränderte die Welt. Wieder kommen seine Kinder ins Spiel. Maximilian fädelte die Ehe seiner Tochter Margarete mit Don Joan, dem spanischen Thronfolger ein. Doppelt hält besser. Also verheiratete der Kaiser seinen Sohn Philipp gleich noch mit der spanischen Infantin Johanna der Wahnsinnigen. Joan starb jedoch einige Monate nach der Vermählung am Fieber. Margarete war Witwe und Bruder Philipp erwarb die Thronanwartschaft auf Aragon, Kastilien und Leon – und mit der Entdeckung Amerikas 1492 den Anspruch auf die spanischen Besitzungen in Übersee. Philipp starb 1506. Sein Sohn regierte als Karl V. ein Reich, in dem die Sonne nicht unterging.

Gegen Ende seines Lebens fädelte Maximilian schließlich seinen *dritten Triumphzug* ein, die *Jagellonische Doppelhochzeit* von 1515. Mit dieser wurde sein Reich zur *Donaumonarchie* und die Habsburger zur mächtigsten Dynastie des alten Europas. Jetzt war die Enkelgeneration am Zuge. Der römisch-deutsche Kaiser und der König von Ungarn und Böhmen beschlossen die Verheiratung ihre Kinder samt gegenseitigen Erbfalls bei Aussterben. Das ganze Projekt war voll Skurrilität. Maria, Tochter Philipps des Schönen, wurde nämlich schon 1506 mit dem noch gar nicht gezeugten Sohn des Ungarnkönigs vermählt. Bei der Wiener Doppelhochzeit 1515 wiederum war nicht klar, welchen Habsburgerenkel, Karl oder Ferdinand, die böhmisch-ungarische Königstochter Anna nun heiraten sollte. Also sprang Großvater Maximilian sicherheitshalber für beide als Platzhalter ein.

Die Hochzeitsfeierlichkeiten kosteten ein Vermögen, das Maximilian nicht hatte. Jakob Fugger sprang wieder einmal ein und finanzierte auch dieses Projekt des Kaisers. Dafür musste Maximilian die Schwazer Silber- und Kupferminen für sechs Jahre verpfänden.

Doch alles fügte sich bestens für Habsburg. Enkel Ferdinand heiratete Anna, der Ungarnkönig zeugte einen Erben, der dazu noch als 20-jähriger 1526 in der Schlacht bei Mohács gegen die Osmanen fiel. Ungarn und Böhmen waren, nach einigen Wirrnissen, letztlich für Habsburg gewonnen. Als Zugabe gab´s 265 Jahre Krieg gegen die Türken, die 1529 und 1683 vor Wien standen.

Gegenüber seinen Erfolgen als Heiratsvermittler waren Maximilians Kriegszüge gegen den französischen König, den venezianischen Dogen, den Papst, den Osmanischen Sultan, die Ungarn, die Schweizer, flandrische und oberitalienische Städte und deutsche Fürsten, trotz maximilianischer Propaganda, kaum unter die Triumphzüge zu reihen. Sie kosteten Unsummen, brachten viel Leid über die Völker und waren allenfalls von Teilerfolgen gekrönt. Maximilian, der letzte Ritter und erste Kanonier, ein tapferer und innovativer Feldherr, griff zu oft nach den Sternen.

Triumphzug Kaiser Maximilians (*Faksimile/ONB*)

Schwarze Mander und Weiber

Maximilian hatte es geschafft. Als der letzte Ton des Totenglöckchens verklungen war, hatte man ihn nicht vergessen. Schon deshalb nicht, weil er einen Berg von Schulden hinterließ. So beeindruckende Kunstwerke der Kaiser für seinen Nachruhm geschaffen hatte, vor seinen Schöpfer wollte er als einfacher, reuiger Sünder treten. Er verfügte daher als letzten Willen:

„Der Kaiser thäte die Verordnung, daß man seinem entseeltem Leichnam alle Haare abnehmen, auch alle Zähne ausbrechen, und dieselben auf dem Kirchhof mit feurigen Kohlen verscharren sollte. Ferner befahl er, seine Leiche einen ganzen Tag lang, mit entblöstem Angesichte allen Menschen, die es begehren würden, öffentlich vorzuzeigen, sich ihrer Sterblichkeit darbey zu erinnern. Im übrigen so sollte man seinen Körper geiseln, mit ungelöschtem Kalch in Leinwat einwickeln, darnach in weisses Seidengewand und Damast kleiden, in die schon längst verfärtigte Todten Lade einsargen, nach der Neustadt führen, daselbst in der Schloß Capelle unter dem hohen Altar S. Georgens, und zwar auf solche Weise besenken, daß Brust und Haupt hervorgehen, und der Priester, wann er Meß hielte, auf seiner Brust und Herzen zu stehen kommen möchte."

Viele seiner Visionen waren allerdings mit Maximilian ins Grab gesunken: Die Einheit der Christenheit unter einem mächtigen, weisen und gerechten Kaiser, ein geeintes Heiliges Römisches Reich Deutscher Nation mit Reichsitalien als Perle, ein ewiger Reichsfrieden, seine Kaiserkrönung in Rom, die Schutzmacht über Kirche und Papst – er plante sogar, sich selbst zum Papst wählen zu lassen – ein Kreuzzug gegen die Türken. Sein Sohn und seine geliebte Gattin waren ihm viele Jahre voraus gegangen. Die meisten seiner sinnreichen Reformprojekte und aufwändigen Kunstvorhaben hinterließ er als Fragment.

Auch sein lange Jahre geplantes Grabdenkmal in Innsbruck blieb leer. Die sterblichen Überreste ruhen in Wiener Neustadt. Als Maximilian starb, gab es kein Geld, das letzte und grandioseste Zeugnis der universalen Ideenwelt Maximilians zu verwirklichen. Büsten römischer Kaiser, Statuetten habsburgischer Heiliger und Seliger und nicht zuletzt 40 imposante Erzstandbilder echter Vorfahren und legendärer Vorbilder des Kaisers, sollten ihm nicht nur das Totengeleit in alle Ewigkeit geben. Sie sollten auch seine Verbundenheit mit dem Himmel und seinen Heiligen, der Antike und den vornehmsten Geschlechtern der Erde sichtbar vor Augen führen. Maximilian wollte ein antikes Grabmal mit einer mittelalterlichen Begräbnisprozession vereinen.

Humanistische Gelehrte und große Künstler, darunter Albrecht Dürer, waren an der Planung des Grabdenkmals beteiligt, nicht zuletzt Maximilian selbst, mit seinen genealogischen Forschungen. Die Umsetzung nach dem Tod des Kaisers war jedoch voll der Probleme. Der Leiter des Projekts war überfordert, ein Gotteshaus für das Grabmonument gab es nicht. Erst seinem Enkel, Kaiser Ferdinand I., war das Andenken an den *letzten Ritter* lieb und wert. Er errichtete das *Neue Stift* mit Kirche und Kloster. Maximilian kniet nun auf einem Hochgrab, die Seitenwände des Kenotaphs bilden Colins Marmorreliefs mit Schilderungen seiner unvergleichlichen Taten. Auch wenn es nur 28 Bronzestatuen wurden, Maximilians Grabdenkmal zählt zu den herausragendsten Fürstengräbern des Abendlandes – ein würdiges *gedächtnus*.

… so viele Gefahren! (*Ehrenspiegel*, BSB Hss. Cgm. 896/MDZ)
Maximilian I. am Totenbett (*detto*)

HALL UND SCHWAZ – SALZ UND SILBER

Hall – Schwaz – Zeughaus – Büchsenhausen – Glockengießerei

Hall – Sudpfannen und Tiroler Plätten

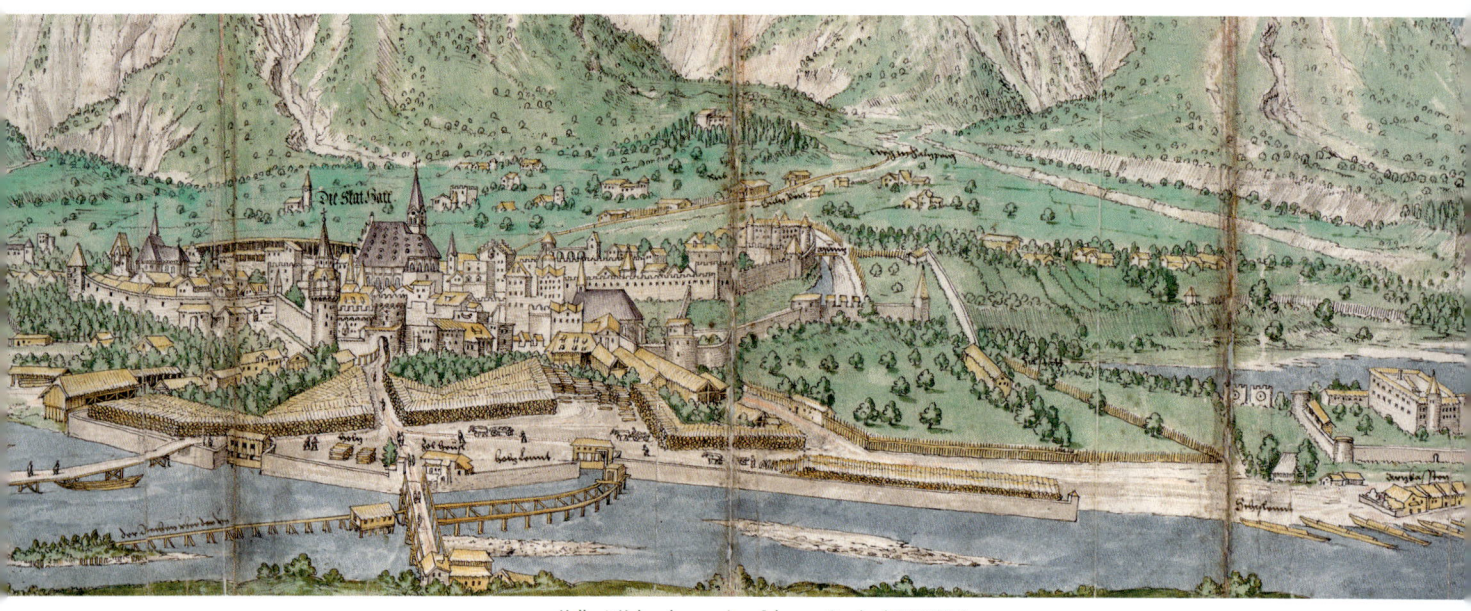

Hall mit Holzrechen am Inn, Schwazer Bergbuch 1556 (TLF)

„*Bekanntlich wurde im vorigen Herbste in verschiedenen Teilen Tirols und besonders in Vorarlberg über Salzmangel geklagt. Eine Klage, die umso auffälliger war, als ja die Saline Hall stets in Betrieb war und der Segen des Salzberges weit mehr als den Bedarf dieser Länder zu decken vermöchte. Die Ursache war der Export des billigeren Haller Salzes nach anderen Kronländern, der von Haller Firmen in großem Maßstabe und mit großem Gewinn schwunghaft betrieben wurde und die Saline zu dem Zwecke förmlich auskauften.*"

Solches vermeldeten die *Innsbrucker Nachrichten* vom 5. Feber 1880. Mit dem *weißen Gold* ließen sich immer schon gute Geschäfte machen. Und manch einer, allen voran der Landesfürst, wurde reich damit. Nur fürs tägliche Brot reichte das Salz dagegen für schwer arbeitende Bergleute, Salinenarbeiter, Fuhrwerker, Innschiffer oder Holzarbeiter.

Das Haller Salz blieb Jahrhunderte lang ein verborgener Schatz. Die Salzsole quoll in mehreren Bächen unkontrolliert aus dem Berg. Der Mensch wurde durch Tiere darauf aufmerksam, welche salzige Steine ableckten. Von den riesigen, 200 bis 300 Millionen Jahre alten Salzlagerstätten im Berg ahnte man noch nichts. In Urkunden finden wir eine Salzsiedeanlage erstmals 1232 erwähnt. Um 1272 schlug der Landesfürst Meinhard II. von Tirol auf 1608 m den Oberbergstollen. Dies war der Beginn der 700-jährigen Haller Salzgewinnung. Als Inhaber des Bergregals gehörten Bodenschätze dem jeweiligen Landesherrn. Die Haller Saline stand daher, mit kurzer Unterbrechung im 14. Jahrhundert, in Eigenverwaltung des landesfürstlichen

Ärars. Und die Landesherren wussten den Wert des *weißen Goldes* sehr zu schätzen. Von 1280 bis 1300 verfünffachte sich der Wert des gewonnenen Salzes, und so ging es weiter. Unter den Nachfolgern von Graf Meinhard grub man immer tiefer in den Berg. Acht Hauptstollen wurden aufgefahren, darunter 1492 der *König-Max-Stollen*. Im Jahr 1555 betrug die Stollenlänge bereits 20 km. Bei Auflassung des Haller Salzbergwerks waren es 80 km. Im letzten Viertel des 16. Jahrhunderts arbeiteten hier rund 240 Bergleute. Zum Schutz des Monopols verbot Kaiser Maximilian die Einfuhr von Meersalz. Er reorganisierte auch den gesamten Betrieb und steigerte die jährliche Salzproduktion. Knapp ein Drittel des Salzes verblieb im Land, der Rest wurde exportiert. In Bozen und Meran dienten Salzkästen der Bevorratung und als Verkaufsstellen.

Salz war ein lebensnotwendiges Produkt. In Zeiten ohne Kühlschrank machte man Fleisch durch Pökeln haltbar, Fische wurden in Salz eingelegt, Gemüse fermentiert. Zur Käseherstellung war Salz ebenfalls notwendig. Und es verlieh Speisen die Würze. Dazu bekam das *weiße Gold* auch einen Platz in der Heilkunde. Zur Behandlung von Hautkrankheiten empfahl Paracelsus bereits im 16. Jahrhundert Solebäder. Und Salz diente über Umwege auch der Bildung. Kaiser Leopold I. finanzierte mit dem *Haller Salzaufschlag* die Innsbrucker Universität.

Der Abbau des Salzes erfolgte durch Auslaugung. Die Sole wurde über eine 10 km lange Holzrohrleitung bis zum Sudhaus nach Hall abgeleitet. Sie hatte eine Salzkonzentration von etwa 26%. Nahe dem Hauptstolleneingang residierten in den *Herrenhäusern* Bergbeamte. Später wohnten hier auch Knappen. Eine Lawine beschädigte 1999 die stattlichen Gebäude im Halltal schwer. Im Sudhaus in Hall wurde die Sole in vier riesigen Pfannen versotten, das Wasser also verdampft. Zurück blieb kristallines Salz, das in Holzgefäßen zu Stöcken geformt, in großen Lagerhäusern auf den Weiterverkauf wartete. Eines dieser Lagerhäuser dient heute als Kulturzentrum. Im Laufe der Jahrhunderte wurden etwa 10 Millionen Tonnen Salz produziert. Allein 1507 laugte man fast 10.000 Tonnen, im Jahr 1600 bereits 17.000 Tonnen Salz aus dem Berg. Zum Vergleich: Im 15. und 16. Jahrhundert erzeugte die Saline Hallein doppelt so viel Salz pro Jahr. Nach dem Ersten Weltkrieg brach mit dem Untergang der Habsburgermonarchie der Absatz massiv ein. Als Folge der Konzentration der Salzproduktion schloss die *Saline Austria AG* die Saline 1967. Das sehenswerte *Bergbaumuseum* in der Haller Altstadt vermittelt heute einen lebendigen Eindruck der Salzgewinnung durch die Jahrhunderte.

Die Haller Saline und der Tiroler Berg- und Hüttenbetrieb verbrauchten riesige Mengen Holz. Nachhaltige Waldbewirtschaftung, vom Oberinntal bis ins Engadin und im Außerfern, war schon damals ein brennendes Umweltthema. Der Transport der Holzstämme aus den Wäldern erfolgte durch Flößerei und Triftung bis zum Haller Innrechen. Dort wurden sie eingefangen und

Salzpfanne um 1757 (*Imagno*)

auf hohen Stößen zum Trocknen gestapelt. Wegen des Rechens endete die Innschifffahrt mit großen Plätten in der Salzstadt. Nur Geschütztransporte aus dem Innsbrucker Zeughaus und die Schiffe der Tiroler Landesfürsten konnten passieren. Die Triftung auf Zubringerbächen erforderte aufwendige technische Vorrichtungen. Durch die lodernden Feuer in den Pfannhäusern war die Brandgefahr in Hall allgegenwärtig. Im 13. Jahrhundert errichtete man an der Südecke der Saline einen Wachturm, auf dem ein Brandwächter Dienst tat. 1447 brannte trotzdem fast die ganze Stadt ab. In der ersten Hälfte des 19. Jahrhunderts stellte die Saline die Holzbefeuerung aus Kostengründen auf bayerische Steinkohle um. 78.000 Zentner Kohle transportierte man dafür 1808 über den Inn heran. Die Luftverschmutzung durch den Betrieb muss gewaltig gewesen sein.

Die Absatzmärkte des Haller Salzes reichten bis in die Schweiz, sowie nach Brixen und Trient. Der Transport des *weißen Goldes* war mühsam. Die mit großen Säcken und Fässern beladenen Pferdefuhrwerke mussten auf ausgefahrenen Salzstraßen Gebirgspässe überwinden. Bis 1800 wurden von Hall aus jährlich bis zu 40.000 Salzfässer auch am Inn transportiert. Dies war allerdings wegen des Wasserstandes nur im Frühjahr und Herbst möglich. Von 20 und mehr Pferden mit langen Seilen gezogene Traunzillen bewegten sich dann langsam flussaufwärts. Der *Schiffsritt* bis Telfs dauerte ganze zwei Tage. Für die Rückfahrt benötigten die leeren Zillen dagegen nur vier Stunden. Die Innschiffer hängten zuweilen mehrere der kiellosen, kastenförmigen Holzboote zu Verbänden zusammen. Eine harte und gefährliche Arbeit für Tier und Mensch.

Zur Unterstützung bedürftiger Mitglieder und um ihre Rechte besser zu vertreten, organisierten sich die Innschiffer 1358 in Hall zu einer Zunft. Im 16. Jahrhundert standen den Salzhändlern sechs Schiffmeister zu Diensten. Die rege Innschifffahrt führte zum Entstehen einer florierenden Werftindustrie. *Tirolerplätten* waren ein begehrtes Exportprodukt. Die größten waren 35 m lang, 11 m breit und hatten einen Tiefgang von lediglich 1,2 m. Im 19. Jahrhunderts bauten 26 *Schopperstätten* hunderte Boote. Auch dafür fällte man zahlreiche Bäume.

Am Inn transportierte man Massengüter, Erze aus Schwaz oder Baumaterial. Per Schiff angeliefertes Getreide, Schmalz sowie billiger Wein aus der Wachau und Ungarn sicherte die Versorgung der Bevölkerung. Dazu verschifften die Plätten wertvolle Kaufmannsware, hochwertige Tuche aus England, Böhmen und Mähren sowie *Venezianerwaren*. Luxusgüter aus der Lagunenstadt und

Salztschifffahrt flussauf- und flussabwärts 1422 (*badreichenhallwiki*)

Hall mit dem Münzturm – Altstadt (*SA*)

Aus Hall in Tirol

Importwaren aus der Levante, Indien und China kamen per Fuhrwerk über den Brenner zur Schiffsanlegestelle in Hall. Von dort beförderte man sie über Inn und Donau weiter. So wurde die Stadt Umschlagplatz für südländische Waren wie Rosinen, Baumwolle, Gewürze, Safran, Ingwer, Pfeffer, Gewürznelken, Muskatnuss, Zimt, Weihrauch, Drogen und Farben. Dazu Muranoglas, feine Seidenstoffe, Gold- und Silbertücher, Atlasgewebe, Samt oder Taft aus Venedig selbst. 1001 Nacht am Inn? Den Innweg nahmen aber auch billigere Importgüter. Dazu zählten Südfrüchte, Papier, Fischbein, Schwämme, Reis, Seife oder Wein, ebenfalls aus dem Süden. Mautbücher listeten 1402 etwa 100.000 Hektoliter Tiroler Etschweine auf, die flussabwärts nach Osten verschifft wurden. All dies ließ die Zolleinnahmen der Landesfürsten sprudeln.

Ein Transport am Inn, der auch Hall in größte Aufregung versetzte, fand 1552 statt. Sein Urheber war Erzherzog Maximilian, Sohn König Ferdinands I. Für seinen geplanten Tiergarten in Wien schenkte ihm der portugiesische König einen indischen Elefanten. Von Genua aus zog Max mit *Solimano* nordwärts, ließ sich vom Trienter Konzil bestaunen und zog dann, wie Hannibal, mit dem Elefanten über die Alpen. In Hall schiffte man das Rüsseltier ein. Lange lebte *Solimano* nicht, er ging Ende 1553 ein. Und er lebt doch weiter, etwa als Fresko an der Fassade des Gasthofs Elefant in Brixen.

Wichtiger als der Elefantentransport war der Waren- und Personenverkehr am Inn. Von Hall aus fuhren regelmäßig Plätten Richtung Wien, wobei diese Flusskreuzfahrten je nach Wasserstand sechs bis 10 Tage dauerten. Noch bis Mitte des 19. Jahrhundert fuhren Boote von der Haller Schiffslände ab. Doch dann war es mit der traditionsreichen Innschifffahrt vorbei. Die langsamen Innplätten konnten mit der Eisenbahn nicht länger mithalten. Der Haller Hafen wurde mit Errichtung der Bahnlinie Rosenheim-Innsbruck 1857 aufgelassen, der große Holzrechen abgebaut (▶ *Baedeker-Kapitel, 235*). Die alten Treppelwege dienen heute an manchen Flussstrecken als Radwege.

Glück und Glas

Venedig wusste das antike Glasgeheimnis lange zu wahren. Auf der Insel Murano umgab man die Glasöfen, die hier seit dem 13. Jahrhundert standen, mit hohen Mauern. Den Glasbläsern drohte der Tod, wenn sie die Glasherstellung verrieten. Anfangs waren Gläser farbig. Im Zeitalter der Renaissance gelang einem findigen Glasmacher, dünnwandiges, farbloses Glas zu blasen. Venezianisches *cristallo* war nun das Objekt der Begierde, nicht nur für Reiche. Im Nachlass eines Tiroler Zöllners fand man *„in ain truhen gleser, als die ze eerung* (Ehrung, gemeint wohl Bestechung) *geben sind."* Luxusgläser wurden von Glasträgern, zum Schutz der zerbrechlichen Ware mit Butter umschlossen, in den Norden getragen. Am Export schnitten die Fugger mit, die in Venedig natürlich einen Faktor sitzen hatten. Mit hohen Summen suchte man nun venezianische Glasbläser zu verleiten, die Kunst der Glasherstellung und Glasveredelung zu verraten – mit Erfolg.

Einfache Gläser wurden in Tirol schon im Mittelalter hergestellt. Adel, Gewerken und Handelsherrn begehrten jedoch venezianischen Luxus für ihre Tafel. Die Nachfrage war vorhanden. Was lag also näher, als im Land selbst Glashütten zu errichten. Nacheinander entstanden auf Habsburgischem Gebiet, in Antwerpen, Laibach und Hall Manufakturen, die auch farbloses Glas nach venezianischer Art herstellen konnten. In Tirol treffen wir nun auf Wolfgang Vitl, Repräsentant des Augsburgers Ambros Hoechstetter. Dieser war neben Fuggern und Welsern einer der reichsten Handelsherrn und Geldgeber Maximilians I. Er war an Abbau und Handel mit Schwazer Kupfer und Silber kräftig beteiligt. Vitl residierte für seinen Chef in Hall, da hier das Schwazer Silber an die Münzstätte abgeliefert und abgerechnet wurde. Der Spekulant Hoechstetter pokerte letztendlich im Quecksilberhandel zu hoch und ging 1529, unter Beteiligung von Anton Fugger, in Konkurs. Ambros Hoechstetter starb im Schuldturm. Vitl liquidierte dessen Unternehmen und verkaufte Teile an die Fugger.

Dies war wohl sein Schaden nicht. Zudem erheiratete sich Vitl ein ansehnliches Startkapital und gründete 1534 in Hall eine Glashütte. Wegen der Feuergefahr siedelte er den Betrieb außerhalb der Stadt, nahe der Schiffslände am Inn an. Die Investitionen waren hoch und die Manufaktur hatte von Anfang an Geldsorgen. Zudem war der Bezug von Glasasche und Holz schwierig, da Tirols Wälder bereits wegen des Bergbaus und der Saline überstrapaziert waren. Um seinen hohen Ansprüchen zu genügen, beschäftigte er italienische Glasbläser. Vitls Glasmanufaktur war die erste auf deutschem Boden, die farbloses Glas nach venezianischem Vorbild herstellte. Von seinen venezianischen Trinkgläsern haben nur wenige überlebt, sie sind von hoher Qualität. Vitl hatte daher noble Kunden, wie das Wappen des Fürstbischofs von Salzburg auf einem dieser Gläser beweist. Das Hauptgeschäft dürfte jedoch die Produktion farblosen Tafelglases, sprich Fensterscheiben, gewesen sein. Der Landesfürst betraute Vitl etwa mit der Einglasung der Festsäle der Hofburg. Vitl starb 1540, erst 45-jährig, knapp vor Eröffnung des Konkurses über seine Glasmanufaktur.

Als Eigentümer folgte ihm sein Hauptgläubiger, Sebastian Hoechstätter. Dieser war im Dienst seines Landesherrn, König Ferdinand I., häufig und höchst verdienstvoll in Finanzangelegenheiten unterwegs. Er stellte für die Glashütte *Scheibenegg* daher einen fähigen Verwalter an und investierte kräftig in den Betrieb. Die Haller Glashütte erzeugte auch weiter qualitätvolle Gläser, zum Teil mit aufwendigem Dekor. Im süddeutschen Raum erwies sich Fensterglas als Exportschlager. Im Todesjahr Höchstetters erzeugte die Glashütte in Hall 3.010.098 kleine, 221.182 mittlere und 71.500 große Scheiben, zusammen sohin 3.302.780 Glasscheiben. Venedig suchte den unliebsamen Konkurrenten Muranos los zu werden. Vergeblich, die Tiroler Landesfürsten stellten sich schützend vor die heimische Glashütte.

Die Vielfalt des Angebots zeigt eine Großbestellung des nachmaligen Landesfürsten Ferdinand II. aus Prag von 1558. Sie umfasst mehr als 340 Gläser, darunter Schüsseln, Kannen, hohe Gläser, Tischgläser, Kelchgläser, Deckelgläser, bayerische Doppelgläser, Hopfbecher, Pokale, Wasserkrüge, Senf- und Salzschüsseln, bis hin zu Setzbechern, die man ineinander stecken konnte. Die Gläser Höchstetters erreichten bei aller Qualität nicht ganz die Reinheit und Eleganz der venezianischen Importware. Sie wirken ein wenig *eingedeutscht* und waren, nordischen Trinksitten geschuldet, dickwandiger. Nach dem Ableben von Sebastian Hoechstätter übernahm Sohn Johann Chrysostomus von 1570 bis 1599 die Leitung der Glashütte in Hall. Sowohl die Erzeugung von Fensterglas als auch von Trinkgläsern erreichte in seiner Zeit einen Höhepunkt. Zum Niedergang der Glashütte führten schließlich eine schwere Wirtschaftskrise und die Billigkonkurrenz aus Böhmen. Sie wurde 1635 geschlossen.

Die Hoechstätter´sche Glashütte blieb nicht die einzige im Inntal. 1626 gründete Gilg Schreyer eine solche im nahen Kramsach, Claudia von Medici 1632 eine in Rattenberg, die bis 1933, beziehungsweise 1930 überlebten. Die alte Glastradition Tirols halten Weltfirmen wie *Swarovski* in Wattens und *Riedel* in Kufstein, sowie kleine Manufakturen in Kramsach und Rattenberg hoch. Eine Glasfachschule In Kramsach sorgt für den Fachkräftenachwuchs.

Ferdinand II. residierte seit 1567 in Innsbruck. Er war ein Renaissance-Mensch. Die Gläser der Haller Glashütte waren ihm, wen wundert´s, zu bodenständig. Auch mit Murano war er unzufrieden. Seiner Sonderwünsche waren die dortigen Glasbläser leid. Was blieb ihm also? Expeditiv wie er war, gründete Ferdinand als erster Fürst außerhalb Italiens 1570 eine Hofglashütte. Mit Zustimmung der Serenissima – er führte, anders als seine Vorgänger, keinen Krieg gegen Venedig, – arbeiteten nun Meister aus Murano auf Zeit in Innsbruck. Sie brachten ihre Vorlagen mit. Und der Erzherzog betätigte sich selbst als Glasbläser. Ein von ihm 1581 geblasenes Glas mitsamt seiner Edelsteineinfassung ist erhalten geblieben. Die Hofglashütte wurde vier Jahre vor dem Tod Ferdinand II. 1591 geschlossen. Von ihren Werken hat wenig überlebt. Viele Gläser wurden bei Gelagen des Fürsten zerbrochen, einige verschenkte Ferdinand an Gäste und Freunde. In der *Glassammlung Strasser* auf Schloss Ambras kann man einige Trinkgläser bestaunen.

Gebrauchsgläser aus der Haller Glashütte (*Sammlung Strasser/SA*)

Sechser und Guldiner

Der Landesfürst Friedl mit der leeren Tasche schenkte der Stadt Hall 1406 seine Residenz, das Königshaus. Nun war sein Nachfolger, Sigmund der Münzreiche, auf Wohnungssuche. Sein Blick fiel auf den alten Brandschutzturm, der an der Südecke der Umfassungsmauer das Salinengelände überragte. Seine neue Residenz *Hasegg* war daher das *Haus am Eck*. Seit 1300 schützte der Turm als Teil einer kleinen Feste Innschifffahrt, Flussübergang, Sudanlage und die Salzstraße, die vormals eine Römerstraße war. Sigmund ersetzte den Wachturm 1480 durch den mächtigen Münzturm, dazu baute er das ebenso mächtige Münztor. Die Fürstenzimmer der neuen Residenz waren offenbar so gemütlich, dass Kaiser Maximilian nach der Trauung mit seiner zweiten Frau Bianca Maria Sforza 1494 das eheliche Beilager auf der *Burg Hasegg* vollzog. Seine Gemächer lagen über der von Hofbaumeister Niklas Türing d. Ä. errichteten gotischen *Georgskapelle*. Für sein Bett musste er allerdings einen Erker anbauen, da niemand über dem Allerheiligsten ruhen durfte, geschweige denn das Beilager vollziehen.

Der Tiroler Landesfürst Sigmund der Münzreiche machte seinem Namen keine Ehre – und starb verarmt. (▶ *Innsbruck-Kapitel*). Sogar sein prall gefüllter Geldbeutel war für einen sinnlosen Krieg gegen Venedig, seine verschwenderische Hofhaltung und die Versorgung zahlreicher unehelicher Kinder zu klein. Dabei konnte Sigmund auf reichlich sprudelnde Einnahmen zugreifen, er lebte bereits vom Schwazer Bergsegen. Mit Bergordnungen suchte er die Ausbeute zu steigern und Arbeitsbedingungen zu verbessern.

Sein Nachfolger, König Maximilian I., schlug 1491 den *Sigmund-Erbstollen* an. Technologische Innovationen der Schmelztechnik brachten den angestrebten Aufschwung.

Schwazer Silber und Kupfer entwickelte sich zum europäischen Wirtschaftsfaktor und wurden stark nachgefragt. Silber löste Gold zunehmend als Münzmetall ab und der expandierende internationale Großhandel verlangte ständig neue Silbermünzen. Eine schillernde Figur in dieser sich rasch drehenden, frühkapitalistischen Welt war am Hof Sigmund des Münzreichen der aus Venedig stammende Großgewerke, Erfinder, Finanzjongleur und Darlehensgeber des Landesfürsten, Antonio de Caballis, zu Deutsch Antoni vom Roß. Dieser brachte bereits 1472 den Erzhandel von Schwaz unter seine Kontrolle. Der Spekulant ging nach abenteuerlichen Geschäften und Jahren sagenhafter Gewinne 1491 in Konkurs.

Wohl auf Anraten Antonis verlegte Sigmund der Münzreiche 1477 die Münzstätte von der fernen Hauptstadt der Grafschaft Tirol, Meran, nach Hall. Schwaz kam nicht in Frage, da der Markt keine Stadtmauer besaß. Hall lag etwa zwei Fußstunden von Sigmunds Regierungssitz in Innsbruck entfernt. Er wählte als Sitz der Münze den Ansitz Sparberegg. Nun reduzierte sich der Silbertransport mit den Innplätten aus Schwaz zur Münzstätte auf etwa 20 Kilometer. Zudem flossen durch den Salzhandel ständig große Mengen fremder Gold- und Silbermünzen in die Stadt, die eingeschmolzen als Rohmaterial für neue Münzprägungen dienten. Sigmund machte Antoni vom Roß zum Chef der Haller Münze. Doch damit nicht genug. Von 1482 bis 1486 reformierte er das Währungssystem seines Landes grundlegend. In Tirol förderte man kaum Gold, der Landesfürst baute seine Währung daher auf das reichlich vorhandene Silber.

Vier neue Münztypen ließ er nun in der Münzstädte in Hall ausprägen: Den *Sechser* im Wert von sechs Kreuzern, zu zwölf Kreuzern den *Pfundner*, einen *Halbguldiner* im Wert von 30 Kreuzern und als Krönung 1486 den *Guldiner*. Diese Großsilbermünze kam in Gewicht und Sil-

Münzturm und Wasserräder (*Wallas*)

bergehalt dem Rheinischen Goldgulden gleich. Sigmunds Währungsreform war zukunftsweisend. Sie bestimmte den Zahlungsverkehr im Römischen Reich, wie im Habsburgerreich bis ins 19. Jahrhundert. Zur Prägung der neuen Silbermünzen benötigte man bis 1490 rund 127.000 Mark, etwa 32 Tonnen Silber. Sein verdienstvoller Münzmeister, Bernhard Beheim d.Ä., ist hingegen vergessen. Dessen makabrer Grabstein findet sich eingemauert in den Arkaden neben der Kirche.

Der zu Recht stolze Tiroler Landesfürst nutzte die neuen Großsilbermünzen für public relations. Auf der Münzvorderseite des Guldiners sieht man Sigmund als würdevollen Herrscher mit Szepter und Erzherzoghut, auf der Rückseite, in einem Wappenkranz, als dahinstürmenden Ritter. Kaiser Maximilian toppte ihn natürlich mit einem vergoldeten Schauguldiner. Und mit dem *Kaiserguldiner* von 1508 präsentierte er sich gleich als ersten Europäer: *König zahlreicher Länder Europas und allermächtigster Fürst,* steht auf der großen Silbermünze geschrieben

Walzprägemaschine von 1571 (*SA/Münze Hall*)

(▶ *Kaiser-Kapitel, 131*). Der um seinen Nachruf so bemühte Maximilian I. ließ zu besonderen Anlässen große Schau- und Porträtmünzen prägen. Luxusmünzen mit einem Hochrelief waren die Spezialität der Haller Münze. Sie glichen Medaillen und waren künstlerisch wie technisch Meisterleistungen. Der Kaiser liebte diese Präsentation seiner Person und war eitel auf ein gefälliges Äußeres bedacht. „*Die Nase zu hoch, das Gesicht zu lang*", rügte er einmal seinen Stempelschneider, den Goldschmied Benedikt Burkhart. Er verschenkte die *Ehrenpfennige* mit seinem Konterfei großzügig an Fürsten und Notable. Sie waren für eine weite Verbreitung gedacht und hatten oft das vielfache Gewicht eines Guldiners. Der Guldiner fand rasch Nachahmer. Die berühmteste Prägung stammt aus dem böhmischen Joachims*tal*. Der dort geprägte Guldiner wurde zum *Taler* und aus diesem später der *Dollar*.

Durch das Wertverhältnis zwischen Gold und Silber von etwa 1:12, war die Herstellung des schweren Guldiners auch eine münztechnische Herausforderung. Bis man einen Guldiner in Händen hielt, war es ein langer Weg. Das aus Schwaz angelieferte Silber wurde mit einer geringen Menge Kupfer im Schmelzofen verflüssigt, zu Platten gegossen und in einer Lösung aus Kochsalz und Weingeist weißgesotten, um den Silberglanz zu erhalten. Dann wurde der Schrötling, wie der Münzrohling genannt wird, aus der vorbereiteten Silberplatte ausgeschnitten. Diesen legte man auf den fixierten Unterstempel und nun war Muskelkraft gefragt. Mit einem Hammer wurde der in der zweiten Hand gehaltene Oberstempel auf den Schrötling geschlagen. Am Ende musste noch der Rand bearbeitet und die Münze durch Abzwicken oder Abhobeln auf das rechte Gewicht gebracht werden.

Das Münzbild schnitt der Münzgraveur spiegelbildlich in das danach gehärtete Münzeisen. Diese waren zuweilen wahre Meister. Da reine Handarbeit, glich bei der Hammerprägung keine Münze der anderen. Um derart große Münzen wie den Guldiner zu prägen, erfand man in der Haller Münze neues Werkzeug. Das *Klippwerk* war eine mechanische Vorrichtung zur präziseren Positionierung des mit der Hand gehaltenen Oberstempels. Die eigentliche Revolution der Münzherstellung lag jedoch in der Erfindung der Walzprägung.

Die erste Walzprägemaschine der Welt stand nicht in Hall, sondern im Ansitz Grabenstein in Mühlau bei Innsbruck. Hier hatte der Mühlauer Bach ausreichend Kraft, ein Räderwerk anzutreiben. Erste Prägeversuche verliefen erfolgreich. Als Erzherzog Ferdinand II. 1567 die Münzstätte vom Ansitz Sparberegg in die Burg Hasegg verlegte, wanderte auch die Walzprägemaschine von Mühlau nach Hall. Nun wurden Münzen nicht länger händisch geschlagen. Vielmehr lief ein Metallstreifen zwischen zwei rotierenden Walzstempeln hindurch, auf welchen sich eine Reihe Münzbilder befanden. Die so geprägten Münzen wurden dann ausgestanzt und wie bisher endgefertigt. Angetrieben wurde das riesige Walzprägewerk durch Wasserräder. Um sie mit Wasser zu versorgen, musste ein hölzernes Rinnwerk, ein Zulaufkanal auf Stelzen errichtet werden, da nicht wie in Mühltau ein wilder Gebirgsbach bereitstand. Das künstliche Gerinne war recht reparaturanfällig. Die neue Prägemethode vervielfachte den Münzausstoß, man erzielte eine gleichbleibende Qualität und sparte zudem teures Personal. Durch diese richtungsweisende Innovation bewies die Haller Münze erneut ihre führende Stellung im Habsburgerreich.

Der Cousin Erzherzog Ferdinands II., der spanische König Philipp II., hatte von der revolutionären Prägetechnik in Hall erfahren und der Tiroler Landesfürst konnte seine Bitte nicht abschlagen. Und so ging 1585 eine zerlegte Walzenprägemaschine samt Personal auf die abenteuerliche Reise nach Segovia, um dort für den König das Silber der

Guldiner Erzherzog Sigmunds des Münzreichen 1486 (*coinfactswiki*)
Vergoldeter Schauguldiner Kaiser Maximilians I. 1517/19 (*coingallery*)

Neuen Welt auszuprägen. Eine der nachgebauten Walzenprägemaschinen wanderte irgendwann nach Bolivien und überlebte dort. Sie diente als Vorlage für die Rekonstruktion der Walzenprägemaschine im *Museum Münze Hall*. Hier steht sie nun am Originalstandort. Die zahlreichen Exponate des sehenswerten Museums erlauben eine Wanderung durch die ruhmreiche Münzgeschichte Halls. Das Münzzeichen auf den in Hall geprägten Münzen war ein *F*. Nach 250 Jahren wurden in Hall zwischen 15. August und 14. Oktober 1809 letzte Münzen geprägt. Es war dies während des *Tiroler Freiheitskriegs* der Andreas-Hofer-Kreuzer. Dann sperrten die bayerischen Besatzer die historische Münzstätte zu. Sie wurde nicht wiedereröffnet (▶ *Andreas Hofer-Kapitel, 211*). Oder doch? Zu den *Olympischen Winterspielen 1976* in Innsbruck wurden drei 100-Schilling Silbermünzen in Hall geprägt. An *500 Jahre Münzstätte Hall* erinnert ein weiterer Hunderter, der allerdings im Wiener Hauptmünzamt gefertigt wurde. Schließlich können sich Besucher der *Münze Hall* eigene Münze prägen lassen und sogar selber schlagen!

Walzenstempel Ferdinand II. 1567 (*SA/Münze Hall*)

Sandwirtzwanziger 1809 – Silberhunderter 1976 (*SA*)

Eine mittelalterliche Metropole

Hall ist wie Innsbruck, Schwaz oder Rattenberg ein Glücksfall. Die Stadtkerne haben über 500 Jahre das Aussehen ihrer Blütezeit weitgehend erhalten. Hall besitzt die größte mittelalterliche Altstadt des süddeutschen Raumes. Egal wo man die Stadtwanderung beginnt, auf den zwei Stadtplätzen, der ehemaligen Königsburg, heute Rathaus, bei der Pfarrkirche St. Nikolaus oder am Münzturm, überall weht einem die Luft des Mittelalters entgegen. Nur ist die Luft, auf Grund der wesentlich geringeren Luftverschmutzung, heute doch bekömmlicher.

Der Aufstieg von Hall war rasant. Die Siedlung wurde 1232 erstmals urkundlich erwähnt. In den 1280ern erhielt Hall das Marktrecht, 1303 erfolgte die Erhebung zur Stadt. Hall besaß das Niederlagerecht und überflügelte Innsbruck als zentrale Handelsstadt im Inntal. Seit 1356 hielt man in der Stadt im Frühjahr und im Herbst zwei Jahrmärkte ab, die acht Tage dauerten und überregionale Bedeutung hatten. Am Marktplatz verkaufte man alles, was am Land- und Flussweg die Stadt passierte. In Hall handelte man auch das weiße Gold der Saline und rechnete seit 1477 das Schwazer Silber in der Münze ab. In Hall endete schließlich der wichtige Wasserweg über Inn und Donau zum Schwarzen Meer. Die *Haller Schiffslände* war der erste Flusshafen Tirols. Im 15. und 16. Jahrhundert zählte Hall so zu den bedeutendsten Städten des Habsburgerreiches. Sie hatte wie Innsbruck etwa 5.000 Einwohner.

Hall um 1900 (*Imagno*)

Stadtsilhouette – Königshaus, heute Rathaus (*SA*)

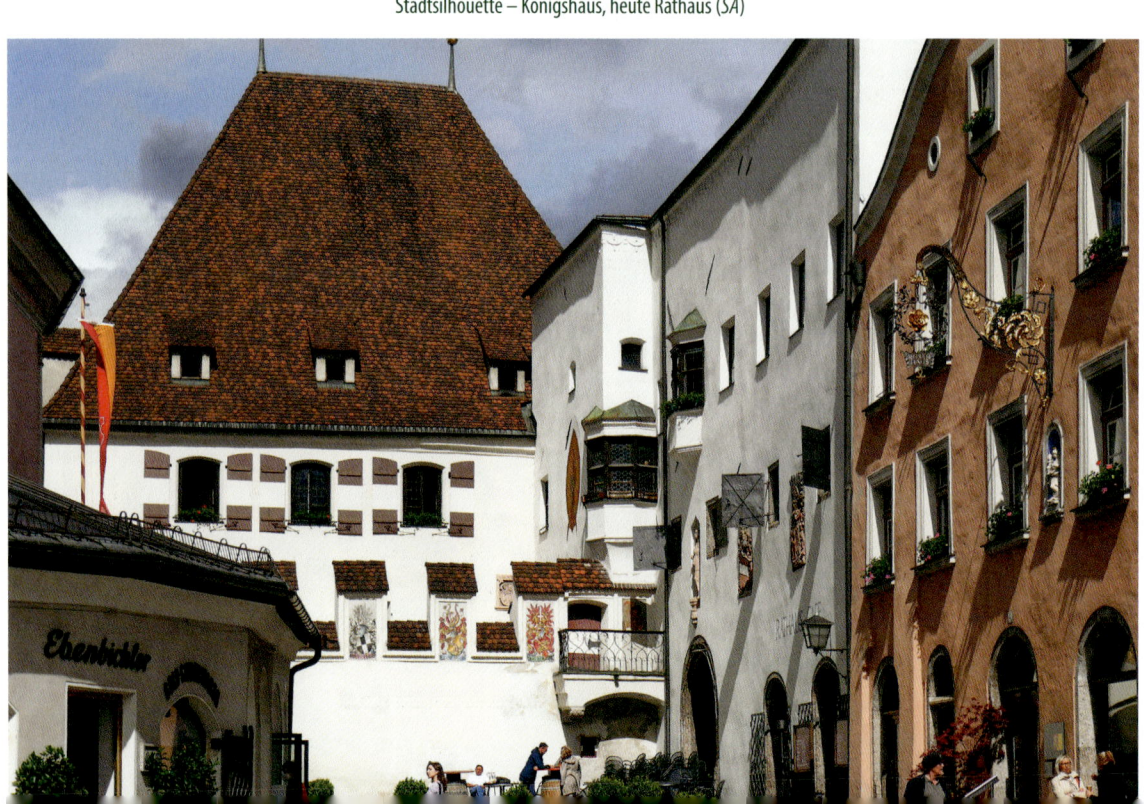

Silber, Salz und Fugger – wen wundert´s, dass die Augsburger Bankiersfamilie seit 1510/11 auch in Hall präsent war. Erst vor einigen Jahren entdeckte man die Faktorei in der Eugenstraße 9 und der Mustergasse 4. Dazu nahmen die Fugger Häuser als Pfand und erwarben Grund für Erzkästen und Bleilager. Hall übertraf schon bald die ältere Filiale in Innsbruck. Die Salzstadt lag an der Route Nürnberg/Augsburg – Venedig, die Fugger wählten Hall daher einige Jahrzehnte lang als Drehscheibe ihres Silber- und Geldtransfers. Die Faktorei wurde im Knappenaufstand 1525 geplündert. 1539 lief die Silberstadt der Salzstadt dann doch den Rang ab. Der Fokus des Fuggerkonzerns verschob sich in Richtung Silber- und Kupferbergbau sowie Metallhandel. Anton Fugger verlegten die Faktorei daher nach Schwaz. In Hall erinnern an die Augsburger Wirtschaftsmagnaten nur drei Wappen an der Fieger´schen Grablege in der Vorhalle der Pfarrkirche St. Nikolaus.

Ab 1501 war Hall auch eine vielbesuchte Station für Pilger. Hatte hier Ritter Florian Waldauf, ein enger Vertrauter Kaiser Maximilians, doch einen ganzen Reliquienfriedhof akkumuliert. Im 1567 vom Landesfürsten für drei seiner Schwestern gegründeten Haller Damenstift, verbrachten hochadelige Damen ein gottgefälliges, sorgenfreies Leben. Sie akkumulierten daselbst große Vermögenswerte. Die Stadt war so bedeutend, dass sich im 16. und 17. Jahrhundert hier Jesuiten und Franziskaner niederließen. Jene waren geistlichen wie weltlichen Werten zugetan und akkumulierten daher beides.

Das große Erdbeben vom 17. Juli 1670 mit einer geschätzten Stärke von 5,2 auf der Richterskala war eine Katastrophe für die Stadt. Es gab große Schäden und zahlreiche Opfer. Doch man baute sie prächtiger wieder auf. Im Laufe der Zeit büßte Hall seine dominierende Stellung jedoch gänzlich ein und wurde zu einer beschaulichen Provinzstadt. Im Umland siedelten sich später Betriebe an.

Schwaz – Mutter aller Bergwerke

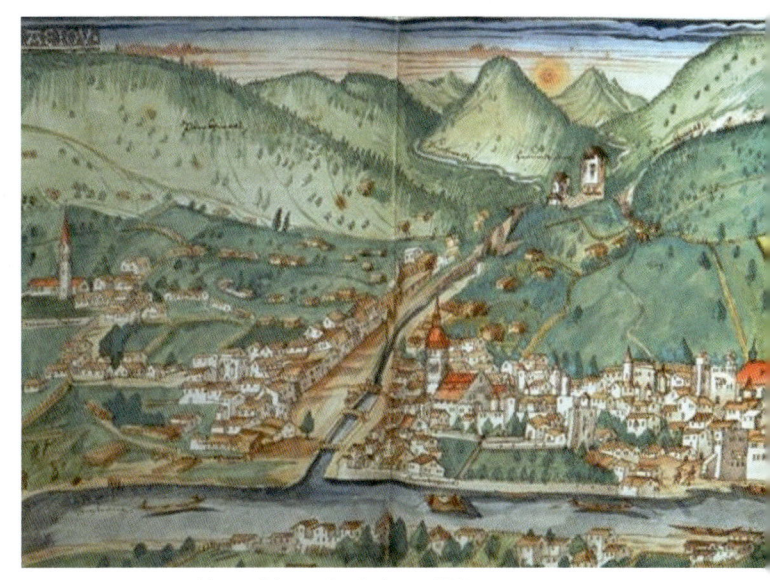

Schwaz, *Schwazer Bergbuch* 1556 (*TLF*)

Betritt man heute die Pfarrkirche *Unsere Liebe Frau Maria Himmelfahrt* in Schwaz, die man auch Knappenkirche nennt, steht man längst nicht mehr in einer geteilten Welt. Zur Zeit der Blüte der Bergwerksstadt Schwaz war die 1490 errichtete Hallenkirche mit ihren zwei Hauptschiffen, zwei Seitenschiffen, zwei Chören und zwei Hauptportalen dagegen durch eine Bretterwand getrennt. Ein Schiff für jede Konfession, links die Bürger, rechts die Knappen. Gemeinsam hatten die katholischen und lutherischen Kirchgänger immerhin die repräsentative gotische Schaufront des Gotteshauses und einen einzigartigen, fünfgeschossigen Dachstuhl, für den ein ganzer Wald gefällt wurde. Eine geteilte Kirche, das war eine außergewöhnlich pragmatische Lösung, angesichts streng katholischer habsburgischer Landesfürsten. Denen ging seinerzeit der reiche Bergsegen dem Segen der Heiligen Mutter Kirche vor.

Zahlenmäßig hätte den wenigen Katholiken damals das kleine Seitenschiff ausgereicht. Durch den florierenden Silberbergbau waren zahlreiche Knappen nach Schwaz gezogen und viele von ihnen waren protestantisch. Lutherisches Gedankengut und Schriften verbreitete auch der Prediger Jacob Strauß in der Stadt, bevor er auf Druck des Brixner Bischofs verjagt wurde. 1532 gründete der reformatorische Meistersänger Hans Sachs eine Meistersängerschule in Schwaz. Unter dem Eindruck des reichen Schwazer Silbersegens komponierte er das Lied *Silberweise*, das Martin Luther im Choral *Eine feste Burg ist unser Gott* aufgriff. Angesichts schlechter Arbeits- und Lebensbedingungen fanden viele Bergleute in der Lehre Luthers Trost und Geborgenheit. Erst als der Glanz des Bergbaus verblasste und viele Knappen abwanderten oder vertrieben wurden, konnte Erzherzog Ferdinand II. die Gegenreformation ab den 1570er-Jahren auch hier rücksichtslos durchsetzen.

Die Liebfrauenkirche demonstriert die einstige Größe und den Reichtum von Schwaz. Sie ist neben dem Franziskanerkloster die Zierde der Altstadt. Im Kreuzgang des Klosters ließen die eifernden Mönche Martin Luther auf seinem Marsch in die Hölle bildlich darstellen. Luther kam 1511 auf der Durchreise auch tatsächlich in die Stadt. Schwaz hatte nie eine Stadtmauer, obwohl der Markt in seiner Blütezeit um 1500 nach Wien der zweitgrößte Ort im Habsburgerreich und die größte Bergbaumetropole Europas war. Schwaz zählt heute etwa 14.000 Einwohner, etwas mehr, als im 16. Jahrhundert. Im Tiroler Freiheitskrieg traf die Stadt 1809 eine Katastrophe, als die bayerische Soldateska Schwaz anzündete und über 400 Häuser niederbrannten. Mit allerhöchster Entschließung erhob erst Kaiser Franz Joseph den Markt 1899 zur Stadt. Auf einem Hügel über Schwaz thront der Wohnturm der Frundsberger, der im Laufe der Zeit zur kleinen Burg Freundsberg ausgebaut wurde. Eine erste Innbrücke errichtete man im 14. Jahrhundert

Drei würdige Herrn, Bergrichter, Bergmeister und Bergschreiber, haben große Sorgen. Sie sind deprimiert. Wehmütig erinnern sie sich der Zeiten, als man dem reichen Silber- und Kupferrevier in Schwaz den Ehrennamen *Aller Bergwerke Mutter* verlieh. In seiner Blüte von etwa 1470 bis 1530 hatte der Schwazer Bergsegen europäische Bedeutung. Hier gewann man zeitweilig 64 bis 85 Prozent des mitteleuropäischen Silbers und etwa 40 Prozent des Kupfers. Das Silber war Triebfeder für den Aufstieg der Habsburger. Das Kupfer machte Jakob Fugger zum superreichen Monopolisten. Nun aber hing der Bergsegen schief. Um neue Erzlager zu erschließen, mussten sich die Knappen immer weiter und tiefer in den Berg graben. Statt reicher Silberadern rannen Ströme von Bergwässern in die Stollen. Einige waren schon abgesoffen. Die Erzförderung wurde von Tag zu Tag kostspieliger.

Zudem flossen immer mehr billiges Gold und Silber aus der Neuen Welt auf den europäischen Markt. Und die Welt war auch sonst in Unordnung. Martin Luther hatte die Einheit der Christenheit durch seinen *Thesenanschlag* 1517 aus den Angeln gehoben. Die konfessionellen Konflikte schädigten die Wirtschaft im Römischen- wie im Habsburgerreich. Was also tun? Einer hatte die zündende Idee! Ein attraktives Werbemittel musste her, um potentielle Investoren anzulocken, oder noch besser, den Landesfürsten zu einer Verstaatlichung des Bergwerks zu animieren.

Das war die Idee, die hinter dem *Schwazer Bergbuch* stand. Der volle Titel der mit zahlreichen bunten Buchmalereien illustrierten Handschrift lautete: *Von dem hoch- und weltberühmten Bergwerk am Falkenstein zu Schwaz in der gefürsteten Grafschaft Tyrol und anderen dazugehörigen Bergwerken.* Verfasser war ein hoher Bergwerksbeamter. Der Buchmaler war mit der Örtlichkeit und der Arbeit der Bergleute bestens vertraut. Zehn Exemplare haben die

Zeiten seit dem Erscheinen 1556 überdauert. Das *Schwazer Bergbuch* wurde nicht gedruckt, es war nur für wenige Auserwählte gedacht. Heute schätzen es Bergbauhistoriker, da die bebilderte Handschrift das lebendige Bild eines Bergwerks und Schmelzbetriebs im Übergang von Spätmittelalter zur Renaissance zeichnet. Trotz der zündenden Idee konnte das *Schwazer Bergbuch* den weiteren Niedergang der Bergbauregion nicht aufhalten.

Schwazer Bergbuch 1556: Tragen leid, es will ein Bergwerk zum Abfall kommen. (TLF)

Schwazer Bürgerfamilie um 1900 (*SA*)

Dabei hatte die Geschichte des Bergbaus in Schwaz Erfolg verheißend begonnen. Ein Stier kratzte 1409 am Boden und glänzendes Silber kam zum Vorschein, so wenigstens die Sage. Tatsächlich schürfte man hier bereits vor über 3200 Jahren nach Erz. Das ganze Gebiet von Schwaz bis Kitzbühel war ein großes Bergbaurevier. Die Lagerstätten des Fahlerzes, Schwarzit genannt, enthalten 35 bis 41% Kupfer und 0,3 bis 0,8% Silber, dazu Antimon, Arsen, Quecksilber, Zink und andere Begleitmineralien. Manche Erzgänge waren 50 cm und mehr stark. Auf 100 Kilo Kupfer fielen zwischen 0,8 und 1,25 Kilo Silber. Letzteres war allerdings rund 250-mal so viel wert. Doch auch das Kupfer war hochbegehrt. Als Hauptbestandteil der Bronze rissen sich die berühmten Innsbrucker Geschütz- und Glockengießer nach dem Buntmetall. Und die Fugger machten damit große Geschäfte.

Um 1420 begann man die reichen Erzgruben am *Falkenstein* auszubeuten. Wenig später kamen die *Alte Zeche* und das Revier *Ringenwechsel* hinzu. Nun strömten zahlreiche Knappen aus Böhmen, Sachsen, Thüringen und Oberungarn ins Land am Gebirge. Angesichts der rauen Konkurrenz zwischen den Knappen war Streit vorprogrammiert und das beeinträchtigte die Erzgewinnung. Kaiser Friedrich III. als Vormund Sigmund des Münzreichen beendete den ungeregelten Silberabbau im Schwazer Revier. Sigmund der Münzreiche erließ gleich nach Regierungsantritt als Bergherr eine moderne Bergordnung und verlieh die Schürfrechte an Gewerken, sprich Bergwerksunternehmer. Silber war neben dem Haller Salz seine wichtigste Einnahmequelle, war er als stiller Teilhaber doch mit 1/9 an allen Gruben beteiligt. Unter der Herrschaft Sigmunds nahm der Bergbau in Schwaz und den

Schwazer Bergbuch 1556: Das Revier Falkenstein mit zwei Wasserrädern von Pochwerken und von Rössern gezogene Erzplätten (*TLF*)

anderen Revieren kräftig Fahrt auf. Daran änderte auch ein schweres Grubenunglück im Schwazer *Heilig-Geist-Stollen* 1448 nichts, bei dem bis zu 260 Kumpel ums Leben kamen. 1456 schätzt man die Förderung auf 1.120 kg Silber. Das Ausschmelzen des Silbers war jedoch teuer, benötigte man doch Blei und Berge von Holzkohle.

Vor dem Schmelzen musste das aus dem Berg geholte Roherz aufbereitet werden. Silber und Kupfer aus dem Dolomit-Gestein abzutrennen, war schwere Arbeit. Dies geschah in Scheidestuben. Die Gesteinsbrocken wurden mit Pocheisen händisch zerschlagen und das Erz vom tauben Gestein getrennt. Buben und Frauen klaubten die Erzstückchen aus dem Schutt. Kinder wurden schon mit 10 Jahren an die harte Arbeit gewöhnt. Waren Buben fleißig, konnten sie sich als Truhenläufer und Säuberjungen zum Knappen und mit Glück zum Bergbeamten hocharbeiten. Später zerkleinerten Poch- und Waschwerke das Gestein zu feinem Sand, aus dem man das Erz in Sieben auswusch. 1520 arbeiteten in Schwaz sieben Pochwerke, die von großen Wasserrädern angetrieben wurden.

Das Erz wurde in gemauerten, fensterlosen Erzhöfen zwischengelagert. Vom Roherz erhielt der Landesfürst als oberster Bergherr neben seiner 1/9 Beteiligung jeden zehnten Kübel als Abgabe, Fron genannt. Seinen Anteil ließ er in der landesfürstlichen Hütte schmelzen. Die Gewerken mussten das gesamte Silber zu einem festen Preis von 5 bis 8 Gulden pro Gewichtsmark (281 Gramm) an die Münzstätte in Hall abliefern. Der tatsächliche Marktwert lag bei 10 bis 12 Gulden. Die Differenz wurde als *Wechsel* bezeichnet und war eine Steuer auf das geförderte Silber. Die Landesfürsten bereicherten sich sohin mehrfach am Silber. Das geförderte Kupfer konnten die Gewerken dagegen am freien Markt handeln. Das Buntmetall brachte ihnen wegen der großen Menge regelmäßig mehr Erlös ein, als der Verkauf des Silbers an die Münze. Als der Bergsegen schwand und hohe Investitionen anfielen,

Fahlerz vom Falkenstein (*Mineralien-Heilsteine Helga Pöttinger, Schwaz*)

konnten die heimischen Gewerken durchsetzen, dass sie wenigstens ein Viertel des geförderten Silbers frei verkaufen durften. Das an den Landesfürsten abgelieferte Silber wurde zu einem geringen Teil für die Münzprägung, zum größeren Teil aber zum Abstottern der Schulden bei den Fuggern und anderen Augsburger Gläubigern verwendet. Für Darlehen an die Landesfürsten gelangten in den Jahren 1487 bis 1522 bis zu 75 Prozent der Schwazer Silberproduktion in die Hände der Fugger.

In Schmelzhütten wurde das Erz an Ort und Stelle ausgeschmolzen. Diese gehörten anfangs den Gewerken Antoni vom Roß, Schlosser, Fieger, Rummel, Tänzl, Perl und Hofer. Für die Auftrennung von einem Kilo Fahlerz benötigten die Schmelzer anfangs 3,5 kg Blei als Hilfsmetall, wobei am Ende nur 50 % des Silbers ausgeschmolzen werden konnte. Das teure Blei ging verloren und das Kupfer war von spröder Qualität. Die Arbeit in den Hütten war eine schweißtreibende, und wegen der schädlichen Bleidämpfe auch höchst ungesund. Blei wurde in Tirol in mehreren Bergwerken abgebaut. In der Schmelztechnik ein großer Schritt nach vorne war die Einführung des *Saigerverfahrens*. Dieses senkte den Bleiverbrauch und steigerte die Silberausbeute. Dazu war das gewonnene Kupfer geschmeidig und konnte in Gießereien gut weiterverarbeitet werden.

Das um 1480 in Schwaz entwickelte *Abdarrverfahren* war der nächste Technologieschub. Nun konnte man auch billiges Bleierz zur Gewinnung des Silbers verwenden. Nach mehreren Röstvorgängen und einem bis zu zehnstufigen Schmelzprozess gewann man Garkupfer von 98,5 % und Brandsilber von 93,75 %. Der Vorgang dauerte mehrere Tage. Um 1500 gelang es schließlich, das Verfahren durch dreifaches Abdarren noch zu perfektionieren. Der bereits im Zusammenhang mit der Haller Münze genannte Venezianer Antoni vom Roß war auch bei der Entwicklung effizienter Schmelzmethoden kreativ. Er verdiente sich dabei eine silberne Nase, mussten ihm doch alle Schmelzer Lizenzgebühren zahlen. Das Schwazer Bergwerk war nun das modernste in Europa. Dem Multitalent und Großspekulanten Antoni vom Roß gelang zudem für drei Jahre auch ein Kupfermonopol aufzubauen. Letztlich vergaloppierte er sich allerdings und ging 1491 mit 32.000 Gulden Schulden in Konkurs. Das Schwazer Silber war sohin für nicht alle ein Segen.

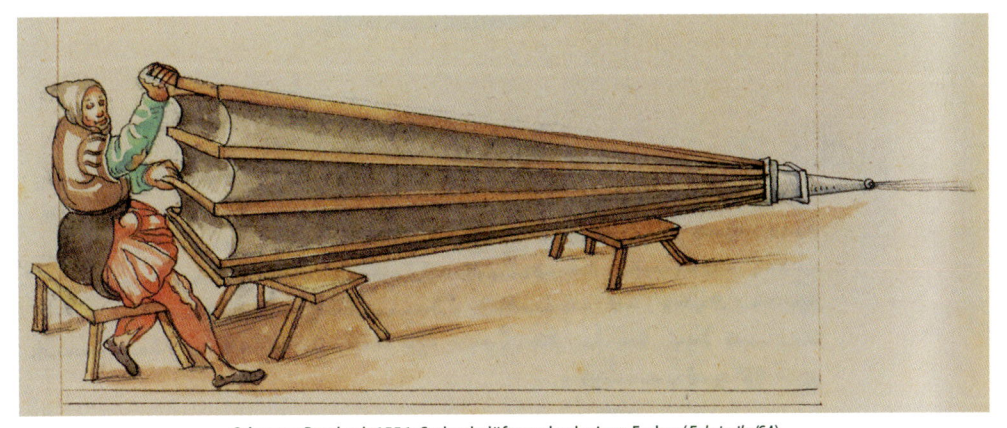

Schwazer Bergbuch 1556: Grubenbelüftung durch einen Focher (*Faksimile/SA*)

Wie rasant die Silbergewinnung war, zeigen erhaltene Abrechnungen. Am Falkenstein förderte man 1471 rund 3,4 Tonnen Silber. Mit Hilfe von 7000 Knappen steigerten die Gewerken die Silberausbringung bis zum Jahre 1523 mit dem absoluten Höchststand von 15.67 Tonnen. Korruption, Diebstahl, Betrug und Vetternwirtschaft waren Begleitumstände des Booms. Sigmund der Münzreiche suchte den Missständen 1474 mit einer novellierten Bergordnung zu begegnen. Für Knappen brachte sie wenig, die Gewinne streiften die reichen Gewerken ein. Angesichts ihrer schlechten Lebens- und Arbeitsbedingungen besannen sich Bergwerksarbeiter nicht erst im großen Knappenaufstand von 1526 ihrer Stärke (▶*Innsbruck-Kapitel, 9)*. Bereits 1485 zogen sie nach Innsbruck und setzten beim Landesfürsten gegen den Widerstand der Montanunternehmer Arbeitszeitforderungen durch. Auch mit der Einrichtung und Finanzierung eines Bruderhauses nahmen die Knappen ihr Schicksal in die eigenen Hände.

Auch für den Nachfolger Sigmund des Münzreichen, bei dessen Absetzung die Fugger ihre silbernen Hände im Spiel hatten, war der Bergbau von existentieller Bedeutung. Er war die schier unversiegbare Einnahmequelle König Maximilians I. Er nannte Tirol deshalb zu Recht *„eine Geldbörse, in die man nie umsonst griff"*. Der Landesfürst erließ daher gleich nach seiner Machtübernahme 1490 eine neue Bergordnung sowie 1493 und 1497 moderne Schmelzordnungen. Um mehr Erz zu fördern, ließ er 1491 den *Sigmund-Erbstollen* anschlagen, der seit 1990 das vielbesuchte Schaubergwerk in Schwaz beherbergt. 1556 betrug die Länge der größeren Stollen und Strecken allein im Revier Falkenstein 223 km.

Ab 1505 war die Erschöpfung der höher gelegenen Lagerstätten im Revier Falkenstein, als Folge jahrelangen, rücksichtslosen Raubbaus, nicht mehr zu übersehen. Die Gewerken hatten sich auf die reichsten Erzgänge gestürzt

Schwazer Bergbuch 1556: Die Arbeit im Stollen mit Hilfe einer Haspel (*Faksimile/SA*)

und erzarmes Gestein vernachlässigt. Nun waren sie zunehmend gezwungen, auch Armerze auszubeuten, was die Kosten steigen und Gewinne sinken ließ. Zudem gruben die Knappen immer tiefer, bis bei etwa 210 m unter dem Inntalboden der tiefste Punkt, der Grubensumpf, erreicht war. Um dem reichlich eindringenden Wasser Herr zu werden, baute man in die Schächte etwa alle 10 Meter Holzbühnen ein, von denen aus 600 Wasserknechte im 24-Stunden Schichtbetrieb wassergefüllte Ledersäcke in die Höhe zogen. Eine unmenschliche Arbeit, die gewaltige Kosten mit sich brachte. Um diese einzusparen, experimentierte man jahrelang mit Entwässerungstechniken unter Zuhilfenahme von Wasserrädern. Die *Schwazer Wasserkunst* konnte das Absaufen der Stollen jedoch nur verzögern, nicht verhindern. Der Tiefbau wurde daher 1615 eingestellt.

Welche Bilanz lässt sich nun über den Schwazer Bergbau ziehen? Im Revier *Falkenstein* wurden von 1470 bis 1550 rund 824 Tonnen Silber und 59.000 Tonnen Kupfer gewonnen. Dies entspricht einem durchschnittlichen Jahresertrag von 10,3 Tonnen Silber. Aus den Revieren *Ringenwechsel* und *Alte Zeche* kamen dazu noch 484 Tonnen Silber und 37.000 Tonnen Kupfer. In den folgenden 70 Jahren förderten die Gewerken aus dem Revier Falkenstein nur mehr 308 Tonnen Silber, sohin 4,4 Tonnen jährlich. Um 1500 stammte rund 40% des geförderten Silbers in Europa aus der Bergbauregion Schwaz. Mit der Edelmetallzufuhr aus den Kolonien fiel der Anteil 1550 auf knapp 19% und 1750 auf 2,5%. Schwaz, Mansfeld in Mitteldeutschland und Neusohl in der Slowakei waren ab 1470 die wichtigsten Kupferreviere. Hier wurden 80 bis 90 % des europäischen Kupfers gefördert.

Der Silber- und Buntmetallabbau in Schwaz und den übrigen Tiroler Revieren machten im 15. und 16. Jahrhundert das Land im Gebirge zu einer der reichsten Regionen Europas. Davon profitierten die verschwenderischen Landesherrn, die Fugger und andere südbayerische und heimische Bergbauinvestoren. Weit weniger davon sahen die schwer schuftenden Knappen und die Landbevölkerung, die in ärmlichen Verhältnissen hausten.

Schwazer Bergbuch 1556, Bruderhaus (*Faksimile/SA*)

Schwazer Bergbuch 1556: Holzmeister (Faksimile/SA)

Die Tiroler Bergwerke und Schmelzhütten verbrauchten unvorstellbare Mengen Holz. Das *Schwazer Bergbuch* spricht allein im Revier am Falkenstein von 77 km Stollen, die mit Holz ausgebaut und alle 7 Jahre erneuert werden mussten. Dazu kamen Gebäude, Werkzeuge und Gerätschaften, Leitern, Förderkübel, Grubenhunte, Wasserrohre und nicht zu vergessen, Kienspäne zur Beleuchtung der Stollen. Für Grubenholz verwendete man überwiegend Fichte und Tanne. Dazu kam ein gigantischer Holz-, Holzkohlen- und Kohleverbrauch in den Hüttenwerken.

Zur Sicherung des Holzbedarfs des Bergbaus in Tirol legten die Landesfürsten ganze Wälder unter Bann. Für das beginnende 16. Jahrhundert schätzt man den jährlichen Holzeinschlag für Bergbau, Schmelzhütten und die Salzgewinnung in Tirol auf mindestens 800.000 fm. Zum Vergleich: Im Jahr 2017 wurden in Tirols Wäldern rund 1,190.000 fm Holz genutzt. Als der Landesfürst begann, Almwälder für den Bergwerksbedarf umzuwidmen, auf denen seit Jahrhunderten Gewohnheitsrechte der Bauern lagen, schlug ihm Widerstand entgegen. Meist mit wenig Erfolg. Dem Landvolk blieben meist nur kleine Waldflächen für ihren Nutzholzbedarf. Erfolgreicher waren zuweilen Städte, die das Holz ihrer Wälder an Gewerken verkauften und Gewinne machten. Durch großflächige Übernutzung der Wälder entstanden schwere Umweltschäden, die mancherorts bis heute Wunden hinterlassen haben. Man kann davon ausgehen, dass die miserable Luftqualität in den Bergbauorten, neben den ungesunden Arbeitsbedingungen, mit zur Verringerung der Lebenserwartung der Knappen und Bevölkerung beitrug.

Tänzl, Stöckl, Fieger, Fugger und die anderen

Die Silber- und Kupfergewinnung in den Tiroler Bergbaurevieren lag anfangs in den Händen heimischer Gewerken. Sie betrieben den Abbau auf eigenes Risiko. Montanunternehmer der ersten Stunde in Schwaz waren *Stefan* und *Christian Tänzl, Antoni vom Roß, Hans Baumgartner, Hans Stöckl, Virgil Hofer, Hans Fieger, Jörg Perl* und andere. Sie und ihre Nachfolger zogen im 15. und 16. Jahrhundert große Gewinne aus dem Bergbau und wurden zum Teil geadelt. Einige brachten ihre Gewinne rechtzeitig in Sicherheit, andere übernahmen sich und gingen Bankrott. Um die hohen Investitions- und Betriebskosten zu stemmen, fusionierte eine Reihe von Gewerken. Von 37 Unternehmern des Jahres 1470 waren 1490 noch 8 Großunternehmen über. Gleiches gilt für die in dieser Zeit gegründeten Montanbetriebe, von 36 verblieben 9. Um 1500 waren es nur noch 11 Großunternehmen, die alle auch Hüttenwerke betrieben. Fast alle der heimischen Gewerkenfamilien konnten jedoch letztlich mit den kapitalkräftigen Augsburger Handelsherrn, die auch als Bergbauunternehmer einstiegen, auf Dauer nicht mithalten.

Unter den frühen Gewerken und Schmelzherren stechen Mitglieder der Innsbrucker Bürger- und Kaufmannsfamilie Tänzl hervor. Mit dem Bau der *Weiherburg* in Innsbruck 1460 demonstrierte schon Christian Tänzl den erworbenen Wohlstand. Sein Sohn, Veit Jakob Tänzl, seit 1502 *von Tratzberg,* war ein enger Jagdfreund und Ratgeber des Landesfürsten. Wie dieser lebte er auf großem Fuß. 1494 erwarb Tänzl von König Maximilian das abgebrannte *Schloß Tratzberg* bei Schwaz. Aus der Ruine entstand ein hochelegantes spätgotisches Wohnschloss, das in Tirol seinesgleichen suchte. Zu Ehren des Landesfürsten ließ er im Festsaal einen riesigen Habsburgerstammbaum an die Wände pinseln. Neben dem Schwazer Berg- und Schmelzwerk besaß die Tänzls auch Gruben in anderen Tiroler Bergbaurevieren. Als führende Gewerken produzierte sie in Schwaz zwischen 1491 und 1520 jährlich über 2.000 kg Silber. Durch Unterschlagungen eines Direktors geriet sein Unternehmen um 1520 in Schieflage. Fünf Jahre später machte Tänzl mit einem Großteil seines Unternehmens Bankrott.

Das Tiroler Silber brachte dem Land Reichtum, aber auch viel Unglück. Letzteres begann, als sich Sigmund der Münzreiche 1465 süddeutschen Wucherern in die Arme warf. Er nahm beim Augsburger Handelsherrn Ludwig Meuting 35.000 Gulden als Darlehen auf und übertrug ihm dafür das Recht, Schwazer Silber um 8 Gulden je Gewichtsmark (281g) zu kaufen, 5 Gulden für den Gewerken, 3 für den Landesfürsten. Das Silber verkaufte er dann um 10 bis 12 Gulden weiter, ein schnelles Geld! Die ständige Geldnot der Tiroler Landesfürsten und die Aussicht auf riesigen Gewinn zog rasch weitere Augsburger Handelsherrn an. Herwart, Paumgartner, Hoechstetter, Manlich oder Welser verschrieben sich dem *Silberkauf* im großen Stil. Um den Schein zu wahren, adelte Maximilian den Schacher als Vergabe von *Gnadenbriefen*. Bergbau, Kreditgeschäft und internationaler Silber- und Buntmetallhandel machten aus einigen süddeutschen Handelsherren internationale Finanzdienstleister, Montanunternehmer und Großspekulanten. Maximilian öffnete ihnen die Tore zum Tiroler Bergsegen wohl zu weit.

1485 taucht schließlich Jakob Fugger auf der Schwazer Bildfläche auf. Ulrich Fugger gewährte Sigmund dem Münzreichen ein Darlehen von 150.000 Gulden. Für das dafür auf ein Jahr verpfändete Silber erlöste er in 18 Monaten 200.000 Gulden, eine Verzinsung von 22%. Auf diese Art konnte man rasch reich werden. Mit der Ausbeute Tiroler Erzgruben stieg der Anteil Jakob Fuggers am europaweiten Kupferhandel von 40 auf 80 Prozent, da er auch reiche Gruben in Ungarn und Spanien kontrollierte. Eine neue Dimension gewann das Fugger´sche Montangeschäft 1522, als der Kufsteiner/Wasserburger Gewerke Martin Paumgartner zahlungsunfähig wurde. Jakob Fugger *der Reiche* übernahm gemeinsam mit den Brüdern Stöckl dessen Gruben und Schmelzhütte. Erstmals beschränkte sich der Augsburger Bankier und international tätige Großkaufmann nicht mit dem lukrativen Silber- und Buntmetallhandel, sondern betätigte sich als Gewerke – und das mit nachhaltigem Erfolg. Das Fugger´sche Finanzimperium gründete nicht zuletzt im Silber und Kupfer aus Tiroler Revieren.

Neben ihrer Faktorei in Hall mieteten die Fugger in den 1520er-Jahren für ihr Edel- und Buntmetallgeschäft anfangs im Schwazer *Stöcklhaus* eine Schreibstube. Der vom Gewerken Stöckl erbaute Handels- und Wohnpalast, heute Rathaus, wird daher zu Unrecht als *Fuggerhaus* bezeichnet.

Ein solches ist dagegen das von Anton Fugger 1525 errichtete, *Kreuzwegerhaus,* das in seiner imposanten Erscheinung den steilen Aufstieg der Fugger augenscheinlich vor Augen führt. 1539 verlegten die Fugger folgerichtig ihre Faktorei aus der Salzstadt in die Silberstadt. In unruhigen Zeiten übersiedelte Anton Fugger den Konzernsitz zeitweilig von Augsburg sogar ganz nach Schwaz.

Pfarrkirche Maria Himmelfahrt und Stöckl-(Fugger)haus in Schwaz (*SA*)

Den Preis des Fugger'schen Reichtums bezahlten die Knappen. Es gibt zahllose Berichte und Klagen über monate- und jahrelang nicht bezahlte Löhne, dazu Versuche, die Abrechnung zu Lasten der Knappen zu verändern, Lohnkürzungen, Verlängerung der Arbeitszeit und Entlassungen. Besonders übel war das Pfennwertsystem. Bergwerksarbeiter erhielten ihren Lohn nämlich nur zum kleineren Teil in Geld ausbezahlt. Darüber hinaus bekamen sie Pfennwerte, mit denen sie Getreide, Schmalz und Käse, Beleuchtungsmittel, Werkzeug und Bekleidung zu oft überhöhten Preisen kaufen konnten. Um auch damit noch Geschäfte zu machen, gründeten die Fugger mit anderen Gewerken den *Schwazer Berg-, Schmelz- und Pfennwerthandel*.

Die *Goldene Schreibstube* von Jakob Fugger in Augsburg (*wikipedia commons*)
Wappen von Schwazer Gewerken (*Stadtgemeinde Schwaz*)

Im harten Verdrängungswettbewerb am Berg verschwanden 1554 mit den Gewerken Stöckl und der wieder erstandenen Tänzel-Gesellschaft die beiden letzten heimischen Montanunternehmer aus den Revieren. Sie waren, wie es die Innsbrucker Hofkammer ausdrückte, am Bergbau *gestorben und verdorben*. 1577 verblieben die Fugger als letzte private Bergwerks- und Hüttenbetreiber, da auch die süddeutschen Konkurrenten die Waffen streckten. Um sich nicht ganz den Fuggern auszuliefern und um *Knappen zu erhalten*, übernahm Landesfürst Ferdinand II. von resignierenden Gewerken ein Drittel des Reviers Falkenstein, das wegen steigender Betriebskosten und sinkender Ausbeute jedoch immer weniger Gewinn erwirtschaftete.

Aus diesem Grund, und wegen der miserablen Arbeitsbedingungen kam es immer wieder, etwa 1583, 1589, 1595, 1614 oder 1649, zu Knappenaufständen. Der Handlungsablauf war dann regelmäßig derselbe: Die Fugger drohten mit Zusperren der Reviere und der Entlassung der Bergleute. Die Landesherrn anerkannten dann wenigstens einen Teil der Forderungen der Knappen und die Fugger ließen sich daraus erwachsende Mehrkosten von ihnen ablösen. Ein Schlaglicht auf allgemein katastrophale Zustände in Schwaz wirft das Auftreten einer Seuche im Jahr 1611, wobei man anfangs an die Pest dachte. Innerhalb von sechs Monaten starben 600 Knappen. Die *hungarische Krankheit* forderte jedoch auch unter der armen und mangelernährten Bevölkerung zahlreiche Opfer. Heute würde man die Diagnose stellen: Sie starben alle an Hungertyphus.

Nachdem die Fugger in der Tiroler Bergbauregion über 140 Jahre gnadenlosen Raubbau betrieben, die Knappen aufs Übelste ausgebeutet und die Landesfürsten unverschämt ausgenommen und erpresst hatten, verließen sie 1667 sang- und klanglos das Land im Gebirge und ließen Gruben und Knappen einfach zurück. Der damalige Landesfürst musste einspringen. Zu dieser Zeit hatten nicht nur der Bergbau in Schwaz, sondern auch die Fugger abgewirtschaftet. Die Stiefel von Jakob und Anton Fugger waren den nachfolgenden Konzernchefs erheblich zu groß. Sie lebten nur mehr von ihren fähigen Faktoren. Heute erinnern an die Fugger in Schwaz neben den beiden Häusern lediglich drei Epitaphe in der Pfarrkirche. Die Augsburger waren im Gegensatz zu einigen heimischen Gewerken in Tirol nie Kulturträger.

Tirol hat sohin wenig Grund, den Fuggern und den anderen Augsburger Raubtierkapitalisten auch nur eine Träne nachzuweinen. Einziger Pluspunkt ist, dass wenigstens die Tiroler Landesfürsten mit dem von den Fuggern geliehenem Geld nicht nur sinnlose Kriege geführt und uneheliche Kinder ausgestattet, sondern auch in bleibende Kulturgüter investiert haben. Und die Bäume der Fugger wuchsen schließlich auch nicht in den Himmel, da die Habsburger ihre gigantischen Schulden nicht zurückzahlten. Dies stellt dem Herrschergeschlecht allerdings auch kein gutes Zeugnis aus. Jedenfalls hatte die Politik seinerzeit Finanz- und Handelskonzerne übers Geld doch noch im Griff. Heute beherrschen Online-Giganten das Feld. Ihnen wird die Politik wohl nicht mehr Herr werden.

Kreuzwegerhaus der Fugger (*SA*) — Pfarrkirche Maria Himmelfahrt (*Wallas*)

Ein Fuggernachfahre hat laut *Spiegel* 1978 errechnet, dass sich die Außenstände der Habsburger inklusive Zinsen auf rund 250 Milliarden DM belaufen. Inflationsberichtigt wären das heute 320 Milliarden EURO. Die Fugger verbrennen offenbar bis heute keine alten Schuldscheine – man weiß ja nie!

Der Erzbergbau im Schwazer Revier wurde mit wechselndem Erfolg bis 1827 fortgeführt. Die alte Bedeutung erreichte er allerdings niemals wieder. Zuletzt wurde noch Dolomit-Schotter abgebaut. Am 10. Juli 1999 donnerten etwa 100.000 Tonnen Gestein vom durchlöcherten Eiblschrofen zu Tal. Der schwere Bergsturz beendete die jahrhundertelange Bergbautradition in Schwaz dann endgültig.

Schwarze Mander, Scharfmetze und Glockenklang

Das nun folgende Kapitel handelt in Innsbruck, ist aber mit dem Bergbau in Schwaz untrennbar verbunden. Das Schmiede- und Gusshandwerk der Stadt genoss nämlich um 1500 internationales Ansehen. In Innsbruck wurden die prächtigsten Rüstungen geplattnert, die modernsten Kanonen und wohlklingendsten Glocken gegossen. Grundlage dafür waren technologische Innovationen in der Montanindustrie und der internationale Rohstoffhandel. Das Zinn für die Bronze kam aus Böhmen. Kaiser Maximilian, der *letzte Ritter und erste Kanonier*, interessierte sich von Jugend an für die *Artalerey* und errichtete in Innsbruck eine High-Tech-Waffenschmiede. Schwazer Silber war die finanzielle Basis, nicht nur für die weitgespannte Politik des Kaisers, sondern auch für den modernsten Geschützpark Europas. Gegossen wurden die Kanonen aus Bronze, die zu 90% aus Schwazer Kupfer bestand. Vor fremden Fürsten sonnte sich der Medienkaiser vor seinen Schätzen im um 1500 errichteten *Innsbrucker Zeughaus*. Hier lagerten, fein säuberlich geschlichtet und in Zeugbüchern katalogisiert, Geschütze, Handbüchsen, Pulver, Kanonenkugeln, Rüstungen, sowie Hieb- und Stichwaffen aller Art – Ausrüstung und Gerätschaften für etwa 30.000 Mann.

Feuerwaffen gab es lange vor dem selbsternannten *ersten Kanonier*. Das Schießpulver erfanden die Chinesen im 11. Jahrhundert. Die Bezeichnung *Schwarzpulver* soll den Freiburger Mönch Berthold Schwarz ehren, der einem Mythos nach, das Pulver 1380 entdeckt haben soll. Es wird berichtet, dass Tataren Mitte des 13. Jahrhunderts bei einem Einfall in Polen Feuerwaffen einsetzten. An der Wende des 13. zum 14. Jahrhundert verbreitete sich die neue Waffentechnik von Italien aus. Der erste, urkundlich belegte Einsatz von Feuerwaffen in Tirol beeindruckte 1422/23 den Burgherrn von Schenna bei Meran wohl nur wenig. Vor den Toren der Feste goss der Büchsenmeister eine Kanone. Von ihrer durchschlagenden Wirkung liest man im Dokument nichts.

Die frühen Büchsenmacher standen vor vielen Problemen. Man benötigte nämlich nicht nur verlässliches Pulver, sondern auch Rohre, welche bei der Explosion nicht in Stücke sprangen. Für kleine Kanonen verwendete man Glockenbronze. Bei größeren Rohren mangelte es vorerst noch an der Eisen-Gusstechnik. Schmiede schweißten Kanonenrohre daher nach Art eines Fasses aus Eisenstäben zusammen, die durch mächtige Ringe zusammengehalten wurden. Solche Kanonen konnten bis zu einem Kaliber von 60 cm geschmiedet werden und wogen wenigstens 100 Zentner. Ihr Transport war mühsam und der Abschuss zuweilen lebensgefährlich. Diese Geschützmonster wurden Mauerbrecher, Hauptstücke oder Hauptbüchsen genannt. Die größte erhaltene Steinbüchse aus Schmiedeeisen ist die *Tolle Grete* aus der Zeit um 1430. Sie wiegt 16.400 kg. Mauerbrecher wurden, wie der Name schon sagt, bei Belagerungen eingesetzt und waren die schwersten Waffen im Arsenal Maximilians. Die meisten übernahm er von seinem Onkel Sigmund dem Münzreichen. Zum Einsatz kamen zwei seiner Hauptbüchsen, *Purlepaus* und *Weckauf von Österreich,* 1504 bei der Belagerung Kufsteins. Die 100 kg schweren Eisenkugeln zertrümmerten damals die Festungsmauern binnen kurzem (▶ *Kaiser-Kapitel, 131*).

Solche Hauptstücke waren im Felde unbrauchbar. Maximilian setzte daher auf kleinere Kaliber. Zudem suchte er, nicht zuletzt aus Kostengründen, die Kanonenproduktion zu standardisieren. Trotz seiner Bemühungen blieb eine verwirrende Vielfalt, wobei die Mordwaffen zuweilen höchst poetische Bezeichnungen trugen: Nachtigall, Burgunderin, Feldschlange, Basilisk, Scharfmetze, Falkon, Falkonett, Wagenbüchse, Mörser, Wurfkessel, Böller, Orgelgeschütz und einige Typen mehr. Durch die rasanten Fortschritte im Geschützbau, mussten sich Schmiedemeister neu orientieren. Kanonenrohre wurden von hochspezialisierten *Stück- oder Geschützgießern* hergestellt. Maximilian nahm aktiv Anteil an Entwicklung und Einsatz seiner Artillerie. So legte er etwa die Zusammensetzung der Geschützbronze mit zehn Teilen Kupfer und einem Teil Zinn

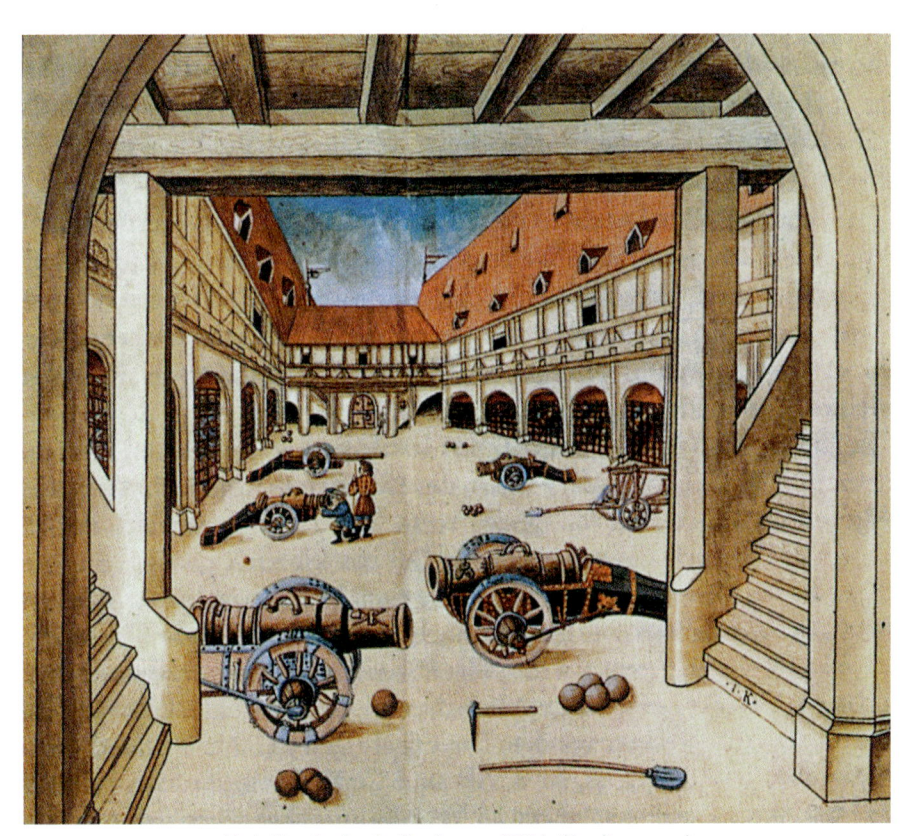

Maximilians Innsbrucker Zeughaus um 1500 (*wikimedia commons*)

verbindlich fest. Auch regelte er die Bezahlung der Gießer, die pro Zentner Guss zwei Gulden und 45 Kreuzer erhielten. In seinen Propagandaepen *Teuerdank* und *Weißkunig* verabsäumte Maximilian es daher nicht, sich als den *ersten Kanonier* zu präsentieren. Er konnte dies offenbar problemlos mit seinen Ritteridealen vereinbaren.

Belagerung Kufsteins durch Maximilian I. 1504 (*wikipedia commons*)

Ab Mitte des 14. Jahrhunderts gab es auch schon primitive Handfeuerwaffen. Sie machten viel Lärm und zeigten wenig Wirkung. Die Hakenbüchse/Arkebuse, die mit einem Luntenschloss zündete, war die wichtigste Handfeuerwaffe Maximilians. Man musste sie stabil einhängen, da ihr Rückstoß ansonsten dem Schützen den Brustkorb eingedrückt hätte. Zudem wogen sie anfangs bis zu 30 kg. Ab dem letzten Viertel des 16. Jahrhunderts wurden leichtere Hakenbüchsen schon in Serie hergestellt. Maximilian bevorzugte Messingrohre. Das Kupfer für die Legierung kam aus Schwaz, besser noch aus dem Ahrntal in Südtirol. 1503 errichtete Maximilian in Mühlau eine Messinghütte und erteilte gleich den Auftrag für 1.000 Handbüchsen. Büchsengießer war Lienhard Offenhauser. Er führte den Messingguss zum Höhepunkt.

Das *Silicon Valley* der Harnischmanufakturen und Plattnereien, des Geschütz- Bildnis- und Glockengusses bis hin zur Münzprägung mittels Walzprägemaschinen erstreckte sich im 15. und 16. Jahrhundert von Mühlau über St. Nikolaus bis Hötting. In den Vororten Innsbrucks erzeugten wilde Gebirgsbäche die für den *Industriepark*, insbesondere die Hammerwerke, unverzichtbare Wasserkraft. Neben der Sill und dem Fallbach in Hötting nutzte man auch den *Wurmbach* in Mühlau. Dieser zog seine Gewalt vom Blut des Tatzelwurms, das zu einem Wasserstrom verwandelt wurde, wie die Sage berichtet. Dank des Engagements Sigmunds des Münzreichen arbeiteten die Waffenschmieden und Gusshäuser schon vor Maximilian auf hohem Niveau. Der *erste Kanonier* konnte nachmals darauf bauen.

Die *Adlergarnitur* von Jörg Seusenhofer für Erzherzog Ferdinand II., 1547 (*SA/KHM*)

Der Landesfürst richtete 1460 in Mühlau eine Plattnerwerkstätte ein. Hier stellten eine Reihe von Meistern, allen voran Kaspar Rieder, Gebrauchs- und Prunkharnische her und begründeten damit den Ruhm der Innsbrucker Harnischkunst. Die Plattnereien in Mühlau zeichnete ein speziell gehärtetes Eisen aus. Das Produktionsgeheimnis dieses Spezialmaterials hatte Erzherzog Sigmund durch Industriespionage in Mailand besorgen lassen. Das machte sich bezahlt. Die Luxusrüstungen der Mühlauer Harnischmeister waren auch international begehrt. Selbst Großaufträge konnte man hier erledigen. Für Maximilians Venedigkrieg fertigten die Werkstätten binnen kurzem 2.000 Brustpanzer. Die bevorzugten Harnischmeister des Kaisers waren die Seusenhofer. Ihnen stellte Maximilian die neue Hofplattnerei in der Neustadt zur Verfügung. Ihre Luxusharnische waren Maximilians teuerste PR-Präsente für Könige und Fürsten.

Anfang des 16. Jahrhunderts startete Maximilian dann sein ultimatives Projekt fürs ewige Gedächtnis. Er ließ eine der drei alten Mühlauer Gusswerkstätten in eine moderne Kunsterzgießerei umwandeln, um dort Bildwerke herstellen zu lassen, welche die Innsbrucker Hofkirche heute einzigartig machen: 24 der 28 *Schwarzen Mander und Weiber* seines Grabdenkmals in der Hofkirche. Insgesamt arbeitete man ganze 82 Jahre daran. Fertigstellen konnte das ewige Werk erst sein Enkel, Kaiser Ferdinand I.

Maximilian betraute den angesehenen Münchner Maler Gilg Sesselschreiber mit der Umsetzung seiner Idee. Gesamtkonzeption und viele Details stammten von Maximilian selbst. Der Landesfürst stellte Sesselschreiber 1508 seine Kunsterzgießerei am Mühlauer Wurmbach zur Verfügung und versorgte ihn großzügig. In dessen Werkstatt waren neben zwei Gießern ein Schmied, ein Maler, zwei Schnitzer für die Holzmodelle und ein Goldschmied tätig. Für den Guss des ersten *Schwarzen Manders, Ferdinand von Portugal*, gewann er 1509 Peter Löffler. Der angesehene Geschütz- und Glockengießer verweigerte jedoch die Herstellung weiterer Bildwerke. Er wollte sich nicht noch einmal den gefährlichen Arsendämpfen aussetzen.

Schwarze „Mander", naiv dargestellt vom Goldschmied Jakob Jezl 1715 (SA)

Ohne erfahrenen Gießer hatte Sesselschreiber nun ein ernstes Problem. Das Projekt stagnierte, bis endlich sein Sohn einsprang. In zehn Jahren verbrauchte seine Werkstatt eine Menge Geld, stellte jedoch nur acht Statuen fertig, darunter jene der *Maria von Burgund*. Trotzdem muss man den Mut und letztlich auch die Leistung des Malers bewundern, hatte man nördlich der Alpen doch noch nie so große Statuen gegossen. Dazu forderte Maximilian noch höchste Qualität und möglichst realistische Darstellung der in Bronze Gegossenen. Wohl aus Überforderung und Frust gab sich Sesselschreiber zunehmend dem Wohlleben, vorzüglich dem Wein hin. Es verwundert daher nicht, dass Maximilian 1514 zwei *Schwarze Mander* in Nürnberg von Peter Vischer nach Entwürfen Albrecht Dürers gießen ließ. *Theoderich* und *König Arthus* sind die grazilsten Statuen, ganz im Stil der Renaissance. Der aufregende Stilmix der *Schwarzen Mander* ist Können und Kunstauffassung von Entwerfern und Gießern geschuldet. Ein paar Dürer-Figuren mehr hätten dem Projekt nicht geschadet.

Der entnervte Kaiser entließ die beiden Sesselschreiber schließlich 1518. Er beauftragte nun den ebenfalls 1508 aus Nürnberg nach Innsbruck berufenen Rotschmiedemeister Stephan Godl. Dieser zählte zu den bedeutendsten Meistern seiner Zeit. Bis zu seinem Tod 1534 verwirklichte Godl 16 Statuen. Seine Werkstatt setzte mehrere der von Hofmaler Jörg Kölderer überarbeiteten Entwürfe Sesselschreibers um. Godl starb 1534 in Mühlau an den giftigen Arsendämpfen, denen er beim Guss dauernd ausgesetzt war. Wegen eben dieser konnte man Gregor Löffler, 40 Jahre nach dem Guss des ersten *Schwarzen Manders* durch seinen Vater, auch nur für den *Frankenkönig Klodwig* gewinnen. Damit waren es immerhin 28 der 40 von Maximilian geplanten Figuren, zwanzig Männer und acht Frauen. Die neunundzwanzigste, die lebensgroße Statue Maximilians I. auf der leeren Tumba – der Kaiser in ewiger Anbetung – goss Ludovico del Duca erst 1582. Der Entwurf stammt vom berühmten flämischen Bildhauer Alexander Colin.

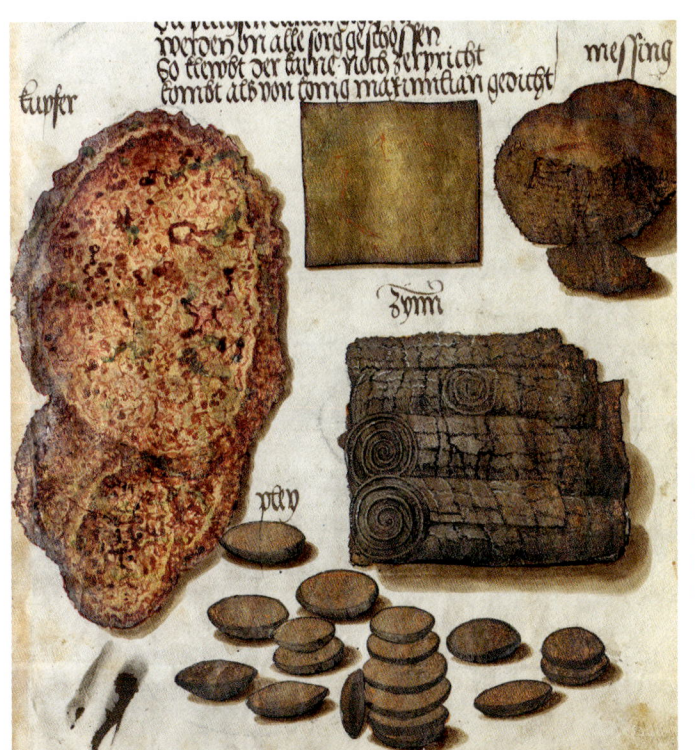

Waffentaugliches Metall:
Kupfer, Bronze, Messing, Zinn und Blei
Zeugbuch Kaiser Maximilians I.,
Innsbruck um 1502
(*Bayerische Staatsbibliothek cod. icon.222/MDZ*)

Im letzten Drittel des 15. Jahrhunderts entstanden in Hötting zwei Gusshütten, die sowohl für Sigmund den Münzreichen als auch Maximilian Glocken und Geschütze gossen. Sigmund der Münzreiche gründete 1462/63 in Hötting zudem eine erzherzogliche Glocken- und Büchsengießerei. Beide Landesfürsten nahmen regen Einfluss auf die technische und künstlerische Entwicklung und hatten so wesentlichen Anteil an der überragenden Stellung des Geschützgusses in Innsbruck. Die bedeutendsten alten Meister waren Hans und Jörg Selos und Jörg Endorfer, dessen Gusshaus am Fallbach, nahe der alten Pfarrkirche lag. Endorfers Hauptbüchse *Die schöne Katharina* ist eines der wenigen erhaltenen Geschütze aus dem 15. Jahrhundert. Das *Fräulein* wiegt ganze 4.600 kg. Die Kanone wurde zuerst Sigmund dem Münzreichen 1487 von den Venezianern, und dann den Venezianern von den Osmanen abgenommen. Als Festungsgeschütz auf Rhodos stand sie dann noch Jahrhunderte lang in Diensten. Das Rohr kam 1862 als Geschenk des Sultans ins Pariser Armeemuseum. Endorfer goss auch *Purlepaus* und *Weckauf von Österreich*, die 1504 die Festung Kufstein in Trümmer schossen.

Maximilian als Geschützfachmann im Weißkunig (*Faksimile/ONB*)

Ein weiterer prominenter Geschütz- und Glockengießer war Peter Laiminger. Er kam 1468 wahrscheinlich aus Sterzing nach Hötting und errichtete am Gänsbichl ein Gusshaus. Ab 1488 stand er im Dienst Sigmund des Münzreichen. Er betätigte sich hauptsächlich als Glockengießer. Kaiser Friedrich III. erhob Laiminger in den Adelsstand. Unter Bezug auf sein Wappentier nannte er sich in weiterer Folge Peter Löffler. Er war Begründer einer Gießerdynastie, die bis ins 17. Jahrhundert erfolgreich tätig war. Der Star der Familie war zweifellos sein Sohn Gregor. Er war wohl der fähigste Geschützgießer und Artilleriefachmann des 16. Jahrhunderts. Gregor Löffler arbeitete nicht nur für die beiden Habsburgerkaiser Karl V. und Ferdinand I., sondern auch für ausländische Auftraggeber. Sogar der französische König versuchte Löffler anzuwerben. Gregor war sich seines herausragenden Könnens bewusst und verlangte selbstbewusst seinen Preis. Er fand im Bildhauer und Modellierer Alexander Colin, einem weiterer Star am landesfürstlichen Hof in Innsbruck, einen kongenialen Partner.

In Präzision, Reichweite und Durchschlagskraft waren die Löffler'schen Kanonen in Europa einzigartig. Technik, Zusammensetzung des Gussguts und das aufwendige Aussehen wurden oft kopiert, aber nie erreicht. Dazu war der Tiroler Geschützguss im 16. Jahrhundert durch effiziente Produktion in der Lage, Geschütze in Serie zu produzieren. An die 1000 Kanonenrohre wurden am Gänsbichl gegossen, ein fast schon industrielles Ausmaß. Seinen größten Auftrag erhielt er 1538 von Ferdinand I. Dieser benötigte für die Türkenabwehr dringend eine Verstärkung seiner Artillerie. Löffler sollte daher 94 Geschütze gießen. In der Not schmolz man die veralteten Prunkstücke Kaiser Maximilians aus dem Zeughäusern ein, um rasch zur Bronze zu kommen. 1542 goss er, erneut für König Ferdinand I., in kürzester Zeit unglaubliche 66 Kanonen. Angesichts der drohenden Türkengefahr musste sogar der Auftrag seines Bruders Kaiser Karls V. von 104 Geschützen zurückstehen. Als Churfürst Moritz von Sachsen Kaiser Karl V. 1552 in Innsbruck gefangen nehmen wollte, plünderten seine Verbündeten, der Landgraf

Schlangenbüchsen aus dem Zeugbuch Kaiser Maximilians I. Innsbruck um 1502 (*Bayerische Staatsbibliothek cod. icon.222/MDZ*)

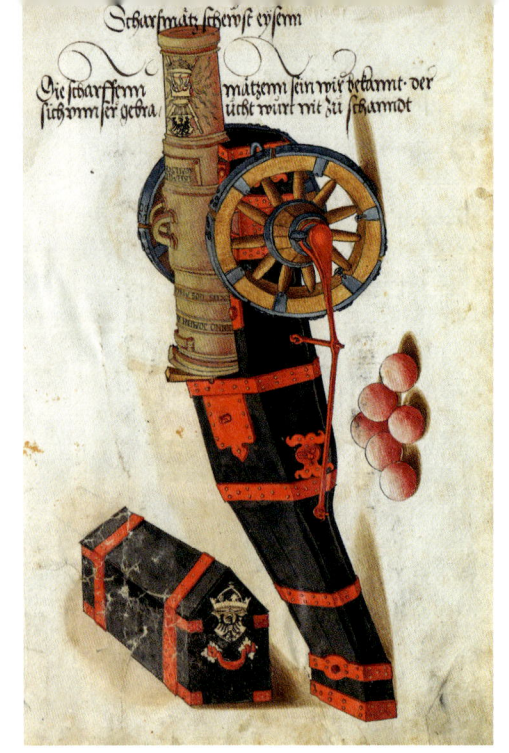

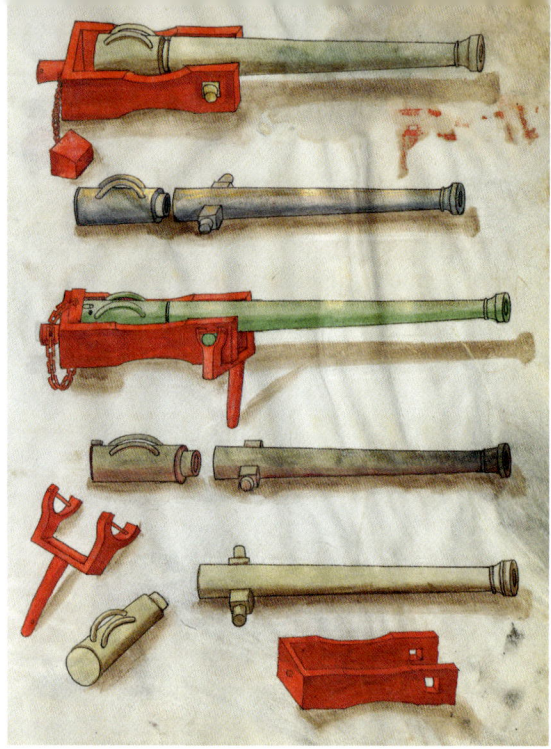

Scharfmetze und Schlangenbüchsen aus dem Zeugbuch Kaiser I.
Innsbruck um 1502 (*Bayerische Staatsbibliothek cod. icon.222/ MDZ*)

von Hessen und der Herzog von Mecklenburg das Löffler'sche Lager und ließen 36 Kanonenrohre mitgehen. Sie und ihre Soldateska benahmen sich auch sonst wie dahergelaufene Straßenräuber.

Eine wesentliche Innovation Löfflers beim Guss von Kanonenrohren war, dass er sie aufrechtstehend goss, die Bronze in der Gussform also von unten nach oben stieg. Dadurch erreichte Löffler eine erheblich größere Metalldichte im Bereich der Pulverkammer. Die Rohre wurden so auch leichter und stabiler. Andere Geheimnisse haben Peter Löffler und seine Nachfolger, die Söhne Gregor und Alexander, die Enkel Hans Christoph und Elias sowie Urenkel Christoph hingegen mit ins Grab genommen. Der neuzeitliche Versuch einer Innsbrucker Glockengießerei, eine Löffler-Kanone nachzugießen, scheiterte spektakulär. Man kann Löfflers Geheimnissen trotzdem mit Pläsier nachspüren und dabei nicht nur die Weltpolitik, sondern auch die sozialen und politischen Zustände im Bergbauland Tirol ergründen. Im glänzend recherchierten Tatsachenroman von Soyener und Mondfeld geht die abenteuerliche Reise der Hauptfigur, der Geschützgießer Adam Dreyling, von Schwaz über Innsbruck nach Venedig und schließlich nach England, wo dessen Geschütze 1588 maßgeblich dazu beitrugen, die spanische Armada in den Meeresgrund zu bohren. Der Erfolg bekommt ihm am Ende vor dem Schwazer Berggericht jedoch nicht gut. Der Vorwurf: Wirtschaftsspionage.

Welchen Stellenwert die Waffenproduktion im 16. Jahrhundert hatte, ermisst man am Erbe Gregor Löfflers. Er war einer der reichsten Männer der Gefürsteten Grafschaft Tirol und hinterließ seinen Nachkommen, abgesehen von seinem sonstigen Vermögen, 50.000 Gulden in bar. Er verdiente sein Geld auch als geschickter Kupfer- und Silberhändler. Über ihn schreibt Erich Egg in seinem

Tiroler Geschützbuch: „*Dazu war er ein echter Mensch der Renaissance, vielseitig, lebenstüchtig und eigenwillig, einer der großen Männer des 16. Jahrhunderts, der in Tirol kaum seinesgleichen hat.*"

Keine der hoch gerühmten Löffler-Kanonen hat die Zeiten überdauert. Sie erlitten das Schicksal der meisten Geschütze, wurden eingeschmolzen und zu neuen Kanonen gegossen. Dennoch kann man einen Eindruck Löffler´scher Gusskunst gewinnen. So gossen Peter und Gregor Löffler je einen *Schwarzen Mander*. Und dann waren sie auch noch Schöpfer einiger bedeutender Glocken. Diese waren seinerzeit allgegenwertig, Glocken waren Taktgeber des täglichen Lebens. Sie läuteten Gottesdienste, Kirchenfeste und den Feierabend ein, verkündeten Hochzeit und Begräbnisse, warnten vor drohendem Unwetter, Feuer und Krieg.

Eine kleine Löffler-Glocke ziert die Pfarrkirche von Amras. Sie ist die frühest erhaltene von Peter Löffler und stammt aus dem Jahr 1493. Eindrucksvoller ist naturgemäß der mächtige Klang der mit 61 Wappen verzierten *Maria Maximiliana* von 1510. Sie ist eine der bedeutendsten der Zeit. Die Glocke hängt im neuen Kirchturm der *Himmelfahrtskirche* in Schwaz. Dieser musste nach 500 Jahren errichtet werden, da der alte Kirchturm den Schwingungen der 4,5 Tonnen schweren Löfflerin nicht länger gewachsen war. Wie mit dem Innsbrucker Wappenturm demonstrierte Maximilian mit der *Maria Maximiliana* der Öffentlichkeit die ganze Größe seines Reiches. Angesichts ihrer großen Zahl fällt nicht weiter auf, dass Maximilian einige Wappen dazu schwindeln ließ.

Mit der *Maximiliana* ist auch eine Sage verknüpft. Als man die Glocke hochziehen wollte, rissen alle Stricke. Man war ratlos. Da erschien die Gottesmutter, befestigte an der Glockenkrone ein rosa Band, und das Problem war gelöst. Peter Löffler erhielt für die Glocke 966 Gulden Gießerlohn. In der Schwazer Pfarrkirche hängt noch ein weiteres Beispiel höchster Gusskunst: Der von Hans Christoph Löffler gegossene *Epitaph von Hans Dreyling* aus dem Jahr 1573. Der Gewerke war mit einer Löfflertochter verheiratet.

Ebenfalls von Hans Christoph Löffler stammt die 1570 für das aufgehobene Haller Damenstift gegossene *Heilig-Kreuz-Glocke*. Sie hängt im Turm der Stadtpfarrkirche *St. Nikolaus*, der nach dem Erdbeben von 1670 neu gebaut werden musste. Eindrucksvoll ist zudem seine *Silberne Glocke* in der Jesuitenkirche in Innsbruck von 1597. Auf historischem Löfflerboden befindet man sich beim Besuch des nachmals weitgehend umgestalteten *Schloss Büchsenhausen*, das 1539 von Gregor Löffler in Hötting erbaut wurde. Es stand neben seinem Gusshaus, von dem heute nur mehr eine Mauer existiert.

Die Löffler-Werkstätten übernahm 1614 der Gießer Heinrich Reinhart. Er goss daselbst neben einer Reihe weiterer Glocken 1609, 1611 und 1620 drei Glocken für das Stift Wilten, weiters das Grabmal von Erzherzog Maximilian III. im Innsbrucker Dom und zahlreiche Kanonenrohre. Eine besondere Leistung war der Guss einer neuen Sudpfanne in Hall, für die er 114 Zentner Metall benötigte und die 1.000 Gulden kostete.

Das letzte Highlight Innsbrucker Gusskunst stammt ebenfalls von ihm und seinem Vetter Friedrich Reinhart. Die vom Hofpossierer Caspar Gras gestaltete, manieristische Figurengruppe des *Leopoldbrunnens* wird vom ersten großen Reiterdenkmal außerhalb Italiens gekrönt. Das Ross steht nur auf seinen beiden Hinterbeinen, eine gusstechnische Meisterleistung des Hofbüchsen- und Glockengießers Friedrich Reinart aus dem Jahr 1622. Gras und die beiden Reinharts schufen zusammen eine Reihe von Kunstwerken.

Übersiedlung der *Maria Maximiliana* 1911 (Stadtgemeinde Schwaz)

Die Gusstradition wird in Innsbruck seit 400 Jahren von der *Glockengießerei Grassmayr* hochgehalten. Heute ist das 1599 gegründete Unternehmen einer der Marktführer mit Kunden in mehr als 100 Ländern der Welt. Die 2016 für die *Kathedrale der Erlösung des Volkes* in Bukarest gegossene *Andreasglocke* ist mit einer Höhe von 3,35 Metern und einem Gewicht von mehr als 25 Tonnen die größte freischwingende Glocke der Welt. Von *Grassmayr* stammt auch die *Schützenglocke* von 1959 in der Innsbrucker Jesuitenkirche. Die dem Herzen Jesu geweihte Glocke ist mit 9 Tonnen Gewicht die viertgrößte Österreichs. Die Gießerei *Grassmayr* betreibt am Firmensitz in Innsbruck/Wilten ein sehenswertes Glockenmuseum.

Der Nabel der Welt

Einige Kapitel dieses Buches gründen in einer einmaligen historischen Konstellation. In den Jahrzehnten um 1500 machte die Welt einen gewaltigen Sprung nach vorne, vom Mittelalter in die Neuzeit. Innsbruck, Hall und Schwaz lagen damals an der Schnittstelle zwischen Italien und Deutschland, zwischen Burgund und Wien. In Tirol trafen visionäre, egozentrische Renaissancefürsten, Kaiser Maximilian I. und Erzherzog Ferdinand II., auf innovative, skrupellose Investmentbanker, Jakob und Anton Fugger und ihr Handelsimperium. Ihr Zusammentreffen vor dem Hintergrund einer frühkapitalistischen, sich globalisierenden Wirtschaft, bewirkte auf vielen Gebieten Großartiges. Auf der anderen Seite brachten die handelnden Personen durch zahlreiche Kriege, Verfolgung Andersgläubiger, gnadenlose Ausbeutung, Raffgier und Wucher, sowie rücksichtslose Zerstörung der Umwelt schweres Unglück über ihre Zeitgenossen. Die Bilanz ist trotz des *Goldenen Dachls* und der *Ambraser Kunst- und Wunderkammer* keine eindeutige.

Motor der Entwicklung waren die reichen Tiroler Salz-, Silber- und Kupferreviere. In der Münzstätte Hall prägte man 1486 aus Schwazer Silber den *Guldiner*, der für die folgenden Jahrhunderte die Geldeinheit vorgab. In Hall revolutionierte 1550 das erste Münzwalzwerk die Geldherstellung. Auf einem Silbertaler Maximilians lesen wir erstmals das Wort *Europa*. In Innsbruck produzierten die modernsten Waffenschmieden der Zeit. Sie brachten die glänzendsten Luxusrüstungen und die präzisesten Bronzekanonen hervor. Die Fürstenhöfe von Kaiser Maximilian I. und Erzherzog Ferdinand II. machten italienischen Renaissanceresidenzen Konkurrenz.

Mit der Hofkapelle der Tiroler Landesfürsten und dem ersten Opernhaus nördlich der Alpen gab Innsbruck auch noch nach Kaiser Maximilian kulturell den Ton an. Die Streichinstrumente von Jakob Stainer aus Absam bei Innsbruck waren seinerzeit begehrter als die Instrumente der Cremoneser Meister. Und die dünnwandigen Werke der Hofglashütte in Innsbruck erreichten fast die Höhe der Glaskunst Venedigs. Albrecht Dürer, Albrecht Altdorfer, Hans Burgkmair und andere berühmte Künstler verwirklichten Maximilians modern anmutendes PR-Konzept. Wesentlicher Teil desselben war sein Grabdenkmal mit 28 *Schwarzen Mandern und Weibern,* die sein ewiges Gedächtnis bewahren. Die Kunst- und Wunderkammer Erzherzog Ferdinands II. auf Schloss Ambras gilt als ältestes Museum der Welt.

Einen Konterpunkt setzte die vom Bauernführer Michael Gaismair 1525 entworfene Landesverfassung, die bei den Forderungen nach Freiheit, Gleichheit und Brüderlichkeit, die Amerikanische Verfassung und die Französische Revolution mehr als 350 Jahre vorwegnahm. Innsbruck, Hall und Schwaz stehen am Beginn zukunftsweisender wirtschaftlicher, technologischer und kultureller Entwicklungen. Die drei Städte waren zusammen in den Jahrzehnten um 1500 und auf einzelnen Gebieten auch noch später wahrlich ein *Nabel der Welt.*

Der Tiroler Peter Anich mit seinem Globus (*SA*)

BAROCKOPER, CAPELLPARTIE UND CANTOREI

Tiroler Landestheater – Schloss Ambras

Innsbruck ich muss dich lassen

Es gibt die Legende, dass Maximilian selbst den wehmütigen Text zu diesem Innsbruck-Lied verfasst hat. In Noten gesetzt hat die Melodie Heinrich Isaac nach einer alpenländischen Volksweise. Der Kaiser stellte den berühmten Musiker im Frühjahr 1497 als Hofkomponisten an. Er blieb in dieser Stellung fast 20 Jahre, bis zum Jahre 1515.

Die Liebe zu Kunst und Kultur, insbesondere zur Musik, wurde Maximilian nicht in die Wiege gelegt. Sein ewig von Geldsorgen geplagter Vater, Kaiser Friedrich III., hatte für eine prunkvolle Hofhaltung wohl auch nicht das Naturell. Die Hochzeit mit Maria von Burgund 1477 eröffnete dem jungen österreichischen Erzherzog daher auch musikalisch ein unbekanntes, faszinierendes Universum (▶ *Kaiser-Kapitel, 131*). Die vielbeschäftigte Hofkapelle der Burgunderherzöge überstrahl**te** jene des französischen Königs und konnte sich mit der des Papstes in Rom messen. Die franko-flämischen Komponisten waren die *Pop-Stars* der Zeit. Für Maximilian wurde Musik von nun an zu einem wesentlichen Bestandteil seiner Hofhaltung. Die burgundische Hofkapelle begleitete ihn an fremde Höfe. Bei Festen, in Kirchen und Kathedralen verstand es seine *Capell Partie*, allen voran seine *Cantorei*, die Gastgeber zu begeistern. Und Maximilian freute sich über jede gelungene PR-Präsentation. Die Besetzung der Kapelle war je nach Anlass und der gerade aktuellen Größe des Geldbeutels Maximilians variabel und umfasste Sänger und Sängerinnen sowie Instrumentalisten wie Trompeter, Posaunisten, Pauker, Pfeifer, Dulzian-, Zinken-, Lautenspieler und Harfenisten.

In Innsbruck konnte er auf die musikalischen Traditionen seiner Vorgänger, der Landesfürsten Friedls mit der leeren Tasche und Sigmunds des Münzreichen zurückgreifen. Die Hofkantorei wurde vom berühmten Organisten Niklas Krombsdorfer oder dem *monarcha organistarum,* Paul Hofhaimer, geleitet.

Paul Hofhaimer war bereits unter Sigmund dem Münzreichen als Kammerorganist angestellt. Er wurde 1459 geboren und stammte aus einer Salzburger Organistenfamilie. Maximilian übernahm den Tondichter 1490 in seinen landesfürstlichen Hofstaat. Der lebenslang verpflichtete Hofhaimer und die Musiker seiner Hofkapelle mussten den römisch-deutschen König und späteren Kaiser auf vielen seiner Reisen begleiten. In einem Brief, lange nach dem Tod Maximilians geschrieben, klagte Hofhaimer, er *"habe wie ein Zigeuner durchs Land ziehen müssen"*. Anlässlich der Wiener Doppelhochzeit 1515 in Wien schlug ihn Kaiser Maximilian zum Ritter und verlieh ihm ein Wappen. Hofhaimers Ruf und der seiner zahlreichen Schüler strahlte weit über den kaiserlichen Hof hinaus. Der berühmte Arzt Paracelsus billigte dem Organisten denselben künstlerischen Rang zu wie Albrecht Dürer. Nach dem Tod des Kaisers wurde die Hofkapelle aufgelöst. Hofhaimer ging erst nach Passau, seinen Lebensabend verbrachte er im Dienst des Salzburger Fürsterzbischofs.

Alle drei Jahre rittern junge Organisten in Innsbruck um den *Paul-Hofhaimer-Preis.* Der internationale Orgelwettbewerb für die *Interpretation von Orgelkompositionen alter Meister,* wurde 1969 aus Anlass der 450. Wiederkehr des Todestages von Kaiser Maximilian I. gestiftet. Gespielt wird dabei auf den beiden historischen Orgeln der Hofkirche, der *Ebert-Orgel* von 1561 und der in der *Silbernen Kapelle* aufgestellten italienischen *Organo di legno* von 1580, sowie auf der Orgel in der St. Georgskapelle des Tiroler Landhauses. Die Ebert-Orgel ist ein herausragendes Instrument der Renaissance und gilt als älteste erhaltene Großorgel nördlich der Alpen.

In Innsbruck wirkten eine Reihe prominenter Musiker. Der alle überstrahlende Star am Hof Maximilians war Heinrich Isaac. Er wurde um 1450 in Flandern, nahe Brügge, geboren. Seine fundierte Ausbildung als Sänger und Komponist in der überfeinerten franko-flämischen Mehrstimmigkeit genoss er im Umkreis des Burgunderhofes. Isaac zog es in der Folge, wie viele andere Künstler auch, nach Italien. Auf dem Weg dahin kam er 1484 durch Innsbruck, wo er mit der Hofkapelle Sigmund des Münzreichen musizierte, wie eine Zahlung an ihn belegt. Sein Ziel war jedoch der glänzende Renaissancehof von Lorenzo de´ Medici, dem Prächtigen. Dessen Bankhaus

Maximilian und seine Hofkapelle (*Faksimile/ONB*)

Glasglockenklavier mit dem Wappen Ferdinabd II. (*SA/KHM*)

Briefmarke mit dem Organist Paul Hofhaimer (*SA*)

finanzierte die Päpste mit Gewinn, die Herzöge von Burgund mit großen Sorgen. Anders als die Fugger rissen die Medici jedoch die politische Macht an sich. Der hoch angesehene Heinrich Issac wurde für die *Cantori di San Giovanni* angeworben. Sein Gönner starb jedoch 1492 und die Medici-Bank musste 1494 zusperren. Als der fundamentalistische Dominikanermönch Girolamo Savonarola die Medici im selben Jahr auch noch aus Florenz vertrieb, musste sich Issac einen neuen Gönner suchen. Und er fand ihn im römisch-deutschen König Maximilian I. Dieser berief ihn nach Wien, wohin er 1498 den Sitz seiner Hofmusikkapelle verlegte, wofür pekuniäre Gründe ausschlaggebend waren. In Wien war Isaac jedoch nicht oft anzutreffen, er war wie Hofhaimer und die anderen Musiker mit dem König und Kaiser ständig *auf Achse*. Zudem pflegte er weiter enge Kontakte nach Florenz.

Isaac hielt sich mit seinem Dienstherrn immer wieder in Innsbruck auf. Hier kam es auch zu einem musikalischen Gipfeltreffen: familiär, politisch und musikalisch. Maximilian hatte 1494 die burgundische Hofkapelle seinem Sohn Philipp dem Schönen, Herzog von Burgund, überlassen. Auf der Durchreise besuchte Philipp 1503 seinen Vater in Innsbruck und die beiden Hofkapellen traten in Wettstreit oder musizierten gemeinsam. Ein Zeitgenosse schrieb dazu: „*Die Sänger des Königs* [Maximilians Hofkapelle] *und Meines Herrn* [Philipps Hofkapelle] *sangen die Messe und spielten die von allen Instrumenten erfüllte Orgel* [...] *Es ist die klangvollste Musik, die man hören konnte*". Für mehrere Wochen war in Innsbruck des Feierns kein Ende, Bankette, Turniere, Spiel und Jagd und natürlich Musik. Isaac steuerte eine sechsstimmige Messe bei. Sein ganzes musikalisches Können zeigte Issac dann auch beim Reichstag in Konstanz 1507 und bei der Krönung Maximilians zum Kaiser des Heiligen Reiches Deutscher Nation 1508 in Trient. Seinen Romzug vereitelte die Markusrepublik Venedig. Heinrich Isaac wurde 1515 beurlaubt. Er starb zwei Jahre vor seinem Dienstherrn 1517 und ist in Florenz begraben. Die Nachfolge trat sein Schüler, der Sänger und Komponist Ludwig Senfl an.

Verkünder aus dem Triumphzuges Kaiser Maximilians 1516/18 (*Faksimile/KHM*)

Nach dem Tod Kaiser Maximilians im Januar 1519 wurde die Hofkapelle von seinem Enkel und Nachfolger, Kaiser Karl V., 1520 aufgelöst und Sänger und Musiker drei Jahre später entlassen. Sie verstreuten sich in alle Winde. Nach der Teilung des Habsburgerreiches zwischen den Brüdern Karl V. und Ferdinand I. fiel Tirol an letzteren. Der Hof von Ferdinand I. lag in Wien. Der Herrscher war mit der Abwehr der Türken und den Auseinandersetzungen mit den Protestanten mehr als beschäftigt. Ferdinand hielt sich jedoch mehrfach in Innsbruck auf, um seine hier in Sicherheit gebrachten Kinder zu besuchen und die Landstände um Geld anzugehen (▶ *Innsbruck-Kapitel, 9*). Hof und Hofkapelle unterhielt er in Innsbruck jedoch nicht. Gottesdienste wurden musikalisch von der Pfarrkantorei bestritten, die Stadtregierung steuerte einen Organisten für die Pfarrkirche bei.

Hofkapelle und Comedihaus

Die musikalische Fastenzeit endete jedoch schlagartig 1567 mit dem Einzug des neuen Landesherrn, Ferdinands II., in Innsbruck. Der Renaissancefürst zog alle Register höfischer Repräsentation (▶ *Innsbruck-Kapitel, 9*). Aus Prag, wo er lange Jahre Statthalter war, brachte er eine *Cantorei* mit 18 Sängerknaben und je vier Bassisten, Tenoristen und Altisten samt Organisten und Lautenspieler mit, dazu eine *Hofmusik* mit zahlreichen Instrumentalisten. Die Musiker kamen aus ganz Europa und wurden ihm oft von seinen habsburgischen Verwandten vermittelt. Sie alle gehörten zu den Besten der Zeit. 1581 zählte Ferdinands Hofkapelle 32 Musiker, wozu noch 15 Trompeter kamen. Seit den 1580er Jahren traten in Innsbruck auch italienische Kastraten auf. Der Landesfürst bestellte bei berühmten Komponisten wie Orlando di Lasso oder dem Venezianer Giovanni Gabrieli Auftragswerke für seine Hofkapelle, die europäischen Ruf genoss. Dazu fanden kostbare Instrumente, aufwendige Musikdrucke und Chorbücher ihren Weg in Ferdinands Kunst- und Wunderkammer.

In der Hofburg und auf Schloss Ambras wurde auch Theater gespielt, wobei Ferdinand bekannte Schauspielertruppen aus Italien einlud. Der Erzherzog selbst steuerte eine belehrende deutsche *Comödie* in 9 Akten bei, in der die zweckmäßige Gestaltung des Lebens abgehandelt wurde. Das Theaterstück erschien auch in Druck.

Mit all diesen Belustigungen war es 1602 wieder vorbei, als Erzherzog Maximilian III. der Deutschmeister die überschuldete Herrschaft in Tirol übernahm. 1596 wurden Hofstaat und Hofkapelle aufgelöst. Maximilian brachte selbst 16 Musiker nach Innsbruck mit, die in erster Linie die musikalische Umrahmung von Gottesdiensten und kirchlichen Andachten zu besorgen und bei Tisch deutsche Lieder und italienische Madrigale vorzutragen hatten. Nach dem Tod Maximilians III. das übliche Procedere. Dessen kleine Hofkapelle wurde aufgelöst und der neue Landesfürst Leopold V. brachte 1619 wieder eigene Musiker mit. Übernommen wurde nur der alte Hofkapellmeister Johann Stadlmayr, ein *trefflicher Contrapunctist und Musicus*, der heute ein wenig in Vergessenheit geraten ist. Er war der bedeutendste Meister frühbarocker Kirchenmusik im süddeutschen Raum und diente letztlich vier Tiroler Landesfürsten.

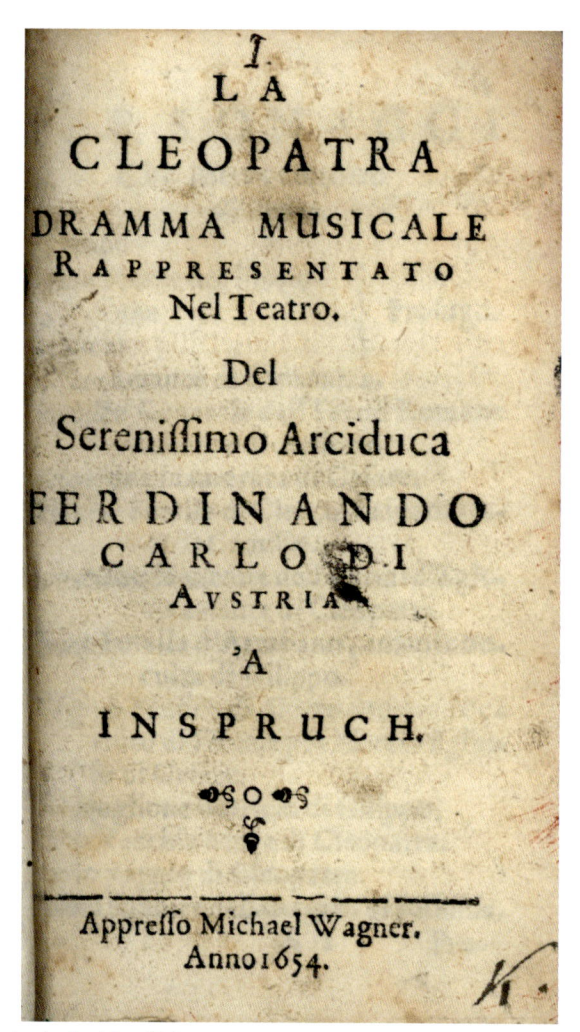

Comedie Ferdinands II. (TLF) – Theaterzettel der ersten Innsbrucker Cesti-Oper (*TLF*)

Zwei große Hochzeiten standen am Beginn der Herrschaft Leopolds V. in Innsbruck: 1622 die seines Bruders Kaiser Ferdinands II. mit Eleonore Gonzaga und seine eigene 1626 mit Claudia de´ Medici (▶ *Innsbruck-Kapitel, 9*). 40 Musiker verliehen dabei Gottesdiensten und Banketten Glanz. Auf Festen wurde ausgelassen *französisch, italienisch und deutsch* getanzt. Die musikalische Liebe Leopolds und seiner florentinischen Gattin Claudia galt jedoch der Oper. Hofbaumeister Christoph Gumpp wurde eigens nach Parma, Mantua und Florenz geschickt, um die dortigen Theaterbauten zu studieren. Zurückgekehrt, wurde in den Jahren 1629 bis 1631 an Stelle der provisorischen Bühnen in der Hofburg und auf Schloss Ambras ein festes Theater errichtet. Dazu nutzte man das um 1584 von Erzherzog Ferdinand II. gebaute Ballspielhaus nördlich der Hofburg. Das so entstandene *Comedihaus* war das erste nördlich der Alpen.

Das Tiroler Landesfürstenpaar wollte auch im Theater hoch hinaus. Die Oper war eben erst in Florenz *erfunden* worden, wo sich Claudia und Leopold kennen gelernt hatten. In Venedig führte Claudio Monteverdi das neue musikalisch-theatrale Genre gleich zu einem Höhepunkt. Der Erzherzog erlebte die Eröffnung seines Saaltheaters nicht mehr, er starb 1632 und seine Witwe Claudia de´ Medici musste wegen des *Dreißigjährigen Krieges* sparen. Ihre Hofkapelle bestand nur mehr aus 13 Sängern und Instrumentalisten sowie 4 Sängerknaben. Die unsicheren Zeiten und die Not des Volkes focht ihren Sohn und Nachfolger, Erzherzog Ferdinand Karl, jedoch nicht an. Er war ein hemmungsloser Verschwender und ein Opernnarr. Da ihm die Spielstätte in der Hofburg zu klein und das eben erst errichtete, saalartige *Comedihaus* seiner Eltern zu groß war, ließ er den südlichen Teil zur Reitschule umbauen. Im nördlichen Teil stattete er dagegen das *Ballhaustheater* mit raffiniertester Bühnentechnik aus, mit der man auf der Bühne sogar Schiffe zu Wasser fahren lassen konnte. Die Außenmauern der Reitschule sind heute im Innsbrucker Kongresshaus verbaut. Das Theatergebäude wurde im Zweiten Weltkrieg zerstört.

Reitschule mit altem Hoftheater (*Aigner´scher Codex, TLF*)

Festwoche der Alten Musik in Innsbruck (*Rupert Larl /Imagno*)

Das neue Hoftheater um 1810 (Aigner'schen Codex, TLF)

Dazu baute sich der Landesfürst dort, wo vormals das *Schloss Ruhelust* lag und heute das *Tiroler Landestheater* steht, ein weiteres Theater im venezianischen Stil. Baumeister war wiederum Christoph Gumpp. Ferdinand Karl ließ sich nicht lumpen; sein von italienischen Spezialisten gebautes und ausgeschmücktes Rangtheater mit einer Kulissenbühne galt lange als Schönstes nördlich Italiens. Es fasste etwa 1000 Zuseher. Mit raffinierten Bühnenmaschinerien samt Flugwerken konnte man zum Vergnügen der hochwohlgeborenen Zuseher nahezu jedes Spektakel verwirklichen. Mit den *Erzfürstlichen Hofkomödianten* hatte das Theater seit 1658 auch ein fix engagiertes Ensemble.

Der Erzherzog leistete sich mit seinem *Maestro di Cappella di Camera*, Pietro Antonio Cesti, auch einen echten Star. 1623 in Arezzo geboren, waren Rom, Siena, Florenz und Venedig Stationen seiner Karriere. Obwohl Franziskanermönch, sang er auf Bühnen, spielte Orgel und komponierte Opern. Cesti debütierte in Innsbruck 1654 mit *La Cleopatra*. Dafür adaptierte er ein älteres Werk, wobei er auch den *Flussgott Inn* auftreten ließ. *L´Argia* wurde ein Jahr später zu Ehren der in Innsbruck zum katholischen Glauben konvertierten Königin Christina von Schweden mit großem Pomp aufgeführt. Dann folgten Schlag auf Schlag 1656 *L´Orontea,* anlässlich des Karnevals 1657 *La Dori, Venere cacciatrice* 1659, *La magnanimità d'Alessandro* 1662. Cesti wurde wegen seiner exzessiven Musikertätigkeit vom Papst nach Rom zitiert. Nach Entbindung von seinen Gelübden sang er als Tenorist auch in der *Sixtinischen Kapelle*. Nach seiner Entlassung in Innsbruck berief ihn 1665 Kaiser Leopold I. mit den besten Musikern an seinen Hof in Wien, wo er mit großem Erfolg für die Hochzeitsfeier des Kaisers die Oper *Il pomo d'oro* aufführte. Er kehrte jedoch schon 1667 nach Italien zurück, da ihm der habsburgische Barockpomp nicht behagte. Antonio Cesti war neben Francesco Cavalli der bedeutendste Opernkomponist der Zeit, Innsbruck durch ihn ein europäisches Zentrum der Musik.

Der Tiroler Landesfürst Ferdinand Karl starb 1662 in jungen Jahren und sein Bruder Erzherzog Sigismund Franz hatte alle Hände voll zu tun, das finanziell sinkende Staatsschiff einigermaßen über Wasser zu halten. Drastische Sparmaßnahmen waren angesagt. Für Kunst und Kultur blieb nicht viel Geld über. Sigismund Franz verstarb bereits 1665, ihm folgte als neuer Landesfürst im fernen Wien Kaiser Leopold I. Innsbruck hatte nun keinen Hof mehr, die europäische Geltung der Musikstadt war damit zu Ende. Die von Cesti noch in Innsbruck komponierten Opern *La Semiramide* und *Il Tito* wurden in Wien beziehungsweise in Venedig uraufgeführt.

Im Innsbrucker Theater gastierten in der Folge niederländische, italienische und deutsche Wandertruppen. Auch Schikaneder verdiente sich hier in den 1770ern erste Sporen. Die Musikpflege in Stadt und Land lag nun bei Kirchen, Klöstern und Schulen, wobei sich insbesondere die *Stifte Wilten* und *Stams* sowie die Jesuiten hervortaten. Kirchenorganisten pflegten auch das gemeinsame Musizieren mit Kirchenchören, Laienmusikern, und Blasmusiken, wobei sie dabei durchaus ansprechende Ergebnisse erzielen konnten. Erwähnenswert sind auch die Knappenkapellen in Hall, Schwaz und St. Johann. Einzelne kaiserliche Gubernatoren zeigten in Innsbruck zuweilen Interesse

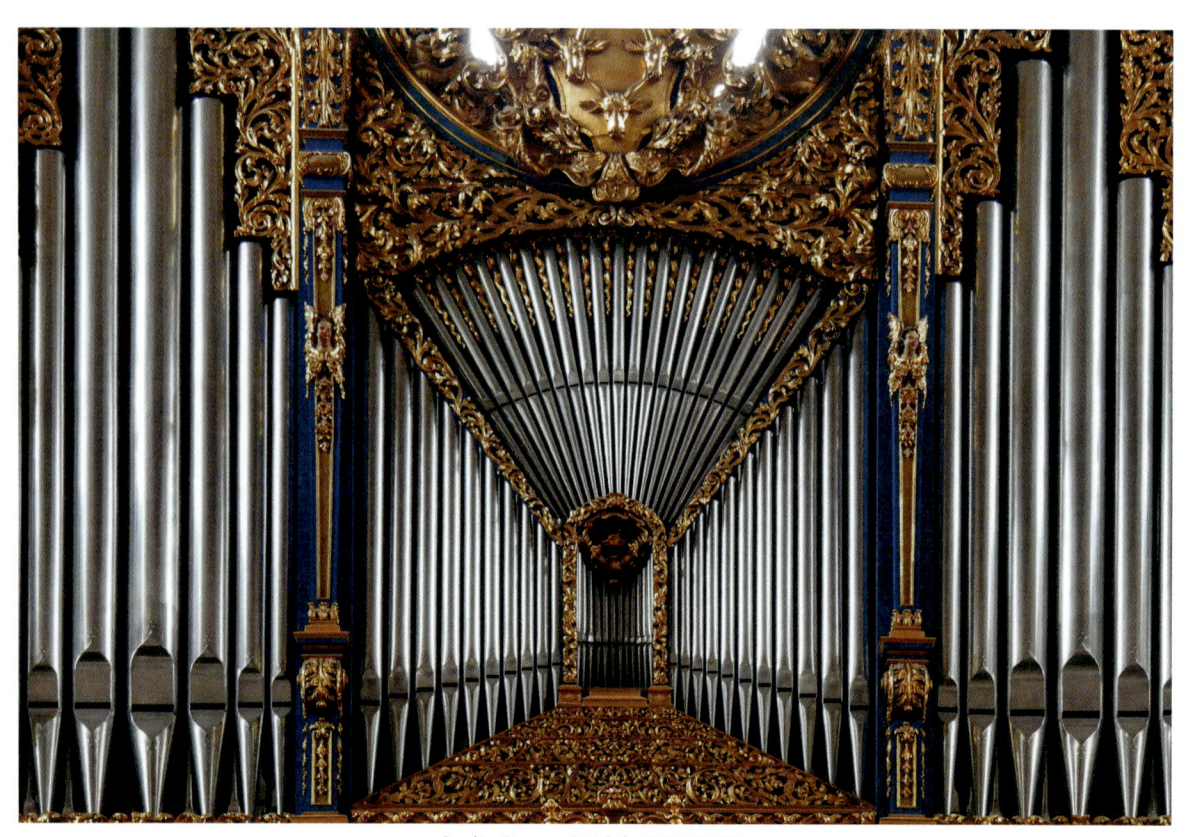

Orgel im Dom von St. Jakob 1725/2000 (*SA*)

für Theater und Ballett. Das Opernhaus wurde daher auch mehrfach in Stand gesetzt, darunter unter Maria Theresia anlässlich der Hochzeit ihres Sohnes Erzherzog Leopold in Innsbruck. Das baufällig gewordene alte Hoftheater wurde schließlich 1844 abgerissen und durch einen Neubau ersetzt (▶ *Innsbruck-Kapitel, 9*). Dieser beherbergt heute noch das *Tiroler Landestheater*, ein erfolgreiches Drei-Sparten-Theater. Es wird vom *Tiroler Symphonieorchester Innsbruck* bespielt, das 1893 als Stadtorchester gegründet wurde.

Innsbrucker Festwochen der Alten Musik

Erst im 20. Jahrhundert erinnerte man sich wieder der ruhmreichen Musiktradition Innsbrucks. Aus Anlass des 600-Jahrjubiläums der Zugehörigkeit Tirols zu Österreich, erklang 1963 das erste *Ambraser Schlosskonzert*. Seither treten im *Spanischen Saal* jeden Sommer international bedeutende Sänger und Solisten auf und widmen sich im stimmungsvollen Rahmen Werken der Renaissance und des Barock. Seit 1976 werden dazu alljährlich die *Innsbrucker Festwochen der Alten Musik* veranstaltet. Im Zentrum des Festivals stehen die stilechte Produktion von Barockopern und die Veranstaltung historisch informierter Konzerte. Dafür stehen eine Reihe zeitgemäßer Aufführungsstätten wie *Hofburg*, *Hof-* und *Jesuitenkirche*, das *Landestheater* oder die *Stifte Wilten* und *Stams* zur Verfügung. In den Jahren wurden auch mehrere Cesti-Opern aufgeführt. Dazu kamen Werke von Cavalli, Monteverdi, Fux, Biber, Hasse, Händel, Scarlatti, Purcel, Lully, Telemann, Gluck, Pergolesi, bis hin zu Haydn und Mozart. Zur Förderung des Nachwuchses veranstaltet man seit 2010 auch den *Internationalen Gesangswettbewerb für Barockoper Pietro Cesti*. Seit diesem Jahr ist der italienische Dirigent und Cembalist Alessandro De Marchi künstlerischer Leiter der *Innsbrucker Festwochen der Alten Musik*.

Er löste René Jakobs ab, der das Festival von 1997 bis 2009 leitete und es zu internationaler Anerkennung führte

Musikland

Aus Tirol stammten im 19. Jahrhundert eine Reihe prominenter Komponisten, die auch international Anerkennung fanden. Der Sterzinger Johann Baptist Gänsbacher war in seiner Jugend Wiltener Sängerknabe und brachte es 1824 zum Wiener Domkapellmeister, ein Amt, das er über 20 Jahre innehatte. Josef Netzer aus Zams gehörte dem Schubertkreis an, der Malser Johann Rufinatscha war wiederum mit Brahms gut bekannt. Beide erhielten ihre Ausbildung im *Innsbrucker Musikverein*. Netzer komponierte Opern, die im deutschsprachigen Raum vielfach aufgeführt wurden. Rufinatschas Symphonien, Konzerte Kammermusik- und Klavierwerke werden als Bindeglied zwischen Schubert und Bruckner angesehen.

In Paris erfolgreich war der aus Aldein bei Bozen stammende Komponist Ignaz Anton Ladurner. Er bekleidete seit 1797 die erste Professorenstelle für Klavier am eben erst eröffneten Pariser *Conservatoire*. Er war zeitweilig Organist in Napoleons Hofkapelle. Einige Jahrzehnte nach Ladurner wirkte Matthäus Nagiller als Theorielehrer ebenfalls am Pariser Konservatorium. Er machte seit 1866 als Direktor und Kapellmeister des *Innsbrucker Musikvereins* Furore, als er Werke von Händel und Mendelssohn in riesigen Besetzungen aufführte. Auch der Bozner Sylvio Lazzari machte in Paris Karriere, wohin er 1882 übersiedelte. In seinem Oeuvre finden sich auch sechs Opern, die sogar in New York und Chicago aufgeführt wurden. Ludwig Thuille stammte ebenfalls aus Bozen und war ein Freund von Richard Strauss. Als Kompositionsprofessor an der königlichen Musikschule in München wurde er Lehrer einer ganzen Generation bedeutender Komponisten.

Die Nachfolge von Mathäus Nagiller als Direktor des *Innsbrucker Musikvereins* trat der Innsbrucker Josef Pembaur d. Ä. an. Mit ihm erlebte das städtische Musikleben einen beachtlichen Aufschwung. Pembaur gründete ein Orchester, leitete Kirchenkonzerte, den Akademischen Gesangsverein, die Innsbrucker Liedertafel und den 1881 wiederbelebten Tiroler Sängerbund. Zudem komponierte er zahlreiche Werke. Sein Sohn Josef Pembaur war ein bekannter Pianist. Sein Spiel ist durch acht Stücke auf dem Welte-Reproduktionsklavier überliefert, darunter zwei Werke seines Vaters. Durch die verdienstvolle CD-Reihe *Musikmuseum* des *Landesmuseums Ferdinandeum* in Innsbruck, erblickten viele vergessene Werke Tiroler Komponisten wieder das Licht der Öffentlichkeit. Im Museum werden auch eine Reihe historischer Instrumente präsentiert.

Gustav Klimt, der Innsbrucker Komponist, Dirigent und Lehrer Josef Pembaur (*wikipedia commons/TLF*)

„*Ohne Lieder, Tanz und Jagd kann der Tiroler nicht leben.*" Dies beobachtete der Verfasser des *Handbuchs für Reisende nach Tirol 1840*, Adolf Anton Schmidl trefflich. Die lebendige Volkstradition mit ihren Blasmusikkapellen, Chören, Stubenmusiken, Volkstanzgruppen, Jodlern und Schuhplattlern war neben den Gebirgspanoramen die Hauptattraktion für Touristen um das Land zu besuchen. Gespielt wurde auf Geigen, Gitarren, Harfen, Hackbrettern, Maultrommeln, Flöten oder dem hölzernen Glachter (Xylophon). Melodie und Besetzung und auch die Tracht der Musiker war von Talschaft zu Talschaft verschieden. Zur weltweiten Berühmtheit brachten es im 19. Jahrhundert die Zillertaler Nationalsänger, insbesondere die Familie Rainer. Sie besuchten bereits 1828 den englischen König und erfreuten ihn mit Tiroler Weisen. In den folgenden Jahrzehnten führten sie ihre Konzerttourneen durch Europa bis an den Hof des Zaren und nach Amerika. Tirol war derart in Mode, dass auch Beethoven, Rossini, Liszt, Moscheles und andere berühmte Komponisten und Virtuosen Variationen, Paraphrasen und dergleichen *à la Tyroliene* produzierten und damit Begeisterungsstürme hervorriefen. Mit echter Volksmusik hatte das schon damals wenig gemein. Verglichen mit der Kommerzialisierung der Volkskultur heute – Stichwort Musikantenstadl oder Ischgl – zeigte *à la Tyroliene* damals wenigstens noch Ansätze von Niveau. Felix Mitterers *Piefke-Saga* hat nichts an Aktualität verloren und das liegt nicht nur an den Tirolern.

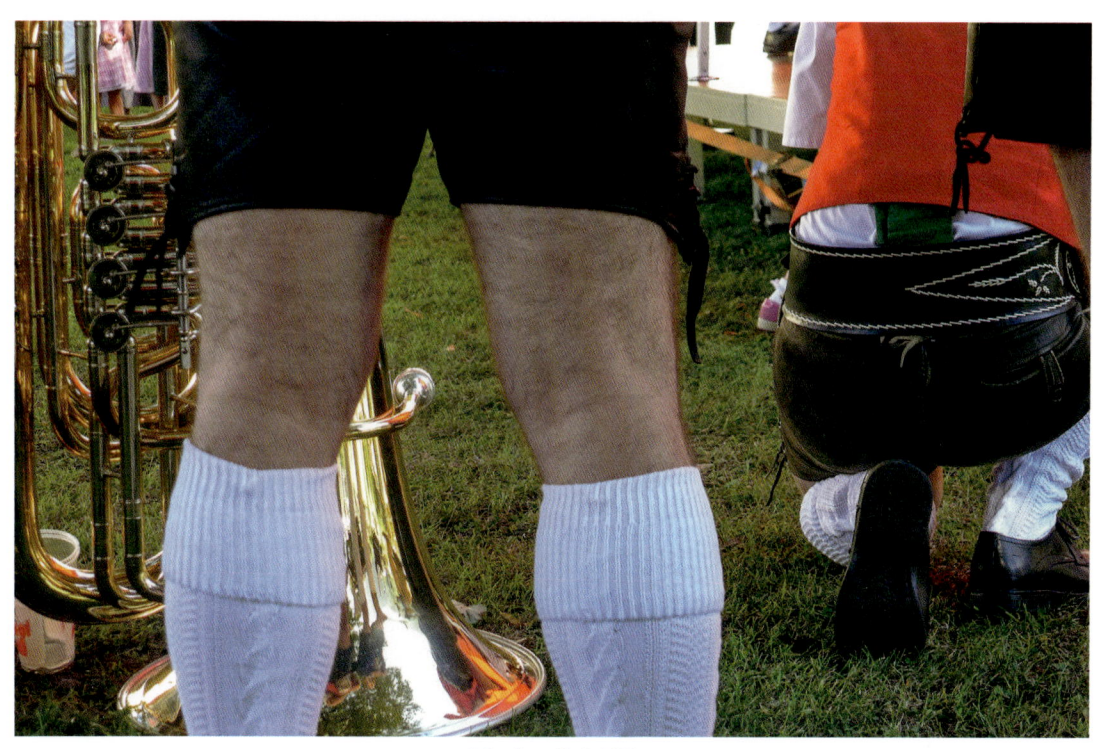

A Gaudi muaß sein ! (SA)

Andreas Hofer und die Tiroler Freiheit

Bergisel – Tirol Panorama – Kaiserjägermuseum – Hofkirche

Aufstieg und Fall des Andre Hofer

Anrede, die Andreas Hofer am 15. August 1809 vom Balkon des Gasthofs *Zum Goldenen Adler* in Innsbruck einer großen Menge Landesverteidigern und vielen Stadtbewohnern nachstehenden Inhalts gehalten hat - man kann diese heute noch auf einer Marmortafel an der Fassade des Hotels lesen:

„Grüaß enk Gott meine liab'n S'brucker, weil ös mi zum Oberkomandanten g'wöllt hobt, so bin i holt do, es seyn ober a viel Andere do, die koani S'brucker seyn. Alle dö unter meine Waffenbrüder seyn wöll'n, dö müeßen für Gott, Koaser und Voterland, als tapfere, rödle und brave T'roler streiten, dö meine Waffenbrüder wern wöll'n; dö ober dös nit tüen wöll'n, dö söll'n hoam gien, I roth enks, und dö mit mir gien, dö söll'n mi nit verlaß'n, I werd enk a nit verlaß'n, so wohr i Andre Hofer hoaß; g'sogt hob i enk's, g'sech'n hob's mi, bfied enk Gott."

Als Andreas Hofer am 22. November 1767 bei St. Leonhard im Passeiertal das Licht der Welt erblickte, ahnte niemand, dass er dereinst als Kämpfer für Tirols Freiheit in die Geschichtsbücher eingehen werde. Sein Geburtsjahr, 1767, war kein besonders ereignisreiches. Im Habsburgreich begann Maria Theresia – nach Ableben ihres geliebten Ehegespons Franz Stephan in Innsbruck – als untröstliche Witwe das dritte ihrer vierzig Regierungsjahre. Im Oktober starb Erzherzogin Maria Josepha, das 12. ihrer 16 Kinder, an den Pocken. In Spanien und den

Der Hofer in Innschbruck (SA)

amerikanischen Kolonien verbot man die Jesuiten, mit der Folge, dass auch der Jesuitenstaat im La Plata- und Amazonasgebiet scheiterte. Der österreichische Dramatiker Fritz Hochwälder setzte dem ersten antikolonialen Projekt der Weltgeschichte mit seinem *Heiligen Experiment* ein eindrucksvolles Denkmal. In Kremsmünster begann der Benediktinermönch Placidus Fixlmillner mit seinen regelmäßigen Wetteraufzeichnungen. In Magdeburg trug man im Juni 1767 den berühmten Barockkomponisten Georg Philipp Telemann zu Grabe, wohingegen in der Salzburg Residenz das erste Bühnenwerk Wolfgang Amadeus Mozarts, das geistliche Singspiel *Die Schuldigkeit des ersten Gebots*, seine Uraufführung erlebte. Einige Monate vor Andre Hofer wurden 1767 Peter Mayer und Joseph Speckbacher geboren. Die Lebenswege dieser drei Männer sollten sich Jahrzehnte später schicksalhaft kreuzen.

Der nachmalige Kaiser von Österreich, Franz I., war einige Monate jünger, Napoleon Bonaparte erblickte zwei Jahre nach Hofer das Licht der Welt. Beide Herrscher waren die Strippenzieher im Drama um das *Heilige Land Tirol*.

Dem Vater von Andreas Hofer gehörte das Gasthaus mit dem trefflichen Namen *Am Sand*, lag es doch auf Schwemmsand und Schotter der Passer. Das alte Wirtshaus ging gut, da hier der alte Fernhandelsweg übers Timmelsjoch vorüberzog. In der Gastwirtschaft wurden nicht nur *Reatl* – sprich Rotwein – und Schnaps ausgeschenkt, sondern auch Pferde gewechselt, die Salz aus Hall und Wein aus der Meraner Gegend über den Berg transportierten. Josef Hofer, der Wirt, war schon 43 Jahre alt und er wartete nach drei Töchtern ungeduldig auf einen männlichen Erben. 1767 war es endlich so weit. Eine Le-

Das Geburtshaus des Andre Hofer (SA)

gende will wissen, dass in der Geburtsnacht von Andreas ein Komet in Form eines Säbels über dem Sandhof erschien. Um etwas zu werden in dero Welt, sind solche Himmelserscheinungen offenbar unverzichtbar. Die Mutter starb bereits drei Jahre nach seiner Geburt und der Vater heiratete wieder – nicht zur Freude seines Sohnes. Josef Hofer starb 1774 und Andres Stiefmutter übernahm den Gasthof, der allerdings bald schon auch finanziell *am Sand* war. Andre besuchte die Elementarschule, die Kindern seinerzeit vorzüglich den wahren katholischen Glauben und nebenher auch rechnen, schreiben und lesen beibrachte. Die Landesmutter in Wien, Maria Theresia, hatte ihren Untertanen gerade erst die sechsjährige Schulpflicht verordnet. Besonders nachhaltig war Hofers Schulbildung allerdings nicht, sprach und schrieb er doch bis ans Lebensende im Tiroler Dialekt. Rechtschreibregeln waren ihm weitgehend fremd. Andre konnte aber rechnen und sprach Deutsch und Italienisch.

Bevor er sich das Gasthaus am Sand und die Landwirtschaft seines Vaters aufhalste, verdingte sich Hofer bei Wirten und Weinhändlern. Auf Märkten und Kirtagen lernte er Land und Leute kennen. Er packte überall an und entwickelte sich zum stattlichen Mannsbild. Zeitgenossen rühmen seine lautere, grundehrliche Gesinnung und sein treuherziges Gemüt, „*Hofer war ein schöner Mann, nur wenig über die gewöhnliche mittlere Länge hinaus, im bestem Ebenmass zu seinen Formen, die breiter ausgingen als es sonst im Passeier der Fall ist, mit mächtigen Schultern auf festen Knochen, gewölbter Brust und starken Waden. Er hatte ein volles, rundes, gesund gerötetes Gesicht, eine breite, kurze Nase, lebhafte braune Augen und dunkle Haare. Seine Hauptzierde war ein mächtiger, glänzend schwarzer Bart, der, die Wangen freilassend, bis auf die Brust reichte.*"

Seine unverbrüchliche Treue zum Glauben der Väter war ein bestimmender Wesenszug Hofers. Andre trug zeitlebens Tracht, eine grüne Joppe mit rotem Brustfleck, einen schwarzledernen breiten Bauchgurt mit eingestickten Initialen, schaflederne schwarze Kniehosen, blaue Strümpfe, feste Schuhe und einen mächtigen, breitkrempigen Hut: *A stattlichs Mannbüld halt.*

Noch vor Erreichen der Volljährigkeit übernahm Andre den abgewirtschafteten elterlichen Betrieb von einem Verwandten. Er war nun Gastwirt, Pferde-, Wein- und Branntweinhändler. Lebensglück hatte Hofer 1789, als er die tüchtige Anna Ladurner, Tochter des Plonerhofs, als Gattin heimführte. Sie schupfte die Gastwirtschaft, wenn Andre in Handelssachen durch die Lande zog. Anna schenkte ihm sechs Mädchen und einen Sohn. Der Hofer kam weit herum und erlangte eine gewisse Volkstümlichkeit. Zu Wohlstand reichte es allerdings trotz aller Anstrengungen des Paares nie.

Das erste Mal ans Licht der Öffentlichkeit trat der erst 23-jährige Hofer im Jahr 1790. Kaiser Leopold II. hatte in Innsbruck nach 50 Jahren Pause wieder einen Generallandtag einberufen, wo Andre als Vertreter Passeiers erschien. Im Tiroler Landtag saßen nämlich nicht nur Bischöfe und Äbte, Grafen und Freiherrn, Städte und Märkte, sondern auch Bauern. Letztere durften sogar Waffen tragen, da Kaiser Maximilian die Landstände im Landlibell von 1511 verpflichtete, Tirol selbst zu verteidigen. Im Land baute man daher überall Schießstände, schoss eifrig auf Schützenscheiben und hielt in den Stuben die Gewehre bereit. Das bekamen Tirols Feinde – vorzüglich die Bayern – immer wieder bitter zu spüren. Die Landstände suchten auch sonst, die althergebrachten Rechte Tirols zu bewahren.

Das sah etwa Maria Theresia, die auch Gefürstete Gräfin von Tirol war, ganz anders. Sie präferierte den Wiener Zentralismus. Für Sonderbehandlungen historischer

Der Sandwirt, *a gstandens Mannsbüld* (SA)

sie daran, entgegen dem Landlibell Tiroler zur kaiserlichen Armee einzuziehen. Sie musste sich mit einem freiwilligen Tiroler Feld- und Landregiment begnügen. Anders ihr Sohn und Nachfolger Kaiser Josef II. Das Tiroler Schützenwesen war für ihn ein Relikt längst vergangener Tage. Er ernannte daher keine Schützenkommandanten mehr und forderte von Tirolern den Dienst in der kaiserlichen Armee. Dazu griff der *Kirchenräuber-Seppl* tief ins religiöse Leben Tirols ein. Der Ingrimm des Landvolks war ihm dafür sicher und seine Behörden waren bei der Durchsetzung kaiserlicher Verordnungen oft zu großer Nachsicht gezwungen.

Kaiser Leopold II. musste sich beim offenen Landtag in Innsbruck 1790 daher so manches anhören. Er machte gute Miene zum bösen Spiel, nahm viele Reformen seines Vorgängers Josef II. zurück, worauf ihm die Landstände als neuen Landesfürsten huldigten. Auch Andreas Hofer war damit wohl zufrieden. Und mit dem Schützenwesen ging es nun auch rasch wieder bergauf und das nicht zu spät.

Als die Truppen des siegtrunkenen Napoleon Bonaparte 1796 von Süden her gegen das Land vorrückten, stellten die Landstände Tirol sogleich unter den Schutz des *Heiligsten Herzen Jesu*, ein Gelübde, das Andreas Hofer am Bergisel erneuern sollte. Gleichzeitig griffen die Schützenkompanien zu den Waffen. Kaiser Maximilian hatte im Gegensatz zu seinen Nachfolgern immer auf den Verteidigungswillen der Tiroler vertraut. Je nach Stärke des Feindes konnte das Land bis zu 20.000 Mann aufbieten. Und wenn alle Stricke rissen, rief man im Landsturm, alle wehrfähigen Männer bis 60 Jahren, zu den Waffen. Hofer führte 1797 als Hauptmann eine Schützenkompanie von 129 Mann aus Passeier gegen Napoleon. Tiroler und Franzosen trafen im April bei Spinges am Eingang des Pustertals aufeinander. Die Chronik der Brüder Putsch berichtet vom blutigen Gemetzel:

»Die vorderste Truppe Bauern warf sich in den dortigen Kirchhof. Am heftigsten wütete da die wechselseitige Erbitterung. Von den Mauern wurden die Feinde mit Sensen,

Gewehrkolben und Heugabeln zurückgestoßen. Die Bewohner von Spinges labten die Stürmer und fochten an ihrer Seite. Ein Bauernmädchen zeichnete sich hier als Heldin aus, sie stieß drei stürmende Franzosen mit einer Heugabel von der bereits erklimmten Mauer hinab."

Die Schmerz- und Schreckensschreie der Franzosen waren weithin zu hören. Sie hatten schwere Verluste zu beklagen und gaben nach dreistündigem Gefecht Fersengeld. Doch auch die Verteidiger beklagten 103 Gefallene, 85 Verwundete sowie 32 in Gefangenschaft geratene Schützen. Das Heldenmädchen von Spinges, die mit zusammengegürtetem Unterkleid und fliegenden Haaren die Franzosen bekämpfte, war die Bauernmagd Katharina Lanz aus St. Vigil bei Bruneck. Sie war nicht die Einzige, die den Feinden zeigte, wo in Tirol *der Veitl den Most holt*. So streckte etwa der Sensenschmied und Schützenhauptmann Anton Reinsch mit seiner zweischneidigen Sense 15 Feinde nieder, bevor er selbst, von Bajonettstichen durchsiebt, am Felde blieb. Die Schlappe von Spinges war nicht das Letzte, was Napoleon von Tirol hören sollte.

Napoleon Bonaparte war situationselastisch. Der korsische Kleinadelige diente, nachdem sein Putschversuch gegen die Franzosen auf Korsika kläglich gescheitert war, ohne Skrupel der egalitären französischen Revolution und unterstützte die blutige Schreckensherrschaft Robespierres. Nach dessen Guillotinierung dienerte er sich ohne Zögern dem neuen Regime an. Dieses nannte sich Direktorium, war ein Triumvirat, und zeichnete sich durch Korruption und Misswirtschaft aus. Karrierefördernd heiratete Napoleon die Witwe eines prominenten Revolutionsopfers. Das erste Land, das Napoleon mit Krieg überzog, war Italien. Er versprach seinen Soldaten, sie in die fruchtbarsten Ebenen der Welt zu führen. Reiche Provinzen und große Städte würden ihnen in die Hände fallen. Und an diesen bedienten sich Napoleon und seine Soldateska dann auch ungeniert. Napoleon wischte 1797 die Markusrepublik von den Karten und entführte die Pferde von San Marco von Venedig nach Paris. Ganze Museen füllte die Raubkunst des Korsen. Ausschließlich militärische Ehren – seine Schlappe in Ägypten übersah er großzügig – reichten Napoleon nun nicht mehr. Der General stürzte daher seine Gönner im Direktorium und putschte sich 1799 als Erster Konsul Frankreichs an die Macht. Sicherheitshalber erklärte er die Französische Revolution für beendet. Um dem Ganzen den gebotenen Glanz zu verleihen, vergaß Napoleon seine republikanische Vergangenheit als Parteigänger Robespierres, und krönte sich in Paris 1804 zum Kaiser der Franzosen. Und da es in einem ging, setzte er sich 1805 auch gleich noch die Königskrone von Italien aufs schüttere Haupt. Ein weiterer Schritt des Imperators zu einem Weltreich nach römischem Muster, so vermeinte er wohl.

Österreich verlor – nicht zuletzt auf Grund mediokrer Feldherrnleistungen – sämtliche Kriege gegen den französischen Usurpator, dazu die österreichischen Niederlande, Kaiser Maximilians burgundisches Erbe, und weite Landstriche in Italien und Dalmatien. Es verwundert daher nicht, dass der an Niederlagen reiche Habsburger Franz I. dem selbstgekrönten Kaiser der Franzosen wenigstens in Einem nicht nachstehen wollte. Er krönte sich daher 1804 – von Gottes Gnaden – zum Kaiser von Österreich. Ehre wem Ehre gebührt, dachte er sich wohl. Als er Napoleon zum ersten Mal persönlich begegnete, meinte er trocken: *„Seit ich ihn gsehn hab´, is er mir noch unsympathischer!"*

Tirol war von Napoleons Raubzügen schwer betroffen. Es waren jedoch zumeist nicht Franzosen, die das Land bedrängten, sondern bayerische Truppen und Beamte. Das Kurfürstentum Bayern war anfangs österreichischer Verbündeter im Kampf gegen den Franzosenkaiser und damit regelmäßig auf der Verliererseite. 1805, im Dritten Koalitionskrieg, wollte sich Bayerns Herrscher endlich auf der Siegerseite sonnen. Er wechselte die Seiten und schloss, wie schon 1703, ein Bündnis mit den Franzosen. Er sollte dieses Mal Recht behalten (▶ *Innsbruck-Kapitel, 9*). Nach Kapitulation der österreichischen Hauptarmee bei Ulm, besetzten französische Truppen am 13. November 1805 die von Soldaten geräumte Haupt- und Residenzstadt Wien. Napoleon diktierte Kaiser Franz nach der schweren Niederlage in der Dreikaiserschlacht von Austerlitz am 26. Dezember 1805 den demütigenden *Preßburger Frieden*. Der Habsburger musste nun weitere Länder seines Reiches abtreten, darunter die Gefürstete Grafschaft Tirol und Vorarlberg an die Bayern. Für Kurfürst Max hatte sich der Verrat mehr als gelohnt. Napoleon gestattete ihm nämlich auch noch, sich die Königskrone aufs Haupt zu setzen. Maximilian I. Joseph nannte er sich jetzt.

Auch in Tirol wurde gegen Ende des Jahres 1805 gekämpft. Nachdem die Franzosen die Grenzfestungen gegen Bayern genommen hatten und sich die österreichischen Truppen unter Erzherzog Johann nach überschaubarem Widerstand zurückzogen, marschierten die Franzosen unter Marschall Ney am 7. November 1805 in Innsbruck ein. Als Kaiser Franz, der zuvor vollmundig verkündete, Tirol niemals aufzugeben, den *Preßburger Frieden* schloss, war Tirol bereits fest in bayerischer Hand. Die deprimierten Tiroler ballten die Fäuste im Hosensack. In den Jahrhunderten hatte man mit den Bayern immer schlechte Erfahrungen gemacht. König Maximilian I. Joseph wiederum bemühte sich anfangs noch, das Land zu schonen. Er setzte keinen bayerischen Beamten, sondern den Reichsgrafen von Arco zum Hofkommissär ein und versprach, die überkommenen Tiroler Rechte und Freiheiten zu wahren. Für die tiefe Wirtschaftskrise und die Armut im Land hatte er allerdings kein Rezept. Das Verbot des Viehhandels mit Bayern verschärfte die Not noch. Zudem legte der König den Tirolern für die Stationierungskosten der ungeliebten bayerischen Besatzung eine Kopfsteuer auf.

Speckbachers Durchbruch auf der Sillbrücke 1809 (SA)

Die von Maximilian I. Joseph ausgerufene Schonzeit für die Älpler endete jedoch rasch. Der Bayernkönig zog sich die aufklärerischen Reformstiefel Kaiser Josefs II. an und verordnete den strengkatholischen Tirolern Modernisierung. Vor allem am Land war man entsetzt, liberales Gedankengut war fürs einfache Volk Teufelswerk. Selbst vernünftige Maßnahmen wie die Einführung der Pockenimpfung 1807 stießen, allen voran bei Pater Haspinger, auf heilige Ablehnung. Man sah darin den Versuch, Tirolerblut mit dem Protestantismus zu verdünnen. Der Bayernkönig hatte es eilig bei der Reform seines noch jungen Königreichs. Für Sonderrechte, auch wenn sie noch so althergebracht waren, war kein Platz. Feiertage, Prozessionen, Wallfahrten und Andachten störten vermeintlich die Wirtschaft und wurden daher abgeschafft. Der Bayernkönig vergriff sich schließlich sogar an den Abendglocken, dem Herz-Jesu-Gottesdienst oder an der den Tirolern besonders heiligen Christmette. Geistlicher Widerstand führte zur Absetzung eines Bischofs und mehrerer Pfarrer; da ging's dann in einem, auch noch sieben Klöster aufzuheben und kirchlichen Besitz einzusacken.

Das dicke Ende kam allerdings noch. Die bayerische Konstitution von 1808 verbot den Namen Tirol und zerriss das Land in drei bayerische Verwaltungsbezirke. Landtag und Landlibell wurden aufgehoben und man begann sogleich, Tiroler zwangsweise zum königlichen Militär einzuziehen. Damit überspannte Maximilian I. Joseph den Bogen. Tirol war reif für den Aufstand. Die Bayern hatten die *Tirolische Identität*, die geprägt wurde vom *katholischen Glauben der Väter*, den *althergebrachten Rechten und Freiheiten des Landes* sowie dem *Recht auf Selbstverteidigung*, nicht begriffen. Im Jänner 1809 reiste eine konspirative Tiroler Delegation nach Wien. Einer der Abgeordneten war Andre Hofer. In Wien fand der Wille zum Aufstand offene Ohren, geheime Pläne wurden geschmiedet. Am 9. April überschritten kaiserliche Truppen die Grenzen Tirols. Der Landsturm stand mit blanken Waffen und geladenen Gewehren bereit. Zwei Tage später brach im gesamten Land ein Volksaufstand los. Der fünfte Koalitionskrieg gegen Napoleon und die verhassten Bayern hatte begonnen. Letztere hatten allzu selbstsicher das sich in Tirol zusammenbrauende Gewitter verschlafen.

Die Anführer und eine Heldin des Tiroler Freiheitskampfes: Pater Haspinger, Andreas Hofer, Josef Speckbacher und das Mädchen von Spinges (SA)

Dies sollte sich nun rächen. Andreas Hofer schlug die bayerischen Besatzer am 11. April bei Sterzing, Josef Speckbacher bei Volders und Schwaz. Einen Tag später bestanden die Tiroler auch die erste Schlacht am Bergisel und Andreas Hofer zog in Innsbruck ein. Er dankte Gott und dem Herzen Jesu, empfahl den Bürgern den Besuch der Heiligen Messe und verzichtete auf jedwede Siegesfeier. Zur Wahrung des katholischen Anstands empfahl er den *Frauenzimmern* auch gleich, *Brust und Armfleisch*

Tirol Panorama, Inntal, Kloster Wilten, Leuthaus und Basilika 1809 (SA)

mit undurchsichtigen Hadern zu bedecken. Gegen antisemitische Ausschreitungen schritt Hofer ein. Napoleon hatte den Widerstand des wilden Tiroler Bergvolks unterschätzt. Er schickte nun Marschall Lefèbvre mit zwei bayerischen Divisionen von insgesamt 10.000 Mann, um dem Spuk in den Bergen ein Ende zu machen. Er blamierte sich erneut. Die Tiroler hielten sich am 25. Mai auch in der zweiten Schlacht am Bergisel und die Bayern mussten neuerlich abziehen.

Nun hatte es Napoleon endgültig satt mit den Tirolern. Er war dabei die Welt zu erobern und wildgewordene Älpler sollten ihn daran nicht hindern. Die Geschichte erinnert fast an Caesar, Asterix und Obelix in ihrem unbeugsamen gallischen Dorf. Napoleon entsandte Marschall Lefèbvre, nunmehr mit 20.000 Mann, die brennend und mordend binnen Kürze fast das ganze Land besetzten. Nur Andreas Hofer leistete im Süden noch Widerstand. Als Lefèbvre sich aufmachte, diesen auch dort zu brechen, fiel das letzte Aufgebot mit aller Wut über ihn her. *Mandr s'isch Zeit*, schallte die Losung. In engen Tälern durchsiebten Geschoße allen Kalibers die überraschten Grenadiere, von den Bergen polterten Steinlawinen und Baumstämme, mit Säbeln, Knüppeln, Sensen und Mistgabeln wurden sie niedergemäht, erschlagen und aufgespießt. Die Franzosen erlitten in der dritten Schlacht am Bergisel am 12. und 13. August erneut eine Schlappe und mussten schleunigst abziehen.

Andreas Hofer übernahm nun in der Innsbrucker Hofburg das Oberkommando und für Habsburg die Regentschaft im Land. Seine katholisch-konservativen Ansichten stießen jedoch bei vielen Innsbrucker Bürgern, die sich mit den liberalen Bayern ganz gut arrangiert hatten, auf wenig Gegenliebe. Die Erfolge Hofers machten andererseits vielen in Europa Mut. Vielleicht war Napoleon doch nicht unüberwindbar? Königin Luise von Preußen schwärmte: *„Welch ein Mann dieser Andreas Hofer! Ein Bauer wird Feldherr, und was für einer! Seine Waffe – Gebet; sein Bundesgenosse – Gott. Er kämpft mit gebeugten Knien und schlägt wie mit dem Flammenschwert des Cherubs"*. Die Bekanntheit Hofers und die wachsende Begeisterung für ihn machten Andre nun zu einem unangenehmen, ja gefährlichen Gegner für den Franzosenkaiser.

Am Hauptkriegsplatz im Osten des Kaiserreichs liefen die Dinge dagegen schlecht. Nach seinem Achtungssieg bei Aspern schlug Napoleon Erzherzog Karl am 6. Juli 1809 bei Wagram schwer. Der fünfte Koalitionskrieg war nach nur drei Monaten praktisch verloren. Der Franzosenkaiser hatte Wien nach heftigem Beschuss im Mai besetzt und regierte nun fünf Monate lang von Schönbrunn aus. Joseph Haydn starb während des Einmarsches am 31. Mai. Napoleon ließ vor dessen Haus eine Ehrenwache aufstellen. Der neuerlich schwer gedemütigte Kaiser Franz I. war gezwungen, am 14. Oktober den *Frieden von Schönbrunn* zu unterzeichnen. Das Kaisertum Österreich verlor Salzburg, Berchtesgaden und das Innviertel an Bayern. Im Süden des Reiches waren die Gebietsverluste noch größer, Österreich verlor für Jahre den Zugang zum Meer.

Hohe Kriegskosten und Kontributionen an Frankreich trieben das Kaisertum Österreich faktisch in den Bankrott. Um Napoleon zu besänftigen, gab man ihm Marie Luise, die Tochter des Kaisers, zur Frau. Diese verabscheute den Franzosenkaiser. Bei so viel Erfolg hatte Napoleon den Tiroler Kriegsschauplatz jedoch nicht vergessen. Er verfügte, dass Tirol bei Bayern zu verbleiben habe und zwang den Kaiser, jedwede Unterstützung des dortigen Aufstands sofort einzustellen. Die Tiroler waren empört und enttäuscht über die neuerliche Treulosigkeit des Habsburgerkaisers in Wien. Napoleon schickte nun 56.000 Mann unter Marschall Lefèbvre, die aus allen Richtungen in Tirol einmarschierten. Bei den Tirolern machte sich Hoffnungslosigkeit und Kampfesmüdigkeit breit. Die Bauern wollten nach Hause zu Hof, Weib und Kind. Auch Hofer dachte ans Aufgeben, doch der fanatische Pater Haspinger hetzte ihn noch einmal auf. Am 1. November stürmten die bayerischen Truppen die Verschanzungen am Bergisel. Die Übermacht war für die alleingelassenen Tiroler Schützen nunmehr zu groß. Trotz zähen Widerstandes wurden sie in der vierten und letzten Schlacht am Bergisel geschlagen. Daran änderte auch nichts, dass die Schützen danach noch einige Gefechte gewannen. Der Tiroler Aufstand war zu Ende, das Land unterworfen und Napoleon endlich zufrieden. Eingeritten ist er in Innsbruck nicht. Das ersparte dem eitlen Korsen vielleicht eine weitere Blamage. Napoleon war nämlich ein miserabler Reiter und er fiel regelmäßig vom Pferd, der Kaiser der Franzosen.

Nach der Niederlage am Bergisel gelang Andreas Hofer die Flucht ins Passeiertal, wo er sich mit seiner Familie auf der Pfandleralm versteckte. Durch Verrat fiel er am 28. Januar 1810 in die Hände der Franzosen. Man schaffte ihn nach Mantua, um ihm dort den Prozess zu machen. Der Vizekönig von Italien, Eugène Beauharnais, wollte Hofer eigentlich verschonen, doch Napoleon persönlich befahl die Hinrichtung des Freiheitskämpfers. Der Franzosenkaiser verzieh erlittene Niederlagen nie. Nach kurzem Scheinprozess verurteilte man Andreas Hofer auftragsgemäß zum Tod und füsilierte ihn am 20. Februar 1810. Das französische Erschießungskommando zielte jedoch so schlecht, dass man Hofer nach zwei Salven den Gnadenschuss geben musste. Er wurde in Mantua begraben. 1821 überführten Kaiserjäger die Kiste mit Hofers sterblichen Überresten nach Innsbruck, wo man ihm 1834 in der Hofkirche, nahe dem Kenotaph Kaiser Maximilians I., ein Grabdenkmal errichtete. Am 28. September 1893 wurde in Anwesenheit von Kaiser Franz Josef am Bergisel ein überlebensgroßes Andreas Hofer Denkmal eingeweiht (▶ *Baedeker-Kapitel, 235*).

Tiroler Landeshymne

Zu Mantua in Banden, der treue Hofer war,
in Mantua zum Tode, führt ihn der Feinde Schar.
Es blutete der Brüder Herz, ganz Deutschland, ach, in Schmach und Schmerz.
Die Hände auf dem Rücken, der Sandwirt Hofer ging,
mit ruhig festen Schritten, ihm schien der Tod gering,
der Tod, den er so manchesmal, vom Iselberg geschickt ins Tal.
Doch als aus Kerkergittern, im festen Mantua,
die treuen Waffenbrüder, die Händ' er strecken sah,
da rief er laut: „Gott sei mit euch, mit dem verrat'nen Deutschen Reich.
Dem Tambour will der Wirbel, nicht unterm Schlegel vor,
als nun der Sandwirt Hofer, schritt durch das finst're Tor,
der Sandwirt, noch in Banden frei, dort stand er fest auf der Bastei.
Dort sollt' er niederknien, er sprach: „Das tu ich nit!
Will sterben, wie ich stehe, will sterben, wie ich stritt!
So wie ich steh' auf dieser Schanz', es leb' mein guter Kaiser Franz.
Und von der Hand die Binde, nimmt ihm der Korporal,
Und Sandwirt Hofer betet, allhier zum letzten Mal.
Dann ruft er: „Nun, so trefft mich recht! Gebt Feuer! –
Ach, wie schießt ihr schlecht!

Tirol Panorama, Dritte Schlacht am Bergisel 1809 (*SA*)

Tirol Panorama, dritten Schlacht am Bergisel 1809 (SA)

Der Mythos von Andre Hofer ist ungebrochen, wiewohl man manche seiner Aussprüche und Handlungen heute durchaus kritisch sieht. Wegen seiner großen Popularität suchten ihn während der vergangenen 200 Jahre die unterschiedlichsten Strömungen zu vereinnahmen oder abzulehnen. Daher wurde auch der Volksaufstand von 1809 zum Tiroler Freiheitskampf hochstilisiert. Der liberale Schriftsteller Heinrich Heine machte sich 1830 davon sein eigenes Bild:

„Von der Politik wissen die Tiroler nichts, als daß sie einen Kaiser haben, der einen weißen Rock und rote Hosen trägt; das hat ihnen der alte Ohm erzählt, der es selbst in Innsbruck gehört hat von dem schwarzen Sepperl, der in Wien gewesen. Als nun die Patrioten zu ihnen hinaufkletterten und ihnen beredsam vorstellten, daß sie jetzt einen Fürsten bekommen, der einen blauen Rock und weiße Hosen trage, da griffen sie zu ihren Büchsen, und küßten Weib und Kind, und stiegen von den Bergen hinab, und ließen sich totschlagen für den weißen Rock und die lieben alten roten Hosen." (Reisebilder 3. Teil, Italien, Kapitel XII)

Seit Mitte des 19. Jahrhunderts wurde Hofer zunehmend zur Identifikationsfigur der Deutschtiroler gegen den italienischen Irredentismus. Es ging dabei um Gegenwart und Zukunft italienischsprachiger Gebiete der Habsburgermonarchie. Der patriotischen Propaganda dienten Denkmäler, Bilder, Theaterstücke und Romane, später kam noch der Film hinzu. Und Hofer hat seine Brisanz auch im 20. Jahrhundert nicht verloren. Zu 1809-Jubiläen finden regelmäßig farbenprächtige Landesfestumzüge mit tausenden Schützen und zehntausenden Zuschauern statt. 1959, 1984 und 2009 trugen Schützen eine Dornenkrone als Symbol für die Teilung Tirols durch Innsbruck, was zu Diskussionen Anlass gab. 2009 eröffnete im Sandhof im Passeier ein anspruchsvolles Andreas-Hofer-Museum. Das Land Tirol erklärte das *Andreas-Hofer-Lied* 1948 zur Landeshymne und sicherte dem Freiheitshelden so ein dauerndes Gedenken. In Südtirol entschied der Landtag 2010, dass das Hofer-Lied bei offiziellen Anlässen zwar gesungen, mit Rücksicht auf die italienische Volksgruppe jedoch nicht zur Landeshymne bestimmt werden soll. Andreas Hofer bleibt mit dem Südtirol-Thema untrennbar verbunden.

Das Riesenrundgemälde

Der Bergisel ist bis heute ein vielbesuchter Gedächtnisort. Hier wird nicht nur des Tiroler Freiheitskampfes 1809, sondern auch der weiteren Landesgeschichte erinnert. Andreas-Hofer-Denkmal, Riesenrundgemälde, Schießstand, Kaiserjägermuseum, Urichhaus und Kaiserdenkmäler in einer baumbestandenen Parklandschaft machen den Eintritt in die Geschichte Tirols und Innsbrucks zum Erlebnis. Dazu kommen noch die Olympia-Sprungschanze der irakisch-britischen Stararchitektin Zaha Hadid sowie ein Aussichtspavillon mit einem eindrücklichen Blick auf das durch die Stadt zugebaute Inntal.

Und wenn man das alles besichtigt hat, lädt am Fuße des Bergisels der Gastgarten des fast 350 Jahre alten Traditionswirtshauses *Bierstindl* zum kühlen Umtrunk – mit Bayerischem Bier – ein. Das Münchner *Augustiner Bräu* hat das Kulturgasthaus nämlich 2014 übernommen. Andreas Hofer drehte sich darob wohl im Grab um. Die Bayern betreiben dazu den Stiftskeller in Maximilians Hofburg und die Orangerie in Stift Stams, der Grablege der Tiroler Landesfürsten. Rechnet man dann noch Ischgl dazu und Kitzbühel und St. Anton, ist es den Bayern doch noch gelungen, das Land dauerhaft zu besetzen.

Hauptattraktion am Bergisel ist das Riesenrundgemälde mit der bildlichen Darstellung der dritten Schlacht am Bergisel. Am 13. August 1809 standen sich hier etwa 15.000 bayerische, sächsische und französische Soldaten unter Marschall Lefèbvre und ebenso viele Tiroler Freiheitskämpfer unter Andreas Hofer gegenüber. Die Tiroler trugen den Sieg davon. Dem eindrucksvollen Historienschinken hat man mit dem *Tirol Panorama* 2011 eine moderne Hülle spendiert. Sehr zum Unmut vieler Innsbrucker, die das Riesenrundgemälde lieber weiter im historischen Pavillon an der Talstation der alten Hungerburgbahn sehen wollten. Doch auch diese gibt es nicht mehr, baute doch Zaha Hadid eine neue Standseilbahn – wen wundert's, zum Unmut vieler Innsbrucker.

Das Riesenrundgemälde ist eine kunstgeschichtliche Rarität. Insgesamt haben nur etwas mehr als zwei Dutzend dieser Panoramen aus dem 19. und dem ersten Drittel des 20. Jahrhunderts überlebt. Es ist ein Schlachtengemälde voller bluttriefender Szenen, Schützentrachten, Uniformen, Säbeln, Gewehren, Kanonen und auch die eine oder andere Sense und Mistgabel ist dabei. Dazu ein Bergpanorama ohne Seilbahn und ein unverhüttelles Inntal. Da war wenigstens landschaftlich die Welt noch in Ordnung.

Gemalt hat dies alles, mit dem patriotischen Pathos des späten 19. Jahrhunderts – und wieder drehte sich Andre Hofer im Grab um und liegt wieder richtig – der Münchner Panoramenmaler Michael Zeno Diemer. Schwamm drüber, werden sich die Tiroler 90 Jahre nach der Schlacht wohl gedacht haben, der Bayer malt den Andre Hofer und seine Mander halt am besten. Mit patriotischer Begeisterung, Hochrufen, dem Absingen des Hoferliedes, mit Fahnen, Schützen und Blasmusik wurde das 1000 Quadratmeter große Riesenrundgemälde 1896 gemeinsam mit einer Ausstellung für Sportwesen eröffnet. Es war eine Attraktion für Einheimische wie Touristen.

Und so schickte man die Schlacht am Bergisel 1906 nach London zur *Imperial Austrian Exhibition*, wo das Panorama Furore und Werbung fürs Land im Gebirge machte. Die Donaumonarchie zog bei dieser Schau alle Register, vom Riesenrad, einem Wiener Kaffeehaus, über ein Schausalzbergwerk, die Wiener Werkstätten, den Wurschtlprater, einen Tiroler Schießstand bis hin zum *Tyrol Village*. In letzterem wurde geklöppelt, geschnitzt, gejodelt, schuhgeplattelt und geschnapselt und die Engländer waren begeistert. Während der Ausstellung brannte der Pavillon, den man fürs Rundgemälde in Innsbruck errichtet hatte ab, und dieses erhielt nach seiner Rückkehr ein neues Gebäude an der Talstation der Hungerburgbahn.

Das Riesenrundgemälde wurde 2011 aus touristischen und konservatorischen Gründen auf den Bergisel verlegt. Dazu musste das Dach des alten Gebäudes abgebaut und das Gemälde, eingerollt auf zwei 12 Meter langen Rollen, zum *Tirol Panorama* transportiert werden. Dem Schlachtbild angeschlossen ist die Dauerausstellung *Schauplatz Tirol* mit interessanten Exponaten aus der Geschichte des Landes, wobei die Ausstellung von manchen Kritikern als Sammelsurium bezeichnet wird. Unterirdisch kommt man ins *Tiroler Kaiserjägermuseum*.

Tiroler Kaiserjäger

Die Gefürstete Grafschaft Tirol wurde nach Hofers Tod von den Bayern dreigeteilt und verschwand für rund fünf Jahre von der Landkarte. Nordtirol sowie Südtirol südlich der Linie Meran, Brixen, Bruneck wurden dem Königreich Bayern zugeschlagen. Das Gebiet südlich davon mit dem Fürstbistum Trient fiel an das Königreich Italien. Osttirol wurde Teil der Illyrischen Provinzen. Die Sieger rächten sich nun für die erlittenen Niederlagen. Im Zuge der napoleonischen Kriege verriet Kaiser Franz die Tiroler 1813 dann noch ein drittes Mal. Als Preis für einen angedachten Frontwechsel der Bayern gegen den Franzosenkaiser, versprach er, den Besitzstand des Königreichs nicht anzutasten.

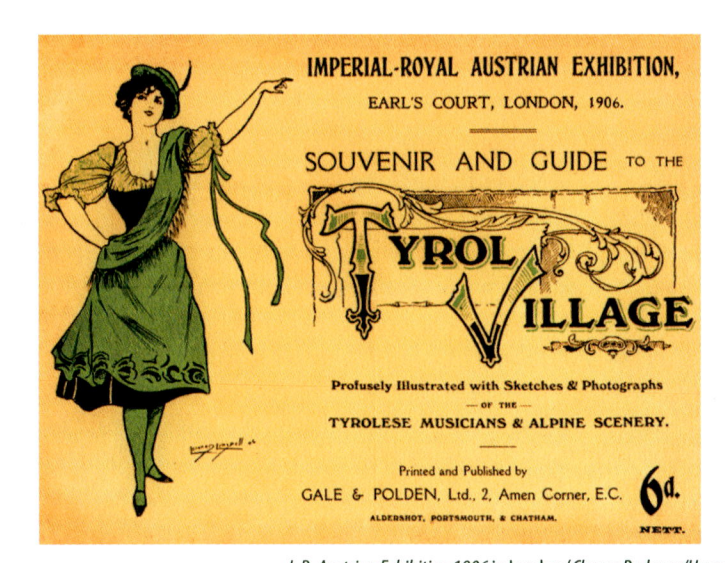

I. R. Austrian Exhibition 1906 in London (Clemes Radauer/Human Zoos, Internet Archive)

Bergisel, Andreas Hoferdenkmal und Kaiserjäger-Museum (SA)

Erst durch den Wiener Kongress, der die Karte Europas neu zeichnete, tauchte Tirol aus der Versenkung auf und kam 1815 wieder zu Österreich. Der bayerische König, der noch rechtzeitig auf die Siegerseite wechselte, – Bayernherrscher hatten im Frontwechsel ja Routine – tauschte Tirol gegen Franken. Kaiser Franz, der nun die meisten verlorenen Gebiete wiedererlangte, saß ohne viel eigenes Verdienst letztlich am längeren Ast – Napoleon dagegen unter strenger Aufsicht in St. Helena in lebenslanger Haft. Wieder einmal zeigte es sich in der langen habsburgischen Geschichte, dass ein gutes Sitzleder oft mehr Erfolg versprach, als militärisches Genie. Und der wortbrüchige Kaiser dachte nicht daran, begangenes Unrecht einzugestehen und die Treue der Tiroler zu Gott, Kaiser und Vaterland zu belohnen. Er lehnte sogar den Wunsch des Landes ab, seinen Bruder, Erzherzog Johann, zum Gubernator zu ernennen. Er neidete ihm dessen Beliebtheit. Napoleon wie Franz I. waren letztlich kleine Geister.

Tirol war über die Jahrhunderte mit Landlibell und Schützenwesen gut gefahren. Die napoleonischen Kriege hatten jedoch gezeigt, dass Schützenkompanien und Landsturm gegen gut gerüstete, stehende Einheiten zunehmend ins Hintertreffen gerieten. Daher befahl Kaiser Franz I. 1815, die Konskription von *Tiroler Landeskindern* für ein Jägerregiment in der Stärke von 5.000 Mann vorzubereiten. Als besondere Auszeichnung sollte das Regiment den Namen *Tiroler Kaiserjäger* führen. Es war das erste Mal in der Geschichte, dass Tiroler Militärdienst außerhalb ihres Landes leisten mussten. Das Regiment rekrutierte sich überwiegend aus dem Tiroler Jäger-Korps, das während der Befreiungskriege 1813/15 aus Tiroler Freiwilligen gebildet wurde. Daneben musste die gefürstete Grafschaft Tirol nach dem Landlibell bei Gefahr zusätzlich 20.000 Mann stellen, die als Standschützen bezeichnet wurden.

Der schwarze Jägerhut mit dem Hahnenfederbusch und dem Tiroler Adler, die grünen Aufschläge am hechtgrauen Waffenrock, der braune Tornister sowie das große Jägerhorn bildeten die Adjustierung dieser Elitetruppe. Das Regiment der Tiroler Kaiserjäger wuchs bis 1895 auf 16 Bataillone und wurde 1895 auf vier Regimenter aufgeteilt. Die Regimentskapellen der Tiroler Kaiserjäger zählten zu den besten der k.u.k. Armee. Zu den Kaiserjubiläen 1908 und 1910 fiel einer daher die Ehre zu, vor Franz Joseph in Bad Ischl und Wien aufzuspielen. Der Kaiserjägermarsch ist wiederum einer der bekanntesten Militärmärsche des alten Österreich. Komponiert wurde er 1914 vom letzten Kapellmeister des ersten Regiments, der in der k.u.k. Armee legendäre Karl Mühlberger.

Die Kaiserjäger-Regimenter bewährten sich auf vielen Kriegsschauplätzen, insbesondere in Oberitalien oder im Okkupationsfeldzug 1878 in Bosnien-Herzegowina. Einen hohen Blutzoll verlangte der *Erste Weltkrieg* den Regimentern in Galizien, an der Dolomitenfront und am Isonzo ab. Das 1923 fertiggestellte Ehrengrab des unbekannten Kaiserjägers erinnert an die rund 20.000 im Ersten Weltkrieg gefallenen Soldaten dieser Eliteeinheit. Seit 1930 ist der Bergisel eine Stiftung zum ewigen Gedenken an die vier Tiroler Kaiserjägerregimenter.

Tiroler Kaiserjäger, Gebirgskrieg im Ersten Weltkrieg
(Tirol Panorama/SA)

Tirol isch lei oans!

Mit dem Untergang Österreich-Ungarns begann ein langer Leidensweg des Landes Tirol. Die Entente versprach Italien für den Kriegseintritt im Ersten Weltkrieg nämlich die Brennergrenze und damit Südtirol und das Trentino. Für den Verrat an den Mittelmächten erhielt Italien auch noch 50 Millionen Pfund Sterling. Daraufhin wechselten die Italiener 1915 die Seiten und erklärten der Habsburgermonarchie am 3. Mai den Krieg. Kaiser Franz Joseph war zutiefst verbittert über den Verrat: *„Der König von Italien hat Mir den Krieg erklärt. Ein Treubruch dessengleichen die Geschichte nicht kennt, ist von dem Königreich Italien an seinen beiden Verbündeten begangen worden."* Ungerührt war davon der italienische Ministerpräsident Antonio Salandra, der als Maxime seines Handelns ausschließlich den *sacro egoismo* sah. *Italy first*, würde man heute sagen:

„Die höchsten Ziele unserer Außenpolitik erfordern eine unerschütterliche Härte der Seele, eine klare Vision der nationalen Interessen. Und sie erfordern Freiheit von jeglichen Gefühlsregungen, es sei denn, es handelt sich dabei um ausschließliche und grenzenlose Hingabe an unser Vaterland, an den heiligen Eigennutz Italiens!"

In rasender Eile musste nun eine neue Verteidigungslinie aufgebaut werden. Die Reste der Kaiserjäger-Regimenter wurden eilends aus dem Osten an die Gebirgsfront verlegt. Auf den Schultern von Reservisten lag nun die Hauptlast des Kriegsgeschehens. Es begann ein drei Jahre währender, mörderischer Stellungskampf in Schnee und Eis. Tunnel wurden gegraben, Materialseilbahnen hochgezogen, Unterkünfte an Felswände geklebt. Ganze Berggipfel wurden weggesprengt. Die Gebirgsjäger bedrohten nicht nur feindlicher Beschuss, sondern auch Kälte, Stürme, Lawinenabgänge und Felsstürze. Die Versorgungs- und Gesundheitslage war oft prekär. Eine vage Vorstellung der unmenschlichen Lebensverhältnisse bekommt man heute noch im *Kaiserjäger-Museum* in Innsbruck und am *Friedensweg* in den Südtiroler Dolomiten.

Trotz materieller Überlegenheit versuchten die Italiener in zwölf Isonzo-Schlachten vergeblich, die Front der Österreicher zu durchbrechen. Nicht einem Sieg hatten die Italiener schließlich den Zusammenbruch der Front zu verdanken, sondern der allgemeinen Erschöpfung der k.u.k. Armee. Stellungen lösten sich einfach auf. Südtirol wurde von Italien nie erobert, wie Mussolinis Faschisten bald propagandistisch glauben machen wollten. Erst nach der Kapitulation besetzten italienische Truppen das Land. Kurz zuvor waren noch bayerische Truppen in Innsbruck eingerückt.

Die Italiener marschiertem am 23. November 1918 in Innsbruck und anderen Orten des Inntals ein. Sie blieben bis nach Ratifizierung des Friedensvertrages von St. Germain und verließen die Stadt erst am 11. Dezember 1920. In seinem Abschlussbericht als Militärgouverneur bewies General Pecori Giraldi Weitblick bei der anstehenden Lösung des Südtirol-Problems:

„Innsbruck hört nicht auf und wird für lange Zeit nicht aufhören, das Herz und das Hirn aller Deutschen in Tirol zu sein, einschließlich derjenigen, die unsere Untertanen werden sollen. Nun wird es aufhören, ein wunderbarer Beobachtungsposten zu sein, um das Denken der Deutschen im Alto Adige zu studieren. […] Und es ist auch Innsbruck, wo wir in Zukunft versuchen müssen, so diplomatisch erfahren vorzugehen und die öffentliche Meinung für uns zu gewinnen, wie es nötig sein wird, um gute nachbarschaftliche Beziehungen aufzubauen."

Entgegen der Forderung des amerikanischen Präsidenten Woodrow Wilson wurde auch den Südtirolern das *Selbstbestimmungsrecht der Völker* nicht gewährt. Der *Diktat-Frieden von Saint-Germain* 1919 schlug das Trentino und Südtirol den Italienern zu. Der Verrat hatte sich bezahlt gemacht. Die Italiener besetzten das Land bis an den Brenner und begannen der deutschsprachigen Bevölkerung die Lebensgrundlage zu entziehen. Der fanatische Nationalist Ettore Tolomei – der Totengräber Südtirols – entwarf ein 32-Punkteprogramm zur Italianisierung des Landes, das die 1922 an die Macht gekommenen Faschisten mit Begeisterung übernahmen. Mussolini setzte auf gewaltsame Assimilierung der deutschsprachigen Bevölkerung. Alles Tirolerische, insbesondere die deutsche Sprache, wurde unter Strafe verboten. Schulen wurden geschlossen, nur auf abgelegenen Berghöfen gab es noch Katakombenschulen.

Die italienischen Behörden verpassten sämtlichen Orten, Bergen, Flüssen, Straßen und Gebäuden italienische Bezeichnungen. Aus *Südtirol* wurde anfangs *Venezia Tridentina*. Die italienischen Ortsbezeichnungen gelten seit 1923 bis heute. Im täglichen Leben wurden Südtiroler auf allen Gebieten unterdrückt. Sie mussten sogar ihre Trachten und Musikinstrumente verstecken. Für die neu angesiedelten Italiener schuf man dagegen Sozialwohnungen und behielt ihnen alle Posten im Staatsdienst vor. Die italienischen Faschisten schreckten in Südtirol auch vor Terroranschlägen nicht zurück. 1921 schleuderten sie Handgranaten und schossen wahllos in einen Festzug der Deutschtiroler. 50 Personen wurden verwundet, der Lehrer Franz Innerhofer ermordet. Die Gewalttat ging als *Bozner Blutsonntag* in die Geschichte ein.

Im Mai 1939 schlossen Benito Mussolini und Adolf Hitler den *Stahlpakt*. Die beiden Diktatoren einigten sich unter anderem auf die Brennergrenze als *die gemeinsame, für alle Zeiten festgelegte Grenze zwischen Deutschland und Italien*. Adolf Hitler führte dazu in einer Wahlrede 1928 beziehungsweise in einem Brief an Benito Mussolini 1938 aus:

„…wenn ein Andreas Hofer aufsteht, soll er sich hüten, daß er auf der Flucht nicht nach Deutschland kommt, sonst wird er verhaftet und ausgeliefert."

„Was immer auch die Folge der nächsten Ereignisse sein möge, ich habe eine klare deutsche Grenze gegenüber Frankreich gezogen und ziehe jetzt eine ebenso klare gegenüber Italien. Es ist der Brenner. Diese Entscheidung wird niemals weder in Zweifel gezogen noch angetastet werden. Diese Entscheidung habe ich nicht im Jahre 1938 vorgenommen, sondern sofort nach der Beendigung des großen Krieges, und niemals habe ich daraus ein Geheimnis gemacht."

Die beiden Diktatoren schlossen 1939 das *Optionsabkommen* zur Umsiedlung der deutschen Bevölkerung in Südtirol. Als es im Land bekannt wurde herrschte Fassungslosigkeit und Wut, der Ratlosigkeit und Verzweiflung folgten. Die Südtiroler waren nun vor die die Wahl gestellt zu bleiben und sich gänzlich zu italianisieren oder *Heim ins Reich* zu ziehen. Die *Option* spaltete Südtirol bis tief in die Familien. Verbitter beschimpften sich *Dableiber* und *Optanten* wechselseitig als *Walsche* oder *Faschisten*.

Rund 80.000, meist ärmere Südtiroler, wanderten schließlich aus. Himmler sah als geschlossenen Siedlungsraum die Karpaten, Burgund oder die Krim vor. Tatsächlich landeten die meisten Südtiroler in Nordtirol, Vorarlberg und in Bayern. In Innsbruck gibt es heute noch eine Südtirolersiedlung. Wenige Optanten wurden zudem in Böhmen, Mähren, Luxemburg und in der Südsteiermark angesiedelt. Rund 8.000 Südtiroler fielen im Krieg. Ab 1946

Toni Walch, Verlorene Heimat – Die Heimatlosen (Ansichtskarten, SA)

Brennergrenze 1931 (*SA*)

kehrten etwa 25.000 Tiroler wieder zurück. Sie waren nicht willkommen und man schwieg. Die damalige Entscheidung der Familienoberhäupter ist jedoch bis heute in den Köpfen der Südtiroler präsent.

Nach Ende des *Zweiten Weltkriegs* wurde das Begehren Österreichs nach Selbstbestimmung und Rückkehr Südtirols im April 1946 von den Alliierten zurückgewiesen. Stattdessen handelten Österreich und Italien 1946 das *Pariser Gruber-De-Gaspari-Abkommen* aus. Dadurch sollte die Wiedereinführung des deutschen Schulunterrichtes, die Gleichstellung der italienischen und deutschen Sprache, der Wiedererwerb der deutschen Vor- und Familiennamen und die Gleichberechtigung bei der Stellenvergabe öffentlicher Ämter ermöglicht werden. Österreich wurde die Schutzfunktion für Südtirol eingeräumt. Italien sah das *Gruber-De-Gaspari-Abkommen* mit Zwangsvereinigung und Schaffung der *Autonomen Region Trentino-Tiroler Etschland* beziehungsweise dem *1. Autonomiestatut* 1948 als erfüllt an. Real änderte sich für Südtirol und die deutschsprachigen Gemeinden des angrenzenden Trentino jedoch kaum etwas. Alle wichtigen Entscheidungen wurden vom Regionalrat in Trient getroffen, in dem eine italienische 2/3 Mehrheit bestand.

Durch Zusammenschluss des Trentino mit Südtirol sowie Ansiedlung italienischer Industriebetriebe samt Arbeitsmigranten in Südtirol suchte die Regierung in Rom das

Ziel einer italienischen Mehrheit im ganzen Land rasch zu verwirklichen. Bozen war bereits in den 1940er-Jahren mehrheitlich italienisch. Im Jahre 1910 lebten 2,92 % Italiener in Südtirol, im Jahre 1953 waren es 33,55 %. Das wirtschaftliche und soziale Leben der Südtiroler verschlechterte sich in den 1950er und 1960er Jahren derart dramatisch, dass zahlreiche Südtiroler sich genötigt sahen, das Land zu verlassen. Man sprach vom *Todesmarsch* der Südtiroler. Faschistische Schlägertrupps schreckten auch vor Gewalt nicht zurück und sprengten Versammlungen der deutschsprachigen Bevölkerung. Die italienische Justiz wandte rigoros politische Unterdrückungs-Paragraphen an. So wurde etwa das Anmalen von Fensterläden in den Tiroler Landesfarben oder das Hissen der Landesfahne strafrechtlich verfolgt.

1961 sprengten Südtirol-Aktivisten erst den Aluminium-Duce in Waidbruck. Als Reaktion verübten italienische Neofaschisten dann einen Anschlag auf das Andreas Hofer-Denkmal am Bergisel. (*Haus der Tiroler Geschichte/Imagno*)

Die Frustration der deutschsprachigen Bevölkerung über die Zustände rief Widerstand hervor. 1956 gab es erste Anschläge von deutscher Seite. Die eindrucksvolle Großkundgebung von Schloss Sigmundskron mit 35.000 Teilnehmern 1957 verlief zwar lautstark, aber friedlich. Der Obmann der *Südtiroler Volkspartei* (SVP), Dr. Silvius Magnago, forderte in einer Ansprache die Erfüllung des *Pariser Vertrages* und unter der Devise *Los von Trient* eine echte Autonomie für Südtirol:

„*Es geht um Sein oder Nichtsein unseres Volkes! Es geht um den Bestand unserer Kinder, unserer Kindeskinder! Frei wollen wir wieder werden in unserem Lande, frei wie unsere Vorväter es gewesen über 1000 Jahre im deutschen Südtirol!*"

Der *Befreiungsausschuss für Südtirol* (*BAS*) wollte sich jedoch nicht länger hinhalten lassen und das Selbstbestimmungsrecht erzwingen. Nach einer Reihe von kleineren Sprengstoffanschlägen auf unbewohnte Migrantenunterkünfte, das *Duce*-Denkmal in Waidbruck oder das Grab von Ettore Tolomei, hallten in der Herz-Jesu-Nacht, der *Feuernacht* vom 11. auf den 12. Juni 1961, schwere Detonationen durch die Täler. 42 Strommasten lagen geknickt am Boden. Die Bozner Industriezone und große Industriebetriebe in Oberitalien waren ohne Strom. In der *kleinen Feuernacht*, einen Monat später, fielen weitere 8 Masten und legten den Zugverkehr lahm.

Rom schickte unverzüglich etwa 40.000 Carabinieri und Militärs nach Südtirol, das Land glich einem Heerlager. Italienischen Soldaten wurden angeblich für jeden erschossenen *Terroristen* eine Abschussprämie von 20.000 Lire und 14 Tage Sonderurlaub versprochen. Tatsächlich wurden zwei Südtiroler erschossen. Carabinieri verhafteten in der Folge 150 Südtirol-Aktivisten, die zum Teil in der Haft schwer gefoltert wurden. Zwei Südtiroler starben im Gefängnis, einige erlitten lebenslange Gesundheitsschäden. Zehn angeklagte Carabinieri wurden freigesprochen weitere amnestiert. Demgegenüber sprachen Gerichte in Mailand 1964 35 *BAS*-Mitglieder schuldig.

Durch die Bombenanschläge wurde die Weltöffentlichkeit aufgeschreckt. Der österreichische Außenminister Dr. Bruno Kreisky hatte bereits 1960 das Südtirol-Problem vor die UNO gebracht. Zwei *UN-Resolutionen* hielten 1960/61 fest, dass das *Pariser Abkommen* für Italien bindend sei. Zwischen Vertretern Südtirols, Italiens und den Ladinern begannen nun tatsächlich Verhandlungen. Daran waren im Hintergrund auch Nordtiroler Politiker, etwa Landeshauptmann Eduard Wallnöfer involviert. Durch zahlreiche weitere Anschläge bis in die 1980er Jahre, bei denen eine Reihe von Todesopfern und Verletzen zu beklagen waren, suchten Extremisten auf Südtiroler Seite, aber auch der italienische Militärgeheimdienst *SIFAR* und Neofaschisten den Verhandlungsprozess durch Gewalt zu stören. Mitten im *Kalten Krieg* erhöhte nun auch die USA den Druck auf die italienische Regierung.

Schließlich gipfelten die jahrelangen und schwierigen *Paket*-Verhandlungen 1972 im *2. Autonomiestatut*. Die *Region Trentino-Alto Adige/Südtirol* blieb zwar bestehen, die Macht lag jedoch nun bei den beiden *autonomen Provinzen Bozen* und *Trient*. In den folgenden 20 Jahren wurde die Südtiroler Autonomie von Italien auch tatsächlich umgesetzt. Der Anteil der italienischsprachigen Bevölkerung sank in Südtirol auf etwa 23%. Österreich gab schließlich, nach Zustimmung der Südtiroler und der Tiroler Politik, 1992 eine Streitbeilegungserklärung an Italien und die Vereinten Nationen ab.

Südtirol nützte die neuen wirtschaftlichen und politischen Möglichkeiten und stieg zu einer der prosperierendsten Regionen Europas auf. Das auch international beachtete Erfolgsmodell Südtirol ließ Spannungen zwischen Österreich und Italien, zwischen Italienern, Südtirolern und Ladinern in den Hintergrund treten. Die Autonomieregelung wird vielfach als Vorbild für die Lösung von Minderheitenfragen angesehen. Die Gründung der *Europaregion Tirol-Südtirol-Trentino* förderte die grenzüberschreitende Zusammenarbeit. In Bozen und Innsbruck finden gemeinsame Landtage statt. Der EU-Beitritt Österreichs beseitigte schließlich auch die Grenzbalken am Brenner. In Herzlichkeit zusammengewachsen sind die beiden Volksgruppen allerdings bislang nicht. Das wird, wenn überhaupt, wohl noch viele Generationen dauern.

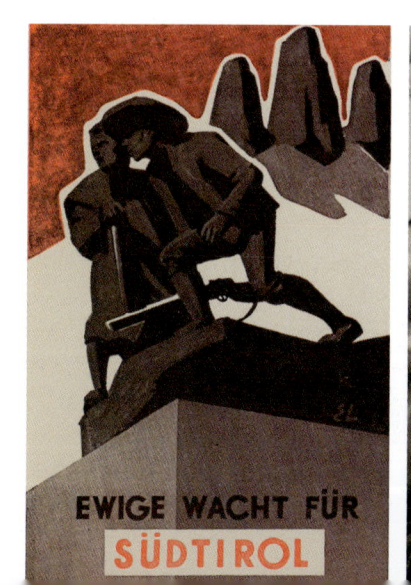

Tirol Isch lei oans… (SA)

BAEDEKER-STERNE UND ALLERHÖCHSTE BESUCHE

Bahnhof – Museen – Wirtshäuser – Bergisel

Dampfrösser

Kaiser Franz Joseph stand technischen Neuerungen, etwa dem Automobil oder dem Telefon grundsätzlich skeptisch gegenüber, nicht jedoch der Eisenbahn. In ihr sah er vor allem das militärische Potential, Truppen in seinem großen Reich einfach und schnell zu verlegen. Außerdem hatte er einen Teil seines Vermögens in Eisenbahnaktien angelegt. Während seiner Herrschaft gab es, einzigartig in Europa, seit 1896 sogar ein k.k. Eisenbahnministerium. Erster k.k. Eisenbahnminister war zugleich Feldmarschallleutnant. Das Kaisertum Österreich war ein frühes Eisenbahnland. Schon 1832, nur sieben Jahre nach Inbetriebnahme der ersten Eisenbahnstrecke in Großbritannien, rollte eine Pferdeeisenbahn von Linz nach Budweis. Franz Josephs Vorgänger, Kaiser Ferdinand, eröffnete am 23. November 1837 die erste Dampfeisenbahnstrecke von Floridsdorf nach Deutsch-Wagram. Mit der *Semmeringbahn* schuf Karl Ritter von Ghega 1848 bis 1854 die erste Gebirgsbahn Europas. Von Wien nach Salzburg reiste man seit 1860 mit der *Kaiserin-Elisabeth-Bahn*.

Eisenbahnviadukt und Brücke bei Innsbruck (*TLF*)

Innsbruck war von alters her ein Verkehrsknoten zwischen Ost und West, Süd und Nord. Zwei Jahrtausende lang bewegte man sich auf den Straßen Tirols *per pedes*, am Rücken eines Reittiers, mit Fuhrwerken und Pferdekutschen, am Inn auf Flößen und Booten. Doch dann brach das Eisenbahnzeitalter an. Bereits 1837 erstellte Alois Negrelli Ritter von Moldelbe, der später den Suez-Kanal plante, ein Projekt für eine Bahnstrecke im Inntal. Es scheiterte an den Kosten. In Tirol begann der Bahnbau dann tatsächlich 1854 mit der eingleisigen Strecke Kufstein-Innsbruck. Konzessionsinhaber war die nachmalige *k.k. priv. Südbahn-Gesellschaft*. Die Bayern begannen gleichzeitig den Anschluss von München aus zu errichten. Der oberste Bauleiter, Karl Ritter von Ghega, änderte den Bauplan der Bahntrasse in Innsbruck, indem an Stelle eines Bahndamms ein Viadukt gebaut wurde. Die *Tiroler Schützen-Zeitung* vom 24. November 1858 berichtete über die Eröffnung der Strecke Innsbruck-Kufstein:

„Heute 7 Uhr früh ist von unserm mit Flaggen und Fahnen geschmückten Bahnhofe der Festzug zur Eröffnung der Bahnstrecke Kufstein-Innsbruck nach Kufstein abgegangen. Eine große Menge aus der hiesigen Bevölkerung hatte sich trotz der frühen Stunde eingefunden, um die Abfahrt sich anzusehen. Der Train hatte an die 500 Personen verschiedener Stände aufgenommen. Auch aus dem Oberinnthale waren viele Gemeinderepräsentanzen hieher gekommen, um an der Eröffnungsfahrt Theil zu nehmen. Von hier ging zur Verherrlichung des Festes auch die ganze Liedertafel mit."

Die Eröffnungsfeier wurde in Innsbruck mit einem Festschießen und einem Sängerfest gehörig gefeiert. Die geschmückte Lokomotive trug den Ehrennahmen *Dampfwagen Tirol*, die Schaffner trugen Tiroler Tracht. In allen Stationen machten Musikkapellen samt Festabordnungen *großen Bahnhof*. Das k.k. National Theater brachte die Posse mit Gesang von Nestroy *Eisenbahn-Heirathen* zur Aufführung. Die *Innsbrucker Nachrichten* vom 23. November 1858 berichteten, dass

„zum Schlusse des Stückes wandelnde Dekorationen, bestehend in den schönsten Gegenden der Eisenbahnstrecke von Kufstein bis Innsbruck in 6 Tableaus erscheinen, neu gemalt von Herrn Juliano: 1. Kufstein von der Nordseite; 2. Rattenberg von der Südseite; 3. Schwaz, vom Bahnhof aus gesehen; 4. Hall bei Abendbeleuchtung aufgenommen; 5. Innsbruck mit der Eisenbahn-Brücke und Viadukt von Arzl bei Sonnen-Untergang; 6 der Innsbruck Bahnhof bei Mondscheinbeleuchtung."

Reisende, die der Eisenbahn ablehnend gegenüberstanden, – und davon gab es im konservativen Volk nicht wenige – mussten in den Zeitungen die deprimierende Nachricht lesen, dass am Tag der Eröffnung der Eisenbahn der Post- und Stellwagen zwischen Innsbruck und Kufstein den Dienst einstellte. Es gab aber auch gute Nachrichten, nicht zuletzt für Innsbruck. Die *Tiroler Schützen-Zeitung* vom 25. Oktober 1858 berichtete etwa:

„Der Eröffnung der Eisenbahn sehen insbesondere unsere Hausfrauen mit großer Hoffnung entgegen, sie erwarten, daß durch die Zufuhr von außen eine Konkurrenz herbeigeführt werde, welche die Preise für manche Lebensbedürfnisse, die wirklich unverhältnismäßig hoch sind, herabdrücke. So bezahlt man unter ander'm das Pfund frische Butter auf hiesigem Markt mit 36 kr. Die Stadt unterliegt ganz der Willkür der nächsten Dörfer, welche dieses Verhältniß tüchtig auszubeuten verstehen. Allein obwohl die Bauern jede Kleinigkeit zu hohem Preis verwerten und bei der Teuerung der Lebensmittel in den letzten Jahren sehr viel gewannen, so sind sie doch meist verschuldet. […] Anstatt das Geld zur Tilgung von Schulden aufzuwenden, oder es sicher zu hinterlegen, wird es unersättlichem Luxus in den Schlund geworfen, oder ist es etwas anderes, wenn Bauernsöhne und

Bauerntöchter in den feinsten Tüchern, den schwersten Seidenstoffen prangen, und Goldtroddeln auf den Hüten tragen, die oft 20 bis 30 Gulden wert sind? Zudem verlockt die Nähe der Stadt an Sonntagen zu allerlei Genüssen und Auslagen; ein paar Guldenzettel auf oder ab, was liegt einem flotten Burschen daran, wenn er seinem Diendl aufwichst?"

Mit Vollendung der Strecke München–Salzburg konnte der Bahnreisende seit Sommer 1860 von Innsbruck aus über Bayern in die Reichshaupt- und Residenzstadt Wien dampfen. Es dauerte noch 15 Jahre, bis mit der *Erzherzogin-Gisela-Bahn* eine eingleisige Verbindung zwischen Salzburg und Tirol über Zell am See auf ausschließlich österreichischem Boden hergestellt wurde.

In der Folge entwickelte sich Innsbruck auch zum Bahnknotenpunkt. Als Verlängerung der Strecke von Kufstein wurde von Carl von Etzel die Brennerbahn Innsbruck-Bozen erbaut. Die *k.k. priv. Südbahn-Gesellschaft* konnte nun neben der Semmeringbahn eine weitere Alpenbahn ihr Eigen nennen. Wegen der Hoftrauer anlässlich des gewaltsamen Todes Kaiser Maximilians von Mexikos verzichtete die Bahngesellschaft am 24. August 1867 jedoch auf die feierliche Einweihung und spendete die ersparte Summe Bedürftigen. Von Bozen konnte man weiter nach Verona dampfen, die Strecke wurde bereits 1859 eröffnet. Die neue Brennerbahn entsprach, wie man der *Bozner Zeitung* vom 28. August entnimmt, jedoch noch keineswegs allen Ansprüchen:

Innsbrucker Mittelgebirgsbahn (*SA*)

„Wenn man nun auch die Brennerbahn dem Verkehr übergeben hat, so sieht doch jeder Laie, daß sie noch nicht fix und fertig ist, daß noch Monate vergehen werden, ehe sie in allen Theilen vollendet wird. Noch sind z. B. die Restaurationen nicht in Ordnung, noch werden keine Viktualien feilgeboten, wie in andern Bahnhöfen, und der Reisende, welcher soviel von dem herrlichen Obste, von dem feurigen Weine des Etschlandes gehört hat, findet bis jetzt nirgends ein Glas Wein, nirgends eine süße Frucht, um sich zu erquicken."

Nobler ging es da bei der Arlbergbahn zu. Im Jahr 1883 weihte man die Talstrecke Innsbruck-Landeck ein. 1884 war die Gesamtstrecke über den Arlberg dann bis Bregenz durchgängig befahrbar. Zur Eröffnung hatte sich, wie die Innsbrucker Nachrichten am 16. September 1884 meldeten, allerhöchster Besuch angesagt:

„Se. k.u.k. Apostolische Majestät werden aus der Reise zur Inspicierung der Landesschützen in Stams und zur Eröffnung der Arlbergbahn am 19. um 7 Uhr 11 Min. früh in Innsbruck mit Separathofzug eintreffen und um 7 Uhr 16 Min. früh die Fahrt nach Stams fortsetzen, wo die Ankunft um 8 Uhr früh erfolgt. Um 11 Uhr vormittags findet von dort die Abfahrt und um 11 Uhr 45 Min. vormittags die Ankunft in Innsbruck statt, wo Se. Majestät das Allerhöchste Hoflager zu nehmen geruhen werden. Zum Empfange vor der Hofburg haben sich nebst einer Ehrencompagnie lediglich die Spitzen der Behörden und des Gemeinderates der Stadt Innsbruck einzufinden. Aufwartungen, beziehungs-

Hungerburgbahn (SA)

weise Vorstellungen und Audienzen finden nicht statt. Am 20. werden Se. Majestät die feierliche Eröffnung der Arlbergbahn allergnädigst vorzunehmen geruhen. Der Hofseparatzug für die Eröffnungsfahrt wird von Innsbruck um 8 Uhr früh abgehen und in Bregenz um 3 Uhr nachmittags eintreffen, von wo die Rückfahrt am 21. um 8 Uhr 30 Min. abends über Innsbruck nach Schönbrunn erfolgt."

Doch nicht nur Fernverbindungen lagen dem Kaiser am Herzen. Am 1. August 1888 erteilte Franz Joseph die Konzession für eine Schmalspurbahn mit gemischtem Adhäsions- und Zahnschienen-Betrieb von Jenbach zum Achensee, die bereits zehn Monate später eröffnet wurde. Im Jahr 1888 errichtete die *Rauch'sche Kunstmühle* das erste E-Werk Innsbrucks am Mühlauerbach. Damit betrieb man die erste *Elektrische*, um Getreide von der Inntalbahn zur höher gelegenen Mühle zu transportieren. 1891 eröffnete für den Lokalverkehr eine Dampftramway von Innsbruck nach Hall, von den Einheimischen *Haller Raffl* genannt. Der Fuhrpark bestand aus 4 Lokomotiven, 9 grün gestrichene Personen- und 2 Güterwagen. Diese trugen auf den Seitenwänden das Innsbrucker Stadtwappen.

Im Jahr 1900 folgte die *Mittelgebirgsbahn* nach Igls, 1904 die *Stubaitalbahn* nach Fulpmes, und 1912 die *Karwendel-* beziehungsweise *Mittenwaldbahn* nach Garmisch und Reutte in Tirol. Von 1904 bis 1906 errichtete Ingenieur Riehl die Standseilbahn auf die Hungerburg. Die *Hungerburgbahn* ermöglichte den Bau einer Villenkolonie am Hungerburgboden. Die Attraktion an der Talstation war das *Riesenrundgemälde* mit der dritten Bergisel-Schlacht von 1809. Etwas mehr als hundert Jahre nach der Eröffnung der *Hungerburgbahn* sind deren Attraktion heute die Stationen der irakischen Stararchitektin Zaha Hadid. Alle genannten Neben- und Lokalbahnen wurden von Einheimischen wie Touristen eifrig frequentiert.

Zugleich mit der Bahnstrecke Kufstein-Innsbruck erhielt die Stadt 1858 auch einen Bahnhof. Dieser wurde auf einem Grundstück des Klosters Wilten errichtet und galt als eines der schönsten Bahnstationen des Kaisertums. Nachdem neun Jahre später die *Brennerbahn* eröffnet wurde, genügte der kleine Bahnhof dem steigenden Bahnverkehr bald nicht mehr und wurde erweitert. Die vielbesuchte Bahnhofsrestauration wurde seit 1885 von Carl Beer, Inhaber des Hotels *Goldene Sonne*, geführt. Dieses lag gegenüber dem Bahnhofsgebäude. Beer war zuvor Restaurateur im Südbahn-Hotel *Quarnero* in Abbazia. Für die *Arlbergbahn* baute man den Innsbrucker *Westbahnhof*, das Stationsgebäude stammt aus den Jahren 1906/7.

Der Innsbrucker Hauptbahnhof stand 1859 noch auf freiem Felde. (*SA*)

Durischtn

Das *Österreichische Bürgerblatt für Verstand, Herz und gute Laune* schrieb in seiner Ausgabe vom 27. Dezember 1849:

„In Innsbruck ist am 28. November ein Engländer angekommen, der im Gasthause in das Fremdenbuch schrieb: ‚Schnee-Reisender aus Birmingham, um dem Sturze mehrerer Lawinen in Person beizuwohnen, und 100 Pfund Sterling demjenigen gibt, der ihn, wenn er verschüttet wird, ausgräbt!'"

Die Ersten, welche die Schönheit und das Abenteuer der Tiroler Bergwelt erkannten, waren bereits um 1800 Engländer. Sie durchwanderten das Gebirgsland, erklommen in den folgenden Jahrzehnten zahlreiche Gipfel und staunten über urtümliche Einheimische und deren Bräuche und diese umgekehrt, über die Briten. Reisebeschreibungen und frühe Reiseführer warfen erste Schlaglichter auf das touristisch weitgehend unberührte Tirol. Erst später kamen die Baedekersternesammler.

Ab Mitte des 19. Jahrhunderts besuchten Sommerfrischler, Wanderer und Bergsteiger das Land, Adel und Bürger genossen Natur und Landschaft. Auch heilkräftige Bauernbäder kamen in Mode. 1862 wurde der *Oesterreichische Alpenverein*, 1880 der *Innsbrucker Verschönerungsverein*, 1889 der *Verein zur Hebung des Fremdenverkehrs in Nordtirol* gegründet, der 1892 in *Landesverband für Fremdenverkehr in Tirol* umbenannt wurde. Seit 1889 kündigten zwei eiserne *Litfaßsäulen* in der Maria-Theresien-Straße Veranstaltungen an. Zur Ausbildung des Nachwuchses richtete man 1903 eine *Gasthausschule* ein. Um 1900 entdeckten Touristen auch den Winter in Tirol, man ging Rodeln, Eislaufen und Schifahren. Der Tourismus wurde zum Wirtschaftsfaktor, Innsbruck zum bedeutendsten Fremdenverkehrsort Tirols. Als erstes Kronland erließ Tirol 1911 ein *Landesfremdenverkehrsgesetz*. Soweit die Fakten. Der Weg dorthin war jedoch holprig.

Die konservative Landbevölkerung, angeführt von ihren katholischen Pfarrern, stand dem Fremdenverkehr nämlich vielfach ablehnend, ja feindlich gegenüber. Man fürchtete, dass durch die *Durischtn* Unzucht und Unglauben aus der Stadt in die Talschaften einsickern könnte. Die Ideen des Liberalismus waren Teufelswerk. Auf der anderen Seite erkannten gerade liberale Geister im Land, darunter auch einige Geistliche, die Einkommensmöglichkeiten, die der Fremdenverkehr der armen Bauernschaft eröffnete.

Der Ausbau von Straßen und Eisenbahnen ermöglichte den verstärkten Zustrom von Fremden. Brauchtums- und Trachtenvereine suchten in den Jahrzehnten um die Jahrhundertwende überkommene ländliche Traditionen zu bewahren, allen voran erlebte das Schützenwesen eine Blüte. Und hier klinkte sich der noch junge Fremdenverkehr ein. Brauchtum und Volkskultur waren neben der imposanten Landschaft, Hauptattraktionen für das zumeist städtische Fremdenverkehrsklientel. Volksmusik, Tanz und Tracht bargen gewinnbringendes Unterhaltungspotential und Werbewirksamkeit. Allerdings wurden noch in den 1880er Jahren Propagandisten des Fremdenverkehrs belächelt und die Arbeit im Tourismus geringgeschätzt.

Motor des Fremdenverkehrs in Innsbruck war der Eisenbahnanschluss. Die Stadt war nun bequem und schnell erreichbar, moderne Gasthäuser öffneten ihre Tore. Im Zuge der Einweihung der Bahnstrecke Innsbruck-Kufstein plante man im Frühjahr 1859 in der Landeshauptstadt eine große Industrie-, Kunst-, land- und forstwirtschaftliche Ausstellung. Man wollte das Land einem reichen Gästestrom vorteilhaft präsentieren. Die Schau kam jedoch wegen Desinteresses der Aussteller nicht zustande. Das Projekt ruhte nun Jahrzehnte. Erst 1893 nahm man einen neuen Anlauf. Ein Ausstellungs-Comité schrieb eine große Landesausstellung aus. Sogleich erhoben sich skeptische Stimmen. Die *Neue Freie Presse* vom 6. September 1893 gab einer Raum:

„*Vor einem Jahre ungefähr mag es gewesen sein, da meinte ein Herr im Eisenbahncoupé zum Schreiber dieser Zeilen, daß es einfach unmöglich sei, im Jahre 1893 eine sehenswerte Tiroler Landesausstellung zusammenzubringen. Tirol hat keine nennenswerte Industrie, meinte der Mißgeschicksprophet, der Bergbau ist schon längst zu Ende, ganz Südtirol hat die Beteiligung abgelehnt, was wird also da Schönes zu sehen sein? Ein paar Lodenmäntel und Heiligenbilder, einige Produkte der Landwirtschaft, ein halbes Dutzend Tische und Bettladen, Kleinvieh und Großvieh, dazu ein großer Aufputz an Fahnen und Flaggen, ein kleines Heer von Comitémitgliedern und Ausstellungs-Beamten und zum Schlusse ein Defizit, ob dessen Größe den Tirolern alle Ausstellungsgedanken wahrscheinlich für immer vergehen dürften.*"

Der *Mißgeschicksprophet* sollte sich täuschen, die *Tiroler Landesausstellung*, sie dauerte vom 15. Juni bis 4. Oktober 1893, war ein großer Erfolg. Die Schau stand unter dem Protektorat Kaiser Franz Josephs I., dem man einen weiteren Anreiz bot, persönlich in Innsbruck zu erscheinen. Man lud ihn zur Einweihung der großen *Andreas Hofer-Statue* am Bergisel samt Schützenaufmarsch ein. Der Kaiser kam, und mit ihm sein großes Gefolge. Auch sonst gab man sich alle Mühe, Besuchermassen anzulocken. Die Schau bot fast für jeden Geschmack etwas: Pferde, Rinder und Kleinvieh, Obst- und Gartenbau, Südtiroler Weinausstellung, Molkerei, Fisch- und Bienenzucht, Jagd- und Forstwesen, Fremdenverkehr, Montanistik, Bau- und Ingenieurwesen, gewerbliche Hygiene sowie Schätze alttirolischer Kunst und Kunstindustrie. Zudem spielte täglich das Ausstellungsorchester, ein Zirkus lockte mit aufwendigem Programm, es gab ein orientalisches Labyrinth und ein internationales Radwettfahren.

Innsbruck-Touristen am Bergisel und auf Schloss Ambras (*SA*)

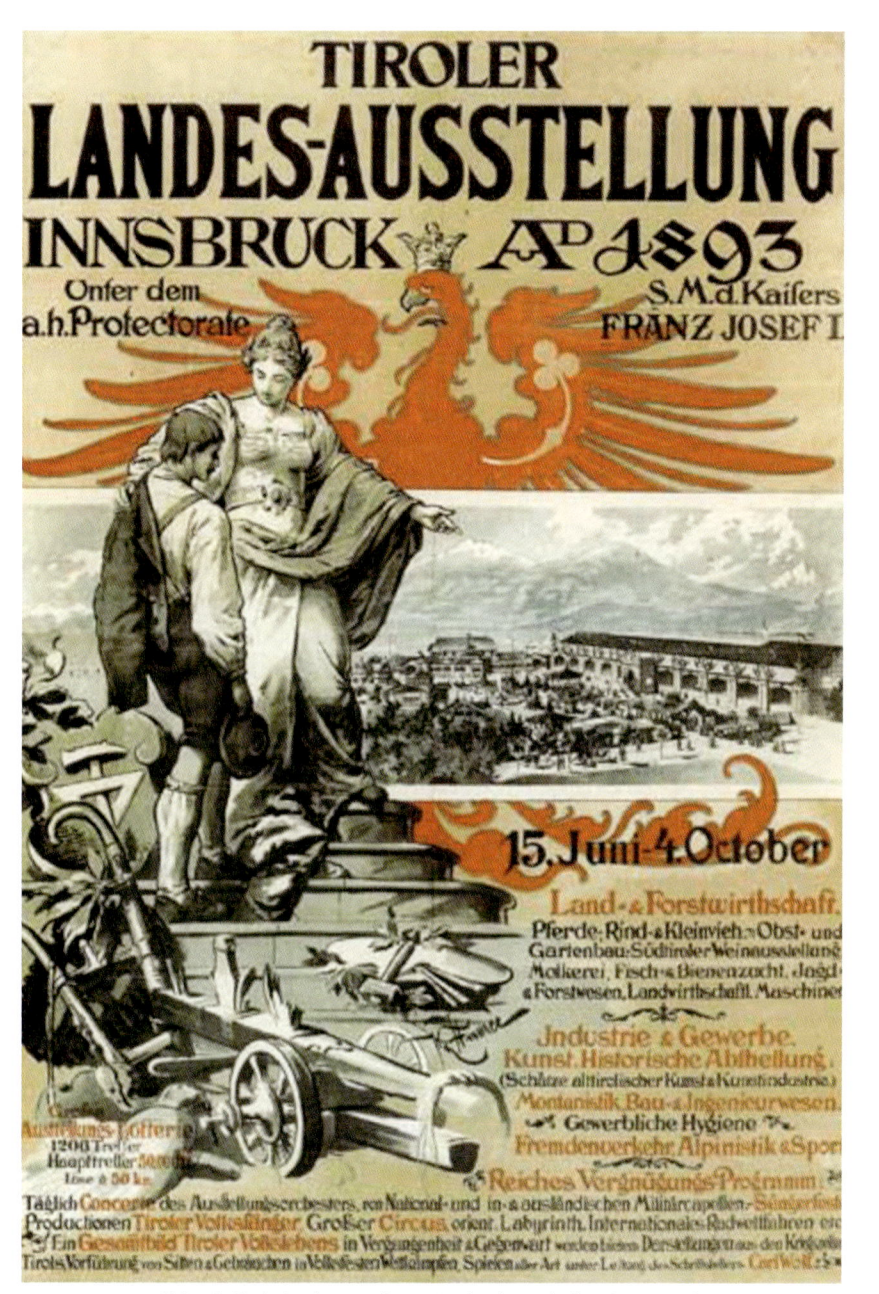

Plakat der Tiroler Landesausstellung in Innsbruck 1893 (*wikimedia commons*)

Der zugkräftigste Fremdenverkehrsmagnet für Innsbruck war Kaiser Franz Joseph. Immer wenn er in Innsbruck weilte, strömten Zehntausende Besucher ins Land, wenn auch nur für einige Tage. Der Monarch beehrte die Stadt bereits mit seiner Anwesenheit zum 500-Jahr-Jubiläum der Zugehörigkeit der Gefürsteten Grafschaft Tirols zu Österreich 1863. Ein drittes und letztes Mal folgte Franz Joseph der Einladung nach Innsbruck zum 100-Jahr-Gedenken an die Schlacht am Bergisel und Andreas Hofer. Und was gab es in Innsbruck noch für touristische Großereignisse? Wenige – die Eröffnung der Brenner-, Arlberg- und Mittenwaldbahn vielleicht, oder die Einweihung des Riesenrundgemäldes der dritten Schlacht am Bergisel im Panorama im Saggen 1896. Dazu großartige Ausblicke auf die verschneiten Berge, eine schöne Altstadt mit dem Goldenen Dachl, Schwarze Mander und ansonsten nicht viel – Innsbruck war damals eine fade Stadt. Dazu kam, dass viele Fremde dem Lärm, Gestank und schlechten Wasser der heimatlichen Großstädte entflohen und Sehnsucht nach Natur, staubfreier Luft und Sonne entwickelten. Wie die *Innsbrucker Nachrichten* vom 14. April 1914 berichteten, dürfte sich in den Jahrzehnten, trotz aller Anstrengungen, wenig geändert haben:

„Wie oft hört man nicht von Vergnügungsreisenden sagen ‚in Innsbruck ist ja nichts los'. Darin dürfte auch der wahre Grund für die kurze Aufenthaltsdauer der Fremden zu suchen sein. Städte wie München und Salzburg wetteifern förmlich darin, durch besonders glanzvolle Veranstaltungen, Kunstausstellungen, Festkonzerte, Tagungen von Kongressen, Trachtenfeste, sportliche Veranstaltungen und vieles andere mehr, für die eine entsprechende großzügige Propaganda gemacht wird, den Fremden anzuziehen. Man wird wohl ohne weiteres zugeben müssen, daß hier in Innsbruck von alledem nicht so viel wie anderwärts geboten wird, obwohl sich Innsbruck hiezu vorzüglich eignete."

Das vergnügungsreduzierte Innsbruck war wohl auch Ergebnis des jahrzehntelangen Kulturkampfes zwischen katholischen und liberalen Kräften im Tirol. Am Land behielt die katholische Kirche die Oberhand. Ab 1892 erlebte die Stadt jedoch einen Aufschwung, die Stadtregierung verfolgte, von der Bevölkerung unterstützt, ein erfolgreiches Modernisierungsprogramm. Davon profitierte die Infrastruktur der Stadt. Neue Unterhaltungs- und Freizeitangebote erfreuten Einheimische wie Fremde. Ein Zeichen von Modernität war das Velociped. Seit 1898 pedalierten Radfahrer der Vereine *Veldidena*, *Edelweiß* und *Mühlau* durch die Straßen. In der Maria-Theresien-Straße öffnete das mondäne Kaufhaus *Josef Bauer-Victor Schwarz & Co.* seine Tore. Es wurde 1938 arisiert.

Die 1902 gegründete Exl-Bühne bezog 1904 das *Löwenhaustheater*. Die hier gegebenen Volks- und Bauernstücke erfreuten sich breiter Beliebtheit. Ferdinand Exl und seine Truppe gingen auch auf Tournee im In- und Ausland. Schauspieler der Bühne wurden 1914 für die monumentale Filmproduktion *Speckbacher* engagiert.

Das neuerrichtete *Café Maximilian*, Ecke Maria-Theresien-Straße/Anich-Straße entwickelte sich demgegenüber zum Künstler- und Intellektuellentreff. Ein beliebter Treffpunkt für alle war das 1907 gegründete *Bürgerliche Brauhaus* mit seinen großen Sälen und einem baumbestandenen Gastgarten. 1909 eröffnete das heute noch bestehende, prachtvolle *Café Central*. Schließlich zog auch noch der *Kinematograph* in Innsbruck ein. Der erste Film wurde 1896 gezeigt. Wanderkinos wie *The American Stars*, die Filme im kleinen Stadtsaal zeigten, Vorführungen im *Hotel Grauer Bär*, im *Deutschen Café* oder im *Lumiére-Theater im Adambräu* (1897) waren vielbesuchte Anziehungspunkte. 1910 eröffnete mit viel Pomp das *Triumph-Kino*. Dabei lief auch ein Film über internationalen Wintersport.

☞ Ueber 300 Anerkennungs- und Empfehlungsschreiben. ☜

Specialitäten aus Tirol!

Originelle Gegenstände, zusammengesetzt aus **Adlerkrallen, Schneehuhn-, Birk- und Auerhahnfüßen, aus Gems-, Reh- und Hirschhorn, Holz, Elfenbein und Porzellan,** glatt und mit Alpenblumen bemalt und hunderterlei derartige Artikel von 50 kr. bis 20 fl. ö. W.

Lebende Steinadler und lebende Uhu's.

Wildthiere aus den Bergen Tirols, (naturgetreu ausgestopft) als: **Steinadler** und **Uhu's,** schwebend mit Raub, **Auer-** und **Birkhähne** balzend, **Stein-** und **Schneehühner, Alpenhasen, Murmelthiere, Gems-** und **Rehköpfe, Füchse, Raubvögel,** diverse **Wildfedern, Gemsbärte, Edelweiß.**

Alpenblumen in getrocknetem Zustande, in natürlicher Form und Farbe, als: **Bouquet auf Carton** und als **Photographie-Rahmen** ꝛc.

Tiroler-Handschuhe aus Gems-, Reh- und **Hirschleder.**

Tiroler Jagd- und **Touristenhüte** aus Stroh und Loden, vollkommen wasserdicht.

Tiroler Loden-Joppen, wetterfest, aus echtem Schaffwoll-Loden.

Tiroler Wettermäntel, wasserdicht, aus feinem weichen Loden.

Tiroler Loden, (echt Natur-Gebirgsloden) nach Meter, grau oder braun.

Kniehosen mit grüner Zierrath ausgenäht, aus Gems-, Reh- und Hirschleder.

Gemskrükeln und **Rehgwichtln** auf natürlicher Hirnschale.

Waidmännische Uhranhängsel, als: **Adlerkrallen, Hirschgrändl, Murmelthier-Zähne, Marder-** und **Fuchsgebisse, Bärenkrallen, Rehkümmerer, Eberzähne** ꝛc. ꝛc.

Alle Artikel, welche für Touristen und Jäger zum praktischen Gebrauche geeignet sind, wie: **Rucksäcke, Steigeisen, Schneereife, Bergstöcke, Jagdmesser, Holztabakpfeifen, Feldflaschen, Schneestrümpfe, Kniehosen** (glatt und mit grün ausgenäht), **Gamaschen** aus **Loden, Hirschhornknöpfe, Tiroler Leibgürtel** sind in vorzüglichster Qualität vorräthig bei   418

A. WITTING,

Tiroler Specialitäten-Handlung, M.-Theresienstraße 5, Innsbruck.

Innsbrucker Nachrichten vom 16. August 1884 (*ONB ANNO*)

Touristen-Ball

heute 1. Februar 1894 in den Stadtsälen
veranstaltet von der
Section Innsbruck-Wilten des österr. Touristen-Club
anläßlich
ihres 10jährigen Stiftungs-Festes.

Großer Festzug, Schuhplattltanz, National-Concert.

Das Reinerträgnis wird alpinen Zwecken gewidmet.

MW 147

1894

Kaiser-Panorama, Innsbruck.

Von Sonntag den 28. August bis einschließlich Samstag den 3. September 1910
Erste Serie in dieser Saison
Hochinteressant:
Der Ausbruch des Aetna und ein zweiter Besuch von Messina und Reggio in diesem Jahre.

Triumph-Kinematograph, Gasthof Gamper
zur „Gold. Krone", Triumphpforte

P4287

Tägliche Vorstellung von nachmittag 4 Uhr an bis 7 Uhr. Von 8½ Uhr an eine Vorstellung mit verlängertem Programm bei Restauration. Rauchen erlaubt.

Programm vom 25. August bis 1. September.

1. An der Spurhalde. (Natur.) 2. Die Kokette. (Humor.) 3. Das Modell. (Drama.) 4. Schloß Versailles. (Natur.) 5. Kulpe in Stellung. (Humor.) 6. Für das Vaterland. (Drama.) 7. Heldvrichs Nationaljagd. (Humor.) 8. Das Geheimnis des Kosaken. (Drama.) 9. Des Fischers Geist. (Mystisch.) 10. Fräulein Faust. (Drama, koloriert.)

1910

Ob Schön! Ob Regen!
Löwenhaus-Garten

Morgen Sonntag den 17. Juli
Großes
National-Concert
meiner eigenen Gesellschaft und unter Mitwirkung fremder Mitglieder
(bestehend aus 5 Herren und 3 Damen).

Auch kommen Stücke auf Schlag- u. Streichzither, sowie Holz- u. Strohinstrumente zum Vortrage. Auftreten im National-Costüm.

Anfang 8 Uhr.   Eintritt 20 kr.   Reservirte Plätze 40 kr.

Zum Schluß Tiroler National-Tanz, genannt „Schuhplattler".

Da heuer die Gesellschaft um einige tüchtige Kräfte verstärkt wurde und bei dem Ruf den sich die Concerte bisher erfreuten, ist ein zahlreicher Besuch sicher zu erwarten.

Für kalte und warme Küche, sowie gutes Getränk ist bestens gesorgt.

Hochachtungsvoll

3970   **Hans Gänsluckner**, Restaurateur.

Zeitungsannonce 1887 (*ONB ANNO*)

Wie sah es nun mit der Sommer- und Wintersaison in Innsbruck aus, war man konkurrenzfähig, warum kamen die Fremden? *Dillinger´s Reisezeitung* vom 1. Dezember 1899 gab Antworten:

„Theater, Kinos und dergleichen mehr haben unsere Fremden zu Hause in Hülle und Fülle. Was aber die entsprechende Anziehungskraft bilden würde, das sind die Abhaltung von großen Symphonie- und Gartenkonzerten, Volkstrachtenfesten, vor allem aber auch sportliche Veranstaltungen jeglicher Art. Inmitten der herrlichen Bergesnatur ist keine andere Stadt wie Innsbruck so dazu geschaffen, all diese Vergnügungen die Menschen doppelt genießen zu lassen."

„Innsbruck hat schon seit Jahren einen guten Ruf als Winterstation erlangt. Zahlreiche Sport- und Unterhaltungsvereine sorgen neben der Pflege des Geistes, der körperlichen Gewandtheit, auch für die Geselligkeit. Der Eislaufplatz auf den Ausstellungsgründen braucht in seiner Einrichtung die Concurrenz der größten Städte nicht zu scheuen. Eine Schlittenfahrt über die Brennerstrasse nach dem freundlichen Matrei oder nach Steinach, hinein ins Stubai oder auf prächtiger Straße nach dem Ober- und Unter-Inntal, ist ein wahrer Hochgenuss. Auch der Rodelsport, von den Einwohnern schon lange betrieben, findet bei den Fremden zahlreiche Freunde und Bewunderer. Viele, der bei Innsbruck Vorüberreisenden, kennen die Schönheit und Herrlichkeit der dortigen Hochgebirgswelt im Winter nicht. Die Metropole von Nordtirol ist als Winterstation nicht nur für Leidende oder Erholungssuchende, sondern auch für gesunde und lebenslustige Menschen ein angenehmer Aufenthalt."

Wenige Monate vor Ausbruch des Ersten Weltkriegs organisierte man 1914 dann eine werbewirksame Großveranstaltung. Zu den Vorbereitungen schrieb die *Freie Stimme* vom 5. Dezember 1913:

„Tiroler Wintersportwoche 1914. Aus Innsbruck wird uns geschrieben: Das glückliche Zusammentreffen einer großen Zahl der wichtigsten Wintersportmeisterschaften, die diesmal zur Mehrzahl in Tirol zur Austragung gelangen, gab die Anregung zur Veranstaltung einer Tiroler Wintersportwoche. Ein großes Komitee, dem Vertreter der verschiedenen Sportvereinigungen, Winterstationen und Behörden Tirols angehören, hat die notwendigen Vorarbeiten bereits abgeschlossen. Die Tiroler Wintersportwoche beginnt im Anschluß an die deutschen Skimeisterschaften, die diesmal nahe der Grenze, in Garmisch-Partenkirchen, zur Austragung gelangen, am 25. Jänner und dauert bis einschließlich 3. Februar. In ihrem Rahmen fallen unter anderem die österreichischen Skimeisterschaften (Kitzbühel, 1. und 2. Februar), die österreichischen Eislaufmeisterschaften im Schnellauf (Lansersee bei Innsbruck, 31. Jänner und 1. Februar), das Bobrennen um die österreichische Meisterschaft auf Naturbahnen (Jaufenstraße bei Sterzing, 25. Jänner), die Rodelrennen um die Verbandsmeisterschaft des Verbandes deutscher Schlittensportvereine in Oesterreich und um die Meisterschaft von Tirol (Kufstein, 25. Jänner), die Bobmeisterschaft der österreichischen Alpenländer (Igls, 1. Februar) usw. Das Programm enthält weiters neben verschiedenen gesellschaftlichen Veranstaltungen, Skilanglauf- und Skisprungkonkurrenzen, Schülerwettläufe, Eiskunstläufe, Eishockeywettspiele, Eisschießen, Schlittenrennen, Rodel-, Bob- und Skeletonrennen und dergleichen, die sich auf Innsbruck, Igls, St. Anton, Gossensaß, Sterzing, Kitzbühel, St. Johann und Kufstein verteilen."

Werbeanzeige 1861 (*ONB ANNO*)

Winterfest in Lederhosen? – In der Tradition der *Tiroler Wintersportwoche*:
Die *Olympischen Winterspiele* 1964 und 1976 in Innsbruck (SA)

Die *Innsbrucker Nachrichten* vom 14. April 1914 begrüßte die *Wintersportwoche 1914*, doch *„nach diesem Anfang darf kein Stillstand eintreten. Es wäre deshalb zu begrüßen, wenn auf diesem nun einmal betretenen Wege weiter fortgeschritten würde und auch ferner derartige Veranstaltungen stattfinden. Es liegt klar auf der Hand, daß eine einmalige Veranstaltung wie die Wintersportwoche natürlich noch lange nicht genügt, um das sportlich interessierte ausländische Publikum auf die Dauer während der Wintermonate an Tirol zu fesseln. Man wird deshalb auch die Hände nicht in den Schoß legen dürfen, wenn die erste Saat aufgehen soll."*

Die Anzahl der nach Innsbruck anreisenden Fremden bilden polizeiliche Meldeverzeichnisse recht genau ab. Im August 1877 kamen etwa 6.000 Fremde in der Stadt an und blieben wenigstens eine Nacht. Im Vergleichsmonat des Jahres 1896 zählte man 15.988 Fremde, die in Innsbruck übernachteten. Darunter befanden sich 838 Reisende aus Tirol und Vorarlberg sowie 4.428 aus dem restlichen Österreich-Ungarn. Dazu kamen 12 Personen aus dem von der Monarchie verwalteten Bosnien-Herzegowina. Die meisten Fremden aus dem Ausland reisten mit 7.622 aus dem Deutschen Reiche an, gefolgt von 978 Engländern, 665 Franzosen, 359 Amerikanern, 272 Italienern, 227 Russen und 587 Reisenden aus den übrigen Ländern. 5.359 Personen nahmen in Innsbruck Aufenthalt bis zu drei Tage, die übrigen hielten sich hier länger auf. Das Verhältnis von Inländern zu Ausländern lag bei 1:2. Welchen Fortschritt der Fremdenverkehr in Innsbruck und in Tirol in wenigen Jahren machte, entnimmt man dem *Grazer Tagblatt* vom 1. April 1910:

„Nach der jetzt zur Ausgabe gelangenden Statistik des Fremdenverkehrs in Tirol und Vorarlberg wurden in diesen beiden Hauptverkehrsländern der österreichischen Alpen im Jahre 1909 insgesamt 884.430 Fremde gezählt, gegen 870.783 Fremde im Jahre 1908. Diese Statistik umfaßt natürlich nur jene Fremde, die in einem Hotel oder einer Pension übernachteten. Die größte Fremdenanhäufung fand in der Landeshauptstadt Innsbruck statt, wo 167.788 Fremde nächtigten, um rund 8.000 mehr als im Vorjahre. Bozen zählte 93.540, an dritter Stelle steht Meran mit 41.356 (2.400 weniger als im Jahre 1908), Bregenz zählte 30.876 Fremde (um zirka 1.000 weniger als im Vorjahre), endlich folgt Riva am Gardasee mit 44.661 Fremden, dann erst folgen in ziemlich weiten Abständen die anderen von Fremden besuchten Orte Tirols."

Traditionspflege 1910 (SA)

Tiroler Kunst und Kultur vom Feinsten im Volkskunst-Museum in Innsbruck (*SA*)

Man konnte mit der Entwicklung des Fremdenverkehrs in Stadt und Land bis zum *Ersten Weltkrieg* also durchaus zufrieden sein. Ein Vergleich mit der Fremdenverkehrsstatistik von heute rückt die Zahlen allerdings in ein anderes Licht. In der Tourismussaison 2018/19 verzeichnete Innsbruck rund eine Million Gäste und 1,78 Millionen Nächtigungen. Angesichts dieser Ausmaße und den mit dem Massentourismus verbundenen Auswüchsen, haben die kritischen Gedanken Heinrich Heines im dritten Teil seiner Reisebilder von 1828 nichts an Aktualität verloren. Die *Schwyzer*, Pioniere des modernen Tourismus, die selbst kein Klischee ausließen, als Vorbild zu präsentieren, ist allerdings doch recht fragwürdig:

„Zu Hause üben die Tiroler den Servilismus gratis, in der Fremde suchen sie ihn auch noch zu lukrieren. Sie geben ihre Persönlichkeit preis, ihre Nationalität. Diese bunten Deckenverkäufer, diese muntern Tiroler Buam, die wir in ihrem Nationalkostüm herumwandern sehen, lassen gern ein Späßchen mit sich treiben, aber du mußt ihnen auch etwas abkaufen. Jene Geschwister Rainer [Zillertaler Volks- und Natursänger]*, die in England* [und in New York und Sankt Petersburg] *gewesen, haben es noch besser verstanden, und sie hatten noch obendrein einen guten Ratgeber, der den Geist der englischen Nobility gut kannte. Daher ihre gute Aufnahme im Foyer der europäischen Aristokratie, in the west-end of the town.*

Als ich vorigen Sommer in den glänzenden Konzertsälen der Londoner fashionablen Welt diese Tiroler Sänger, gekleidet in ihre heimatliche Volkstracht, das Schaugerüst betreten sah, und von da herab jene Lieder hörte, die in den Tiroler Alpen so naiv und fromm gejodelt werden, und uns auch ins norddeutsche Herz so lieblich hinabklingen – da verzerrte sich alles in meiner Seele zu bitterem Unmut, das gefällige Lächeln vornehmer Lippen stach mich wie Schlangen, es war mir, als sähe ich die Keuschheit des deutschen Wortes auf´s roheste beleidigt, und die süßesten Mysterien des deutschen Gemütlebens vor fremdem Pöbel profaniert. Ich habe nicht mitklatschen können bei dieser schamlosen Verschacherung des Verschämtesten, und ein Schweizer, der gleichfühlend mit mir den Saal verließ, bemerkte ganz richtig: ‚Wir Schwyzer geben auch viel für´s Geld, unsere besten Käse und unser bestes Blut, aber das Alphorn können wir in der Fremde kaum blasen hören, viel weniger es selbst blasen für Geld.'"

Zu Gast in Innsbruck

Innsbruck war immer schon eine gastliche Stadt. Das erste, 1329 urkundlich erwähnte, *Wirtshaus am Schorfen* existiert heute nicht mehr. An seiner Stelle stand später der Gasthof *Goldene Rose*. In der Herzog-Friedrich-Straße erinnert das Wirtshausschild aus dem Jahr 1678 an diese Herberge. Schildhäuser waren die besten Gastwirtschaften der Stadt. Sie durften Wirtshausschilder führen und *Vollpension*, Übernachtung, Speis und Trank, anbieten. Mit der Hygiene stand es allerdings selbst in diesen Häusern gar nicht zum Besten. Wanzen, Flöhe und Läuse störten oft die Nachtruhe. Daran änderte nichts, dass Gäste gegen Vorweis zerdrückter Wanzen einen Nachlass verlangen konnten. In Innsbrucks Gastwirtschaften ging es recht *bodenständig* zu, was die Landesmutter Claudia von Medici veranlasste, Wirte zu verpflichten, ihre Schankgläser wenigstens einmal die Woche zu waschen. Einige wenige Schildhäuser haben die Zeiten überdauert, in der Altstadt der *Goldene Adler* und das *Weiße Kreuz*, der *Bierwirt* in Amras oder bis vor kurzem das Gasthaus *Koreth* in Mühlau.

Das stattliche Äußere des *Goldenen Adlers* in der Innsbrucker Altstadt und seine Lage gegenüber dem Goldenen Dachl waren und sind Gründe, warum Gäste hier gerne unterkommen. Gegründet wurde die Herberge im Jahre 1390 als Absteige für Fuhr- und Kaufleute, die zwischen Italien und Deutschland pendelten. Marmortafeln am Eingang listen die Namen zahlreicher berühmter Bewohner auf. Kaiser und Könige finden sich darauf, Kardinäle, Bischöfe, Erzherzoge, Fürsten und Gesandte. Auch Goethe, Metternich, Paganini, Heinrich Heine oder Andreas Hofer logierten hier. Im Februar 1573 machten die Gäste von Erzherzog Ferdinand II. und seiner Gemahlin Philippine Welser hier eine Zeche von 1.800 Gulden.

Der Hof der Landesfürsten benötigte immer Unterkünfte. Nicht alle Gäste kamen in der Hofburg und in Privatquartieren unter. In Innsbruck gab es daher schon zu Maximilians Zeit eine ungewöhnlich hohe Zahl von etwa 20 Herbergen. Dennoch klagten Gesandte häufig, dass die Gasthäuser der Stadt überfüllt waren und zudem wenig Komfort boten. Kaiser Maximilian und sein Gefolge aßen und tranken trotzdem gerne in Innsbrucks Wirtshäusern. Der chronisch an Geldmangel leidende Herrscher zahlte jedoch nicht immer die Zeche. Schließlich verweigerten ihm die Wirte das Einstellen der Pferde. Maximilian war gerade erschöpft von ergebnislosen Verhandlungen, die seinem Enkel Karl die Nachfolge als römisch-deutscher König und Kaiser sichern sollte, dazu von Krankheit gezeichnet, in die Stadt gekommen. Trotz der unfreundlichen Geste wies der gekränkte Kaiser das Regiment an, die Wirte zufrieden zu stellen, bevor er einen *eyllenden abschid* von Innsbruck nahm. Es war ein Abschied für immer. Maximilian starb am 12. Jänner 1519 im 60. Lebensjahr am Weg nach Wiener Neustadt in Wels. Begraben ist er in der Burg von Wiener Neustadt.

Wirthausschilder in der Innsbrucker Altstadt (*SA*)

In der Residenzstadt Innsbruck herrschte auch später noch arges Gedränge. Die alten Wirtshäuser der Altstadt hatten oft kein Bett frei. Daher entstanden an den Ausfallsstraßen der Neustadt, heute Maria-Theresien-Straße und Universitätsstraße, aus Adelspalais und Bürgerhäuser neue Wirtshäuser. Mit dem Anschluss der Landeshauptstadt an die Eisenbahn 1858 gewann der Hotelbau zudem neue Dynamik. Das *Laibacher Tagblatt* vom 9. Oktober 1869 findet zur Fremdenverkehrsstadt Innsbruck anerkennende Worte:

„Die öffentlichen Geselligkeitsorte, Kaffee- und Gasthäuser zeigen großstädtischen Charakter, die Veranda des deutschen Kaffeehauses ist ein wahres Bijoux des Geschmacks und der Eleganz. Nach alle dem Gesagten liegt es nahe, daß Innsbruck auf jeden Besucher einen großstädtischen Eindruck macht und die Ueberzeugung wachruft, daß man sich in einer aufblühenden, zukunftsreichen Stadt befindet."

Einer der traditionsreichen Gasthöfe in der Maria-Theresien-Straße war die *Goldene Sonne*. Erster Wirt des dreistöckigen Gasthauses war 1620 wohl Paul Rangger, der eine Reihe tüchtiger Nachfolger hatte. Um 1850 zählte die *Goldene Sonne*, gemeinsam mit dem gegenüberliegenden *Österreichischen Hof* (gegr. 1849), zu den prominentesten Absteigequartieren Innsbrucks. Letzteres Hotel wurde später Rathaus. Ein Versteigerungsedikt aus dem Jahr 1869 zeichnet ein anschauliches Bild des *Hôtels zur goldenen Sonne*. Dieses bestand aus einem drei- und einem vierstöckigen Gebäude mit *72 Fremden-Zimmern, mehreren Speise-Salons, einem Schankzimmer, Küchen und Speisegewölben, einem schönen geräumigen Keller und einem Verkaufsgewölbe, samt den dabei befindlichen Stöcklgebäuden und einem Saalbau, Stallungen, Wagen-Remisen, Hofräumen, drei eigenen Brunnen und zwei Gärten von circa 400 Quadratklaftern, sowie der dazu gehörigen radizierten Wirths-Gerechtsame,* sprich Gewerbeberechtigung. Der Ausrufepreis betrug 136.000 Gulden. Darin war die Hotel- und Gastwirtschaftseinrichtung nicht enthalten. Das Verkaufsgewölbe hatte der renommierte Textilfabrikant *Bauer* angemietet. Das alte *Hotel Goldene Sonne* lag dort, wo heute das *Kaufhaus Tyrol* steht. Es wurde 1885 zugesperrt und 1886 vom Südbahn-Restaurateur Carl Beer vis-a-vis dem Bahnhof neu eröffnet. Im Jahr 1909 lebte die Hoteltradition am alten Standort wieder auf. Der Österreichischen Alpenpost entnimmt man, dass das *Bürgerliche Brauhaus* bei der Einrichtung des neuen *Hotels Maria Theresia* keine Kosten gescheut hatte, um im Stadtzentrum ein *Erstes Haus* zu eröffnen:

„Die Hauptsehenswürdigkeit der Restaurationsräume ist der wirklich vornehme, 26 Meter lange und 15 Meter breite, große Speisesaal (Maria Theresiasaal) mit hoher, gewölbter Decke. Die großen Fenster mit moderner Glasmalerei gehen auf den Garten hinaus, der zur Nachtzeit von sechs elektrischen Bogenlampen erhellt wird. Die Stirnseite des Saales ziert über der Musikerbalustrade ein vom heimischen Maler Frech geschaffenes Bildnis des Kaisers. In der Mittelnische hängt eine vorzüglich gelungene Kopie des Bildes der Kaiserin Maria Theresia aus dem Theresiensaale der Hofburg, hergestellt vom akademischen Maler Toni von Eccher. Wer das Gebäude durch den Hoteleingang betritt, der gelangt durch ein mit Marmorfliesen bekleidetes Foyer an einem Gepäckslift und einem Personenlift vorbei in die Halle, von wo aus breite Treppen in die Hotelzimmer und zu dem im ersten Stocke gelegenen Konversationszimmer, Lesezimmer und Sprechzimmer führen. Das Hotel ist in seiner ganzen Tiefe von 90 Meter unterkellert. Im Souterrain ist die Schwemme, ein vier Meter hoher Souterrainssaal, der moderne Wein-, Bier- und Flaschenkeller mit eigener Kühlanlage, der Maschinenraum für die Zentralheizung usw. untergebracht. Damit wurde ein Werk vollendet, das zu seiner Herstellung ein Kapital von 1,700.000 Kronen erforderte."

Auf Höhe der Annasäule finden wir eine der markantesten Fassaden der Maria-Theresien-Straße. Das Wirtshaus und Hotel *Breinössl* – benannt nach seinem Gründer – wurde 1908 vom *Bürgerlichen Brauhaus* im *Heimatstil* umgebaut. Berühmt wurde es weniger als Hotel, denn als Spielort der *Breinösslbühne*. Die hier dargebotenen Volksstücke unterhielten Generationen von Innsbruckern. Auch Felix Mitterers Schauspiel *Kein Platz für Idioten* wurde hier 1977 von der Volksbühne Blaas uraufgeführt. Die Gastwirtschaft war auch bei Studenten beliebt. Vor dem Wirtshaus lieferten sich deutschfreiheitliche und katholische Verbindungsstudenten gerne Schlägereien. Neben dem *Breinössl* fällt die markante Fassade der vormaligen Bier- und Weinhalle *Alt Innsbrugg* auf. In einem verglasten Erker stehen zwei Kopien von *Schwarzen Mandern*: König Arthur von England und der Ostgotenkönig Theodorich, vulgo Dietrich von Bern. Ihr Entwerfer, Albrecht Dürer, lässt grüßen. Der zugehörige, kastanienbaumbestandene Alt-Innsbrucker Gastgarten wurde ebenso wie die Weinschenke selbst der Moderne geopfert. Von den Traditionsgasthäusern der Maria-Theresien-Straße hat nur das *Hotel Goldene Krone* bei der Triumphpforte überlebt. Das Haus ist urkundlich seit 1605 als *Gasthaus vor dem Georgentor* belegt. Weitere Zeugen historischer Gastronomie in Innsbruck sind das beeindruckende Wiener *Café Central* samt Hotel und das älteste Kaffeehaus der Stadt, das seit 1780 bestehende Altstadtcafé *Katzung*. Im Sommer unterhalten Straßenmusiker die Gäste der zahlreichen Straßencafés.

Tiroler Sänger- und Tänzergruppe Mayer-Blaas Innsbruck (*SA*)

Nicht überlebt hat in Innsbruck die revolutionäre Idee des Hoteliers Josef Cathrein, der in seinem *Habsburgerhof* (gegr. 1887) das Trinkgeld – eines der großen Ärgernisse aller Touristen – abschaffte. Die *Freie Stimme* berichtete darüber in ihrer Ausgabe vom 21. August 1894:

„Im genannten Hotel ist das Trinkgeld abgeschafft, dafür aber das gesammte Dienstpersonale mit einem Gewinnst-Antheile bedacht, welcher sich aus der Gesamteinnahme jenes Teiles der Bewirtung berechnet, die in den Wirkungskreis des betreffenden Bedienungsmitgliedes fällt – bei dem in den Speiselocalitäten bedienenden Personale aus dem Werte der durch ihre Hände gegangenen Speisen und Getränke, bei der Zimmerbedienung aus dem Betrage, welche für jene Zimmer eingingen, die dem jeweilig Bedienenden zugewiesen waren. Zur Feststellung dieser Anteile wird für jeden Angehörigen des Dienstpersonales ein eigenes, ihm jederzeit zur Einsicht stehendes Conto geführt und sind die Eintragungen durch eine Art Markenbewegung erleichtert und controlliert. Im Uebrigen ist das Hotelpersonale gut bezahlt. Es beziehen nebst vollständiger Verpflegung als festen Gehalt die männlichen Bediensteten pro Monat 20 bis 100 Gulden, die weiblichen 10 bis 70 Gulden. In der Geschäftsanteilnahme liegt unbedingt mehr Gerechtigkeit und Sinn als im Trinkgeld, weil sie in einer bestimmten Beziehung zur Arbeit und Bemühung eines Jeden steht, während das Trinkgeld, vollständig der Willkür der Gäste überlassen, stets nur als eine Art Almosen sich darstellt und schon hiedurch gewissermaßen entwürdigend und verderblich auf die Empfänger einwirken muss. Die Sache ist unbedingt sehr empfehlenswert; wie die Dinge im Gastgewerbe liegen, wird sie aber wohl nur langsam Nachahmung finden."

Offenbar war das Personal mit der zündenden Idee des Hoteliers doch nicht so zufrieden; das Projekt im *Reformhotel* scheiterte bereits nach einem Jahr. Die Kellner bedienten die Gäste nämlich so schlecht, dass diese das Hotel mieden. Offenbar wurde es jedoch fortgeführt. Von Mai bis September 1912 veranstaltete das *Städtische Orchester* für Einheimische und Fremde hier Sommerkonzerte. Veranstaltungsorte derselben waren nicht nur der *Habsburgerhof* sondern auch das *Stadtsaal-Restaurant* und dessen Terrasse sowie das *Hotel Maria Theresia*. Das Abo kostete 7 Kronen.

Altstadtgasthof (SA)

In der Universitätsstraße, neben der Maria-Theresien-Straße die zweite Ausfallsachse der Altstadt, lagen und liegen bis heute zwei renommierte Stadthotels: *Schwarzer Adler* und *Grauer Bär*. Ersteres bestand bereits um *1500* als Schenke und Herberge für Fuhrleute und niedere Hofbedienstete. Der *Graue Bär* war, bevor er zum Gasthof umgewandelt wurde, Ansitz der Wolkensteiner. Der *Graue Bär* ging durch einige Wirtshände, bevor das Haus 1876 vom Burggräfler Hans Innerhofer und seiner Gattin, der Zillertaler Wirtstochter Therese Höllwarth, übernommen wurde. Die Leutseligkeit der Wirtsleute, schmackhafte Küche und süffige Weine machten die Gastwirtschaft rasch zum vielbesuchten Anziehungspunkt. Offiziere, Beamte und Bürger trafen sich im Herrenzimmer, Handwerker und Bauern in der Schwemme zum regelmäßigen Frühschoppen. 1880 verfügte das Gasthaus über 32 Zimmer. 1906 erwarb Innerhofer die beiden Nachbarhäuser und errichtete einen Großgasthof mit 160 Betten. Während des *Ersten Weltkriegs* war das Hotel 1914/15 Notreservespital mit 1.250 Betten.

Der *Graue Bär* steht repräsentativ für alle der genannten Innsbrucker Hotels. Sie dienten nämlich nicht nur als Beherbergungsbetriebe für Fremde, sondern waren mit ihren Sälen, Extrazimmern und Gastgärten unverzichtbar für das Gesellschafts- und Kulturleben der Stadt. Hier traf man sich zu Militär- und anderen Konzerten, Vorträgen, Kartenrunden, Vereinsabenden, Faschingskränzchen, Tischgesellschaften, Bällen, Geselligkeitsabenden, Offiziersfrühschoppen, Wohltätigkeitsveranstaltungen, Hochzeiten, Abendgesellschaften, Geburtstagsfeiern und zu vielen anderen Anlässen. Vom Erzherzog zum Arbeiter, vom Bergsteiger zum Sänger, alle gesellschaftlichen Gruppen wählten Hotels zu ihren Treffpunkten.

In Innsbruck gab es 1908 593 Vereine. Vereinsmeierei war in der Stadt weit verbreitet. Die Vereinsziele waren vielfältig und deckten soziale, politische und kulturelle Bedürfnisse der Bevölkerung ab, manche waren bloße Geselligkeitsvereine. Sie waren typische bürgerlich-städtische Ausprägungen und spiegelten auch die ideologische Spaltung der Gesellschaft. Akademische, Arbeiter-, Berufs-, Hilfs-, Fortbildungs-, Frauen-, Gesangs-, Radfahr- oder Turnvereine, alle waren strikt getrennt – sie waren katholisch, deutschfreiheitlich oder sozialistisch. So gab es in Innsbruck etwa den *Deutschen Turnverein* und den *Turnverein Karl Marx*, den *Christlichen Frauenbund* und den katholischen *Verein zum Schutz und zur Fortbildung jugendlicher Arbeiterinnen* sowie den sozialistischen *Fortbildungsverein für Frauen und Mädchen Innsbrucks*.

Die alten Stadthotels kamen in der zweiten Hälfte des 19. Jahrhunderts in die Jahre. Sie genügten Vereinen, nicht jedoch vielen Touristen. Diese erwarteten jetzt Ausstattungsstandards Schweizer oder Münchner Absteigen. Da die meisten Fremden zudem mit der Eisenbahn anreisten, entstand in Bahnhofsnähe nun eine Reihe von Großhotels. Sie verströmten Modernität, ließen jedoch den Charme alter Herbergen oft vermissen. *Arlberger Hof*, *Hotel Goldene Sonne*, *Hotel Europa* (gegr. 1869) und *Hotel Tyrol* (gegr. 1876) waren nun die Hotspots des Innsbrucker Fremdenverkehrs. Keines der Häuser hat den Zweiten Weltkrieg und den Wandel des Tourismus im 20. Jahrhundert überlebt. Zuletzt fiel das traditionsreiche *Hotel Europa* Grundstücksspekulanten zum Opfer. Dem Zug der Zeit entsprechen die in den letzten Jahren um den Bahnhof hochgezogenen Glas-Beton-Konstruktionen.

Werbeanzeige 1861 (*ONB ANNO*)

Altstadtgasthof (SA)

Hotel *Grauer Bär* – Die Gasthöfe *Alt-Innsbruck* und *Breinössl* (SA)

Allerhöchste Besuche

Am 8. September 1844 betrat ein 14-jähriger Habsburger zum ersten Mal den Boden Innsbrucks: Erzherzog Franz Joseph. Er logierte im *Gasthof Sonne* und absolvierte ein dichtes Besichtigungsprogramm. Vier Jahre später, im Revolutionsjahr 1848, weilte er an der Seite Kaiser Ferdinands des Gütigen in der Innsbrucker *Hofburg*. Er empfing hier die Heilige Firmung, bestieg den Patscherkofel und ging auf den Spuren seines Vorfahren, Kaiser Maximilians I., im Achenseegebiet auf die Jagd. Im Lodenrock und mit grünem Hut am Haupt versuchte er sich am *Bergiseler Schießstand* auch als Schütze.

Im Jahr 1850 kam der Erzherzog als Kaiser Franz Joseph I. nach Innsbruck. Er wurde am 5. Oktober feierlich empfangen, „abends war Festtheater, am nächsten Tag große Revue auf der Langwiese, dann Besuch des Schießstandes, des Militärspitals, Besuch des Theaters, am 7. Oktober Besichtigung des Strafhauses, des Stadtspitals, des Ferdinandeums, abends große Illumination, am 8. Oktober Truppenrevue auf dem Saggen." Kaiser sein, war kein leichtes Leben.

Fast ein halbes Jahrhundert später, zum *Tirol – 500 Jahre bei Oesterreich* Jubiläum, erinnerten sich die *Innsbrucker Nachrichten*: „Im September 1863 fanden in Innsbruck die glänzenden Festlichkeiten statt, mit denen Tirol die 500-jährige Vereinigung mit Oesterreich beging. Zu dem großen Festschießen traf am 29. September früh auch der Kaiser hier ein. Der Empfang war ein begeisterter. Unter stürmischem Jubel brachten gegen 6000 Schützen in einem Festzug dem Monarchen ihre Huldigung dar. Mit einem Kernschuss eröffnete der Kaiser das Festschießen und freute sich dann an dem bunten Treiben, das bei dem Volksfeste auf dem Hirschanger herrschte. Bei der Festtafel brachte der Kaiser den ersten Toast aus: ‚Meinem in 500-jähriger unerschütterlicher Treue bewährten Lande Tirol vom ganzen Herzen ein Hoch!' Mit den Worten: ‚Diesen Tag werde ich nie vergessen!' verabschiedete sich abends der Landesherr von der Bevölkerung."

Zur Erinnerung an das Festschießen 1863 (Münzen Rauch)

In den folgenden Jahren kam Kaiser Franz Joseph zu verschiedenen Anlässen nach Innsbruck. Am 19. September 1884 eröffnete er die Arlbergbahn, ein Jahr später nahm er am *2. Bundesschießen* am Bergisel teil – *Serenade, Fackelzug, Bergbeleuchtung …* Und da waren dann noch zwei Staatsbesuche, bei denen sich der Monarch inmitten der Berge als vollendeter Gastgeber beweisen konnte:

„Als der Hofzug einfuhr, verfügte sich Se. Majestät der Kaiser, welcher kurz vorher auf dem Bahnhofe eingetroffen war, auf den Perron. Er trug die Marschallsuniform mit dem Bande des Hosenbandordens. Als der Zug hielt, schritt der Kaiser sofort auf den Salonwagen der Königin zu. Diese entstieg, von einem schottischen Hochländer unterstützt, demselben, der Kaiser küßte ihr die Hand, und in liebenswürdigster Herzlichkeit küßte die Königin den Kaiser zweimal auf die Wangen. Der Kaiser begrüßte die Königin in deutscher Sprache, mit den Worten, daß es ihn unendlich freue, Ihre Majestät auf dem Boden Oesterreichs sehen zu können, was diese damit erwiderte, daß dies schon lange ihr Wunsch gewesen und daß sie über dessen Erfüllung herzliche Freude empfinde."

Begrüßung Königin Victorias durch Kaiser Franz Joseph auf dem Bahnhof zu Innsbruck am 23. April 1888 (*SA*)

„Der Kaiser bot hierauf der Königin, welche sich trotz ihrer 69 Jahre eines frischen Aussehens erfreut, den Arm, und beide Majestäten begaben sich in den Empfangssalon und von da in den Speisesalon. Nach den Majestäten verließen Prinzessin Beatrix, die Tochter der Königin, und Prinz Battenberg, der Gemahl der Prinzessin, den Zug. Die Königin trug ein schwarzes Seidenkleid mit Perlenverzierungen, die Prinzessin ein einfaches, schwarzes Kleid und ein Bouquetchen von gelben Rosen an der Brust. Der Prinz und die Prinzessin wurden im Empfangssalon von der Königin dem Kaiser vorgestellt. In diesem Salon befand sich in der Mitte ein Rondeau von lebenden Blumen, Sessel und 3 Sofas mit dunkelroten Plüschpolstern, ein Spiegel und ein Tisch, über welchem eine Pendule hing. Die Wände waren rings mit frischen Gewächsen aus dem Hofgarten geziert, den Boden bedeckten schwellende Teppiche. Nach kurzer Pause begaben sich die höchsten Herrschaften zum Dejeuner dinatoire in den Speisesalon. Hier wurde auf scharlachgedecktem Tische in schwerem Silber serviert; Sofa und Stühle sind moosgrün, der Fußboden mit schweren Teppichen bedeckt, die Wände mit frischen Pflanzen. Hier speisten nur die beiden Majestäten, die Prinzessin Beatrix und Prinz Battenberg, ein Bruder des gewesenen Fürsten von Bulgarien. Das Menu der allerhöchsten Herrschaften war folgendes: Potage tortue, the; – Saumon, sauce gênoise; – Filet de boeuf à l' anglaise; – Poulardes de France, salade, compote; – Asperges en branches; – Soufflé aux citrons; – Fromages; – Dessert.

So berichteten die *Innsbrucker Nachrichten* vom 24. April 1888, allerdings erst auf Seite 4, vom Zusammentreffen Kaiser Franz Josephs und Königin Victorias am Innsbrucker Bahnhof. Die Monarchin war auf der Durchreise von Florenz nach Berlin. Die Königin hatte so starke Migräne, dass sie angeblich vom köstlichen Dinner keinen Bissen hinunterbrachte. Bis zum nächsten Staatsbesuch einer englischen Königin, Elisabeth II., musste man bis 1969 warten.

Kaiser Wilhelm II. und Kaiser Franz Joseph I. 1914 (*SA*)

Ein Jahr nach Königin Victoria, am 14. November 1889, gab´s dann den nächsten Monarchen auf Durchreise, dieses Mal aus dem Orient. Kaiser Franz Joseph erwartete Wilhelm II. samt Gattin Luise am Innsbrucker Bahnhof. Nach der feierlichen Begrüßung wieder ein Déjeuner in der Bahnhofsreste. Höflich begleitete Franz Joseph das deutsche Kaiserpaar bis Rosenheim. Für die paar Stunden ein ziemlicher Aufwand für den fast 70-jährigen Kaiser, der damals im 41. Regierungsjahr stand. Wilhelm II. war demgegenüber erst 30 und ein Jahr deutscher Kaiser.

Kaisertage voller Glanz sah Innsbruck im September des Jahres 1893 – und die *Innsbrucker Nachrichten* berichteten in ihrem Festbeitrag auch darüber:

„Am 28. September sollte auf dem Berg Isel das Andreas Hofer-Denkmal enthüllt werden. Den gefeierten Helden aus dem Volke zu ehren kam der Kaiser mit glänzender Suite nach Innsbruck. In seiner Begleitung waren seine zwei Brüder und mehrere Minister. ‚Es war ein Bedürfnis Meines Herzens´, sagte der Monarch vor dem Hofer-Standbild, ‚zu diesem Feste in das Land zu kommen, auf dass sich der Dank des Fürsten mit jenem des Volkes vereine´. Der Kaiser war am 28. früh in die herrlich geschmückte Stadt Innsbruck eingezogen und hatte am Vormittag persönlich den weihevollen Act der Enthüllung des Denkmals vorgenommen. Nachher fand der großartige Huldigungsfestzug, in dem 10.000 Mann mit 52 Musikkapellen an der Hofburg vorbeimarschierten, statt. Am nächsten Tag begab sich der Kaiser auf den Berg Isel zur Eröffnung des Officier-, Mannschafts- und Passeyer-Compagnie-Schießens. Darnach waren Empfang; Nachmittag ein Ausflug nachdem neuerworbenen kaiserlichen Besitz Schloss Petersberg bei Silz. Den folgenden Tag widmete der Kaiser dem Besuch des Waisenhauses, der ersten Tiroler Landesausstellung, der Lehrmittelausstellung des Pädagogiums, des Spitals, des anatomischen Instituts, der Gebärklinik. Am Abend erfolgte die Abreise. Die Stadt war glänzend illuminiert. Bedeutende Geldspenden für wohltätige und gemeinnützige Zwecke überwies auch diesmal wieder der durch seinen Wohltätigkeitssinn bekannte Monarch. ‚Mächtig und Mein Herz ergreifend´ — hieß es in dem Handschreiben, mit welchem der Kaiser damals der Bevölkerung seinen Dank kundgab — ‚sind die Eindrücke, welche ich in diesen Festtagen aufgenommen habe. Ich weiß Mich und Mein Haus innig vereint mit diesem biedern Lande für immerdar.´"

Dekorateure machten das Geschäft ihres Lebens. Werbeanzeige in den *Innsbrucker Nachrichten* vom 20. August 1909 (*ONB ANNO*)

Kaiser Franz Joseph I. besucht im Jahr 1909 ein letztes Mal Innsbruck. Er stand damals in seinem 80. Lebensjahr und erwies Andreas Hofer und den Tirolern noch einmal seine Reverenz. Der Empfang war herzlich, von *Kaiserwetter* konnte jedoch keine Rede sein:

„Die Glocken aller Türme verkündeten weithin den feierlichen Augenblick, von der Ferne hörte man donnernde Grüße, als der Sonderzug mit Sr. Majestät in den Bahnhof von Innsbruck einfuhr, die Musikkapellen intonierten die Volkshymne. Kaiser Franz Joseph, der die Felduniform trug und ohne Mantel war, stieg aus dem Salonwagen und wandte sich raschen Schrittes gegen die Herren Erzherzoge, die in einer Reihe Aufstellung genommen hatten. Er begrüßte sie herzlich und sagte zu Erzherzog Franz Ferdinand, dem er zuerst die Hand reichte: „Also auch hier Regen".

Kaiser Franz Joseph am Schießplatz 18 (SA)

So begann am 28. August 1909 der Aufenthalt Franz Josephs in Innsbruck. Er kam zur Tiroler Jahrhundertfeier 1809-1909 im Angedenken an den Tiroler Freiheitskampf gegen Napoleon Bonaparte und die Bayern. Sieben Erzherzöge und ebenso viele Erzherzoginnen begleiteten Franz Joseph. An der Spitze seines glänzenden Gefolges stand der k.k. Ministerpräsident. Nach dem von Tausenden Schützen gesäumten Triumphzug des Kaisers vom Bahnhof zur Hofburg, brachte der *Tiroler Sängerbund* dem Gefürsteten Grafen von Tirol ein abendliches *Ständchen* mit 500 Sängern dar.

Der *Tiroler Sängerbund* veranstaltete in der großen Ausstellungshalle jedoch auch fürs Volk ein unvergessliches Konzert. Zehn Unterinntaler Kapellen mit 250 Musikern spielten vor 6.000 Besuchern aus Nah und Fern unter anderem Richard Wagners Nibelungen-Marsch. Die Sänger wiederholten auch das abendliche Serenadenkonzert vor dem Kaiser. Dazwischen spielte die Kapelle des 1. Tiroler Kaiserjäger-Regiments unter dem damals schon legendären Kapellmeister Karl Mühlberger.

Höhepunkt der Feier war ein Festumzug und eine Gedenkmesse unter der *Andreas Hofer-Statue* am Bergisel. Dicht gedrängt stand die Menge am ehemaligen Schlachtfeld von 1809. Den Kaiser erwarteten auch einige Verwandte und Nachkommen Andreas Hofers und seiner Mitstreiter. Im Kaiserzelt ein Altar, um den sich Schützenabordnungen mit den zerschossenen und zerschlissenen Sturmfahnen aus den Kriegsjahren gruppierten. Der Kaiser trug die Uniform eines Kaiserjäger-Obersten und hielt eine sehr persönliche Ansprache:

Kreuz-Gruppe von Egger-Lienz beim Festumzug 1909 (*SA/Tirol Panorama*)

„Meine lieben Tiroler! Die Huldigung und das Gelöbnis unwandelbarer Treue, die Ihr soeben durch Euren Landeshauptmann Mir und Meinem Hause geleistet habt, bewegt Mich im innersten Herzen. Ich danke Gott dem Allmächtigen, daß er Mir vergönnt hat, heute an dieser geheiligten Stätte mit Euch die Erinnerung an die große ernste Zeit des Jahres 1809 feierlich zu begehen. Die Erhebung Tirols ist als Beispiel dessen, was ein gottesfürchtiges, treues, durch harte Arbeit gestähltes Volk vermag, zum Gemeingut aller Völker geordnet. Ich aber, der Ich heute als der Enkel weiland Se. Majestät, Eures an Gott ruhenden, guten Kaiser Franz zu Euch spreche, Ich gedenke mit meinem ganzen Hause dankbaren Herzens all der Getreuen, die damals Lebens Gut und Blut für Ihren Kaiser geopfert haben. Daß dieser Geist in den Nachkommen fortwirke, haben Meine Kaiserjäger, haben die Tiroler Landesverteidiger in allen Kriegen gezeigt. So versichere Ich Euch denn, liebe Getreue von Tirol, Meine väterliche Liebe und entbiete Euch Meinen kaiserlichen Gruß und Dank. Ich und Mein Haus hält Euch Treue um Treue. Gott verleihe Uns und Euch seinen Segen."

Und dann der riesige Festumzug – Tirol in Waffen! 33.000 Mann, Veteranen, Landsturm, Schützenkompanien in ihren bunten Trachten, Bergleute, 150 Musikkapellen defilierten mit 700 wehenden Fahnen und vielstimmigen Hochs und Hurras am Kaiser vorüber. Auffallend herzlich wurden die in schmucken Uniformen und Trachten erschienenen 2.600 Welschtiroler Schützen vom Publikum begrüßt. Im Festbericht der *Innsbrucker Nachrichten* vom 30. August 1909 wurden die aufrichtigen Ovationen, welche die Innsbrucker ihnen bereiteten, als die beste Antwort auf die maßlose Hetze der Irredenta gewertet.

„Nun kündigte das Programm den Landsturm an und aller Augen wendeten sich neugierig zum Schützenbogen, aus dem als erste die von Maler Egger-Lienz nach seinem eigenen bekannten Gemälde ‚Das Kreuz' gestellte Gruppe heranmarschierte. Dieses wandelnde lebende Bild, dem der Künstler selbst in schlichter Tracht voranschritt, war wohl die schönste und effektvollste des ganzen Zuges. Doch machten auch die folgenden: die Haspinger-, Speckbacher- und Andreas Hofergruppe einen tiefen, echten Eindruck, umso mehr, als jeglicher Schein von Maskerade (wozu die Versuchung sehr nahegelegen wäre) glücklich vermieden war. Besonders der Speckbacher zu Pferde (der Volderbadwirt Ferdinand König) sah sehr echt aus und fiel allgemein auf. Als Andreas Hofer (Herr Vonstadl), ebenfalls zu Pferde, vor dem Kaiser vorüberritt und grüßend den Säbel senkte, erscholl lauter Applaus."

Tiroler Festgruß aus Innsbruck 1909 (SA)

Kaiser Franz Joseph als Oberstinhaber der Tiroler Kaiserjäger-Regimenter (*Kaiserjägermuseum*)

Kaiser Franz Joseph bewies echte Steherqualitäten und dankte freundlich von der festlich geschmückten Tribüne. Die Festzugsteilnehmer wurden anschließend vom Militär mit 28.000 Gulasch-Konserven samt Brot gelabt. Am Festschießen nahm der Kaiser auf Grund seines hohen Alters nicht mehr teil. Auf seine Frage an den ältesten Standschützen, Innerhofer, ob er noch schieße, meinte dieser: *„Mit dem Halten des Gewehrs geht's schlecht, Majestät."* Worauf der Kaiser lächelnd bemerkte: *„Mir geht's auch nicht anders."*

Der Festumzug in Innsbruck hatte ein gerichtliches Nachspiel. Die *Neue Freie Presse* berichtete am 5. Juli 1910 aus Trient:

Präs.: *Wie kommen Sie aber dazu, die Reichsadler zu beschmutzen?*

Angekl. Giuseppe Conti: *Kurz vorher hatte die Andreas Hofer-Feier in Innsbruck stattgefunden, wir wollten eine Gegendemonstration veranstalten. Wir Welschtiroler sind nämlich der Ansicht, daß das Trentino unter gar keiner Bedingung...*

Präs. (einfallend): *Wir brauchen von Ihnen keine Belehrung über das Wesen der Irredenta. Sie wollten also eine Gegendemonstration veranstalten?*

Angekl.: *Die Deutschtiroler haben das Recht, eine Andreas Hofer-Feier zu begehen, die Südtiroler geht das aber nichts an. Wir ärgerten uns deshalb, daß auch aus den Dörfern des italienischen Tirols Abordnungen zum Kaiser nach Innsbruck gingen. Es kam zunächst zu den großen Demonstrationen auf dem Trienter Bahnhof. In derselben Nacht verfertigten wir eine Strohpuppe, die einen Deutschtiroler darstellte, und ich hängte sie in der Nacht auf dem Dante-Monument in Trient auf. Die Polizei nahm daraufhin zahlreiche Verhaftungen vor. Dafür wollten wir uns rächen und beschlossen die Verunreinigung der Kaiseradler.*

Kaiser Franz Joseph I. starb in seinem 68. Regierungsjahr am 21. November 1916. Die Tiroler behielten ihm ein treues Angedenken. An den Kaiser und Landesfürsten erinnert im Stadtteil Saggen die *Kaiser-Franz-Joseph-Straße*, am Bergisel steht eine *Bronzestatue* von ihm.

Kaiser-Huldigungs-Festzug 1908 (*imagno*)

ZU GAST BEIM KASERMANDL

Sagen – Kulinarisches – Alpenzoo – Weiherburg – Kloster Wilten – Frau Hitt
Umbrüggler Alm – Martinswand

Kaiser, Riese und versteinerte Frau – eine neue Sage entsteht!

"Schiff mir nicht auf die Schuh, Salontiroler!"

Kaiser Maximilian, der letzte Ritter und erste Kanonier, fährt zusammen und blickt erschreckt hoch. Dann wendet er sich verschämt rasch um. Da steht er nun, die Armbrust geschultert, an einer Felskante und blickt hinab ins Tal, auf sein geliebtes Innsbruck. Grün schlängelt sich der Inn an der Stadt vorbei. Die Kirchtürme sind ganz klein und sein Zeughaus nur ein Fleck auf der Wiese. Schloss Ambras liegt weit weg auf einem Hügel. Des Kaisers Blick schweift nach Süden, weit übers Land. So schöne Jagden gibt's in Tirol und dazu Seen zum Fischen! Frau Hitt mustert ihn hochmütig von oben herab und steigt mühsam vom steinernen Ross.

Kaiser Maximilian als Jägersmann (*Ehrenspiegel, BSB-Hss. Cgm. 896/MDZ*)   Frau Hitt (*SA*)

„*Seid gegrüßt, edle Frau*", sucht Maximilian galant die versteinerte Stimmung zu retten. „*Ich bin Maximilian, Kaiser des Heiligen Römischen Reiches.*" – „*Und der Landesfürst von Tirol*", setzt er ein wenig pikiert hinzu, um den *Salontiroler* so nicht stehen zu lassen.

Frau Hitt mustert ihn immer noch, allerdings schon etwas freundlicher gestimmt. „*Eigentlich ein fescher Kerl, der Salontiroler, in seinem modischen Jagdgwandl*", denkt sie bei sich. Und dann besinnt sie sich traurig ihres gar schweren Schicksals. Zögernd beginnt sie: „*Ich war dereinst auch von hohem Adel, eine Fürstin mit einem schönen Palast. Saftige Wiesen und Äcker waren mein Eigen. Ich war mildtätig und fromm. Doch missgünstige Leute sagten mir nach, ich hätte einer Bettlerin statt Brot einen Stein zugeworfen. Doch ist das nicht wahr. Trotzdem wurde ich zu Stein verwandelt, am Berg!*" Ein lauter Donnerschlag kracht und ein Blitz fährt neben ihr nieder. Frau Hitt und der Kaiser schrecken zusammen.

„*Grias enk!*" Plötzlich steht s´Kasermandl da. „*Mir redn d´Leit a bled noch*", sagt s´Kasermandl. „*A beser Almgeischt soll I sein. A Senner der sein Kas nit gscheit gmocht hat und im Winter zur Straf auf die Sennhittn umadum geistern muaß. – S´isch alles nit wohr, kennts mas glabn.*" Und s´Kasermandl macht eine einladende Handbewegung gen Tal: „*Kemmts dechtasch obi auf die Umbrüggler Alm und schauts enk um. Und wennds ebas zum Essen wollts, kennts es bei mir a wos hobn. Koa Kebab und koa Pizza, ächte Tirola Hausmannskoscht!*"

Die drei machen sich sogleich auf den Weg, s´Kasermandl voran. Frau Hitt folgt vorsichtig, ihre Steingelenke krachen fürchterlich, und Maximilian am Schluss fühlt sich wie ein Junger. Endlich taucht die Umbrüggler Alm auf aus dem Wald. „*1979 hams ma mei olte Hittn abgrissn. 400 Jahr is da gstandn*", sagt's s´Kasermandl. „*An den komischen Neibau von dia Architekten muß I mi no gweahnen.*" Auch Frau Hitt und Maximilian schauen etwas verwundert. „*Im Winter isch dia Wirtschaft zua, do wohn lei I do. Hockts enk in die Stubn. Wollts epas trinken?*" Sie wollen und s´Kasermandl verschwindet in der Kuchl. Frau Hitt und Maximilian genießen den Blick durch die großen Panoramascheiben.

Doch plötzlich kommt der Wald näher und näher. Maximilian hat dunkle Visionen. Bei Shakespeare wird der Wald zu marschieren beginnen und Macbeth wird fallen. Auch er hat viele Feinde. Doch es ist nicht der ganze Wald, es ist nur ein einzelner Baum. Und den hält ein Riese als Wanderstab in der mächtigen Pranke, ein Weinfassl auf der Schulter. Der Riese muss sich tief bücken, als er die Gaststube betritt. Er lässt sich krachend auf den Boden fallen. S´Kasermandel schießt erschrocken aus der Kuchl und staunt über den Riesen am Boden: „*Wer bischt denn du und woher kimmscht?*" „*I bin da Riese Haymon vo Wilten. – I sog das, a mords Hatscher isch es aufa zu dia. Und drum hob i jetzt an teiflischn Hunga. Sog, wos hoscht heit auf da Schpeiskartn?*"

S´Kasermandl verschwind´ in der Kuchl und kommt mit volle Händ´ zruck: Dem Max stellt´s a Brettljausn hin: „*Da hoscht an Bauernspeck, a Schwarzbrot, Essiggurkal und a Paarl Kaminwurtzn mit an griebenen Kren und an Senf. An Graukas kannscht a haben, wenn a da nit zviel schtinkt.*" Frau Hitt hat´s schwer mit Schlucken. Ihr serviert's s´Kasermandl an Teller Gerschtlsuppn mit gröschtete Speckwürfel. Frau Hitt fischt glei den Speck aus da Suppn. „*Schmeckts da die Gerschtlsuppn nit, Frau?*" S´Kasermandl isch beleidigt. „*Doch, doch, aber ich ess doch kein Fleisch.*" Der Riese Haymon red nit long. Er hot an Bärenhunger und verdruckt glei sieben Kaspressknödl auf an Sitz. S´Kasermandl freit dös narrisch. Dia Gäscht scheint's zu schmecken.

Merian, Kupferstich vom Riesen Haymon und dem Kloster Wilten 1649 (*SA*)
Die Weiherburg und Philippine Welser, Gattin des Landesfürsten Ferdinand II. (*SA*)

„Sog Haymon, wia wor des jetzt mit dem Kloschter Wilten?" Der Riese wischt sich mit dem Handrücken über den Mund und beginnt zum dazähln: „Dös wor a wilde Gschicht, dös sog I enk. Es isch jetzt über 1000 Jahr her, do bin I von Deitschland über die Berg kommen. I wollt nach Italien, weil do isch es wärmer und die Sonne scheint a immer. Wia I jetzt so über den Seefelder Sattel wander, springt a so a schworzer Loter hinter an Felsen hervor: ‚Wer bischt und was machscht do?' – ‚I bin da Riese Haymon und I gea zua di Walschen. Und wea bisch du?' – ‚I bin da Riese Thyrsus. Und du drahscht jetzt um und gehscht wiada ham. Do kimmsch ma nit durch, des sog I da!'

Und dann homma zum rafn angfongen. I hab den Thyrsus mit an Stoan aufn Kopf dawuschn. Dann isch a umgfolln und isch hin gwesn. I bin weitergongen und hob a sauschlechts Gwissn ghobt. Und in dera Gegend verwandelns an ja a glei zu an Stoan." Der Riese Haymon wirft einen Blick zur Frau Hitt. Die ist peinlich berührt. „Donn hob I, dort wo amol dia Römer ghaust ham, a Kirchn aufgstellt mit an Turm. Scho bald sein a poor Mönche kemmen und ham des Kloschter Wilten hinbaut. Do hab I dann a glebt."

Der Riese Haymon macht eine kurze Pause: „Dös wor aber no nit alls. In der Sillschlucht hot a beaser Drochen ghaust, der was die Felder verbrannt hot und auf die Mönche losgangen isch. I hob an Spieß gnommen, bin in die Schlucht gongen und hob den Drachn, des Sauviach des schiache, aufgschpießt. Donn hob I a no dia Zungen ausagschnitten und den Kloschterbriadern gschenkt. Ganz sakrisch gfreit ham dia sich drüber." Die Zuhörer sind erleichtert über den glücklichen Ausgang der Geschichte. „Dia ham sich guat ausagmocht, dia Mönch vo Wilten. A mords drum Kirchen hams heit. Und a Sängerknobn, dia singen a so viel schian. Und a große Statue hams aufgstellt vom Haymon, als Donk, dass I ihna domals gholfn hob." Der Riese Haymon erzählts nicht ohne Stolz.

S´Kasermandl kommt aus da Kuchl: „I hob heit auf da Schpeiskartn a *Tiroler Gröschtl mit an greanen Salat – Speckknödl mit Sauerkraut und an Gselchten – a Tiroler Leber mit Kartoffelpüree.*" Maximilian mag Leber, der Riese Haymon bleibt bei die Knödl, und setzt noch ans drauf: Acht Stück bstellt er und drei Schöpfer Sauerkraut. „Dös dazöhln mocht hungrig," meint er. „Gibts nichts Vegetarisches?", fragt zaghaft Frau Hitt. „*Südtiroler Schlutzkrapfen kannsch haben, Frau, mit brauner Butter und an geriebenen Parmesan drauf.*" Sie sind dem Riesen Haymon dankbar für des Fassl *Südtiroler Reatl*, des wos er vo Wilten aufn Berg aufa gschliffn hot. „Den Mönchen wirds Fassl nit abgehen, die ham no den gonzn Weinkeller voll," meint er verschmitzt."

Schlutzkrapfen (*schnatterkocht.blogspot*) – Kiachl (*gerlhof.at*) – Tiroler Knödel (*wikipedia commons*)

Kaiser Maximilian, befeuert vom Rotwein, drängt's nun auch, eine Geschichte zum Besten zu geben. Er muss nicht lange nachdenken, Jägerlatein geht immer. Er war vor dem Aufstieg durch den *Alpenzoo* gewandert. „Gut haben die Innsbrucker den hinbekommen, den höchsten Zoo in den Alpen. Fast so schön wie mein Jagdgehege seinerzeit in den Innauen", denkt er. „Und so schöne Gamsen und Steinböck halten's da in den Gehegen, Murmeltiere, Adler und auch große Geier und sogar Bären." Zu schade, dass er die Armbrust an der Kassa deponieren musste. Vorbei gewandert ist der Kaiser dann auch noch an der *Weiherburg*: „A stattliches Anwesen hab ich da meinem Kanzler seinerzeit gschenkt."

Alle wollen nun nicht länger warten auf die Gschichte von der Martinswand. *„Die Jagd war immer schon mei Leidenschaft. Und in Tirol bin I am liabschten. Tirol isch wia grober Kittl, aber er wärmt."* Maximilian verfällt kurz ins Salontirolerische. *„Wie ich noch jung war, bin ich mit meinem Vater Friedrich, dem Kaiser, auf die Pirsch gangen. Doch bald schon zogs mich alleine mit meinen Jägern in die Berg. Ich war der kühnste von allen, kein Fels war mir zu steil, kein Abgrund zu schwarz. Ich hatte keine Furcht und erlegte Hirsche ebenso wie Steinböcke und Gämsen. Sogar Bären waren darunter und einige Adler. Und so begab es sich, dass ich eines Tages bei Martinsbühel, dort wo einst die Römerstrasse über den Inn führte, auf Gamsjagd ging. Die Martinswand ist steil, sehr steil sogar. Ich kletterte höher und höher, die Gams immer vor mir. Über mir nur mehr der Himmel. Doch dann gings plötzlich nicht weiter, der senkrechte Fels über mir und der drohende Abgrund zu meinen Füßen. Drei Tag bin ich in der Wand gsessen und war verloren. Die Leut ham schon gwartet, dass ich hinunter fall. Da hab ich gebetet und der Himmel hat mir einen Engel gesandt, der mir den Weg wies."* Kaiser Maximilian ist ganz ergriffen von seiner Geschichte.

Moritz von Schwind, Maximilian in der Martinswand (*wikimedia commons*)
Eine moderne Martinswand (*Kletterzentrum Innsbruck*)

Der Riese Haymon wiegt zweifelnd sein Haupt. *„Koa Engl isch es gwesn. A Bauernbua, der sich donn zwischen die Leit verdruckt hat, der Depp!"* Der Kaiser wischt des Riesen Bemerkung mit einer wegwerfenden Bewegung vom Tisch und nimmt einen Schluck Südtiroler. *„Ein Engel…"*

Der Ort unter der Martinswand heißt Kematen. Der Namen wird auf den Kaiser zurückgeführt, der von der Wand ungeduldig ausgrufen hätt: *„Wenns nur scho bald kemmaten."* Und das bezog sich nicht auf den Engel.

„Jetzt isch gnua gred, jetzt gibts epas Siaßes zum Obschluss." Und s´Kasermandl tischt auf: *„Apfelkiachl, Schwarzbeernocken, Kirchtagskrapfen, und an Nußkuchen auf Innsbrucker Art."* Und a *Opflmuas* dazua tats a no gebn. Dem Riesen Haymon fallen die Augen außa. Und dann no a Runde selberbrennten Obschtler für die Gsundheit nach dem schwarn Essen. *„Proscht mitnonder"*… und no a Schnapsl und no ans, weils a gor so guat schmeckt. Und donn singen alle zu Ehren vom Wirtn aus voller Kehle: *„Auf da Umbrüggler Alm, sitzt a Kasermandl, des hockt ganz verstohln hinterm Eisenpfandl."*

Und s´Kasermandl isch glücklich. Guat gessn homs, der Kaiser, der Riese und die versteinerte Frau. S´Kasermandl isch nämlich a guater Senn und no da bessere Wirt. *„Proscht Mahlzeit!"*

Die Stimmung wird schläfrig, die Flammen im Herd züngeln und das Feuer verglimmt. Sentimental stimmt Maximilian eine melancholische Weise an, die ihn an längst vergangene Tage erinnert: *„Innsbruck ich muss dich lassen und fahr dahin mein Strassen, in fremde Land dahin."* Alle summen mit und dann schlafen sie friedlich ein. Und wenn sie nicht gestorben sind, dann leben sie noch heute.

Post Scriptum:

Wenn Ihr s´Kasermandl auf der *Umbrückler Alm* nicht ontrefft's, dann versucht's es auf der *Arzler*, *Höttinger*, *Rumer Alm* oder auf die andern Hütten rund um Innsbruck. Sie sein gut zu erwandern, a von *Salontirolern*. Und bittschön, richtet's dem Kasermandl an schianen Gruaß aus vom Autor.

S´Kasermandl auf der Umbrüggler Alm (*Stadt Innsbruck/Forstabteilung*)

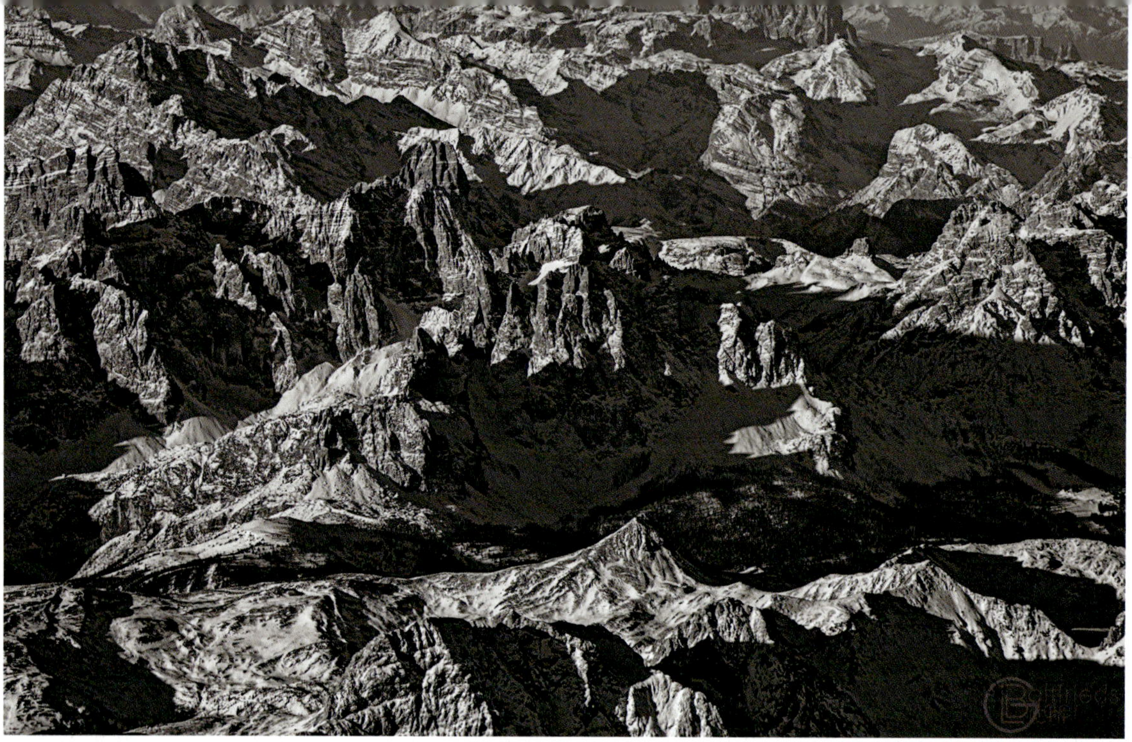

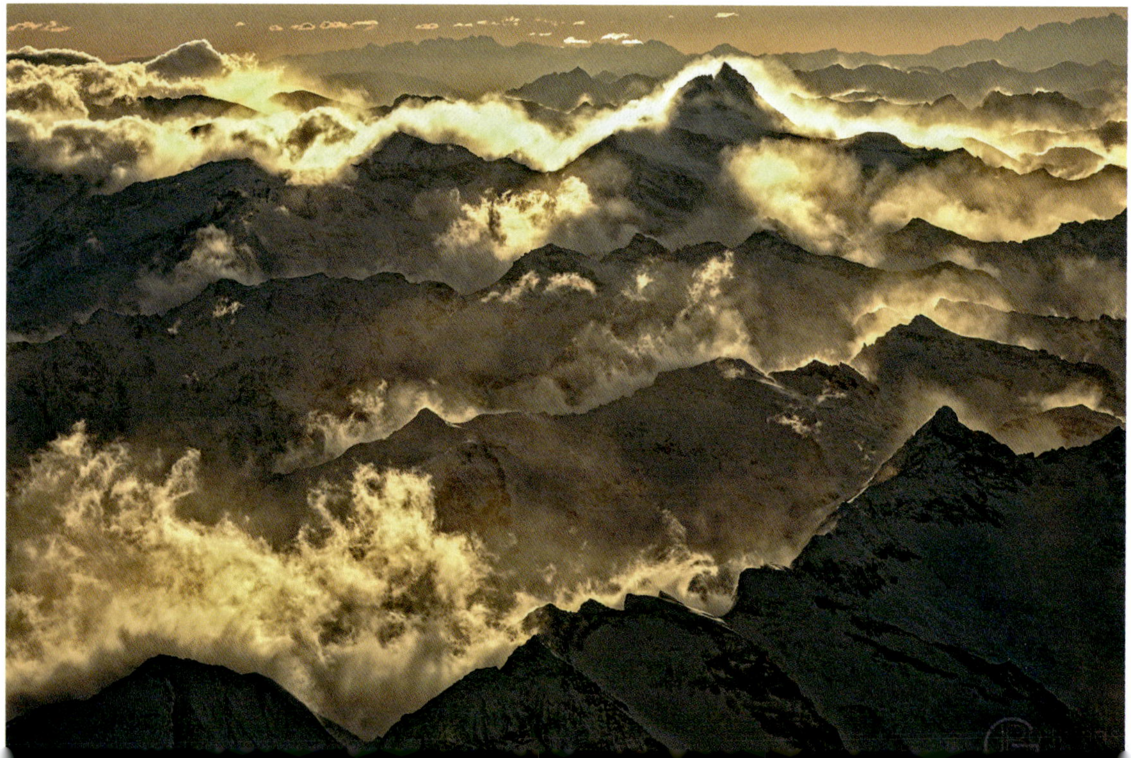

Über die Alpen im Ballon.
Fotos von Gottfried Jäger

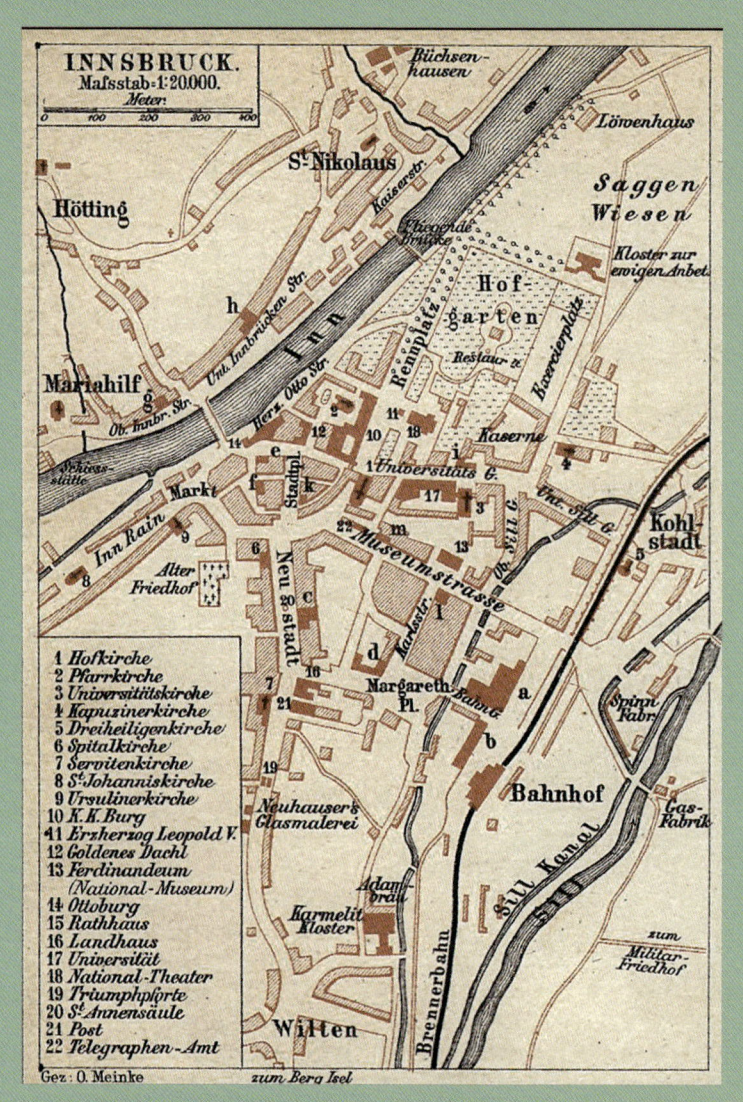

Innsbruck, Stahlstich, Bibliographisches Institut 1880 (SA)

NACHHANG

Wer, was, wann? – Nachlese – Musik – Museen –
Dank – Bildrechte – Impressum

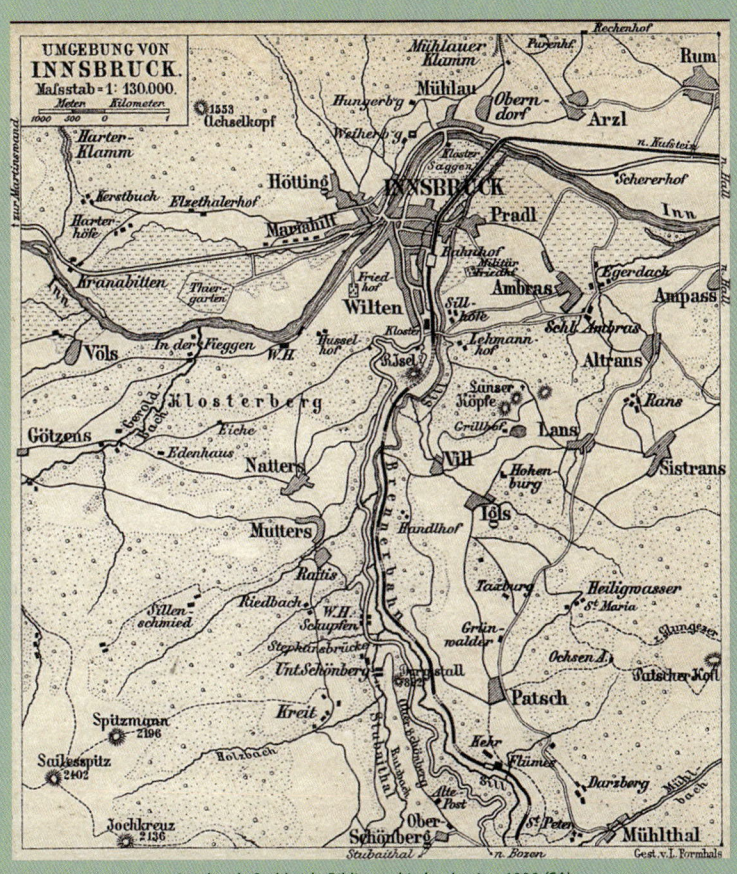

Innsbruck, Stahlstich, Bibliographisches Institut 1880 (SA)

WER, WAS, WANN?

Hier finden sich alle im Text genannten *Tiroler Landesfürsten*, bedeutenden *Persönlichkeiten* und wichtigen *Ereignisse* mit Bezug zu Tirol, Innsbruck, Schwaz und Hall. Der *k.u.k. Sehnsuchtsort* Innsbruck ist mit dem tragischen Schicksal *Südtirols* untrennbar verknüpft. Die Aufstellung reicht daher über das Jahr 1918 hinaus.

Vor 25 Millionen Jahren entstehen die *Alpen*
- Um 3200 v. Chr., Ötzi wird ermordet
- 1200–800 v. Chr., Urnenfeldkultur im Raum Innsbruck, nachmals Kelten, Brionen
- 15 v. Chr. *Römische Legionen* unter Drusus besetzen Tirol
- 2.–5. Jh. n. Chr. *Römisches Militärlager* Veldidena im Raum Innsbruck
- 2. Jh. n. Chr., *Via Raetia* über den Brenner

476 **Untergang des *Weströmischen Reiches*, *Völkerwanderung***
- ab dem 8. Jh. Tirol Teil des *Bayerischen Stammesherzogtums*
- 878 *Riese Haymon* stirbt angeblich im Kloster Wilten, so jedenfalls die Legende
- 1027 Teile Tirols kommen als Lehen an die *Bischöfe von Brixen und Trient*, Vögte

1182–1665 *Tiroler Landesfürsten regieren im Land*

1128–1140 Graf **Albert I.**, *Albertiner*
1140–1165 Graf **Albert II.**, ab 1141 *Graf von Tirol*
- *Anbruggen* wird gegründet.

1165–1180 Graf **Berthold**
1180–1190 Graf **Heinrich I.**
- 1180/1204 *Stadtrecht Jnspruk*/Innsbruck

1202–1253 Graf **Albert III.**
- 1180 *Marktrecht* für Innsbruck
- 1232 *Salzsiedeanlagen* in Hall erwähnt
- 1239 Bestätigung des *Stadtrechts von Innsbruck*

1253–1258 Graf **Meinhard I.**, *Meinhardiner*, Schwiegersohn *Alberts III.* von Tirol
- 1272 *Oberstollen* in Hall angeschlagen

1258–1295 Graf **Meinhard II.**, Begründer des Landes Tirol
- 1273 Gründung von *Stift Stams*
- 1274 *Münzprägung* in Meran, Tiroler Adler im Münzbild
- 1281 Erweiterung Innsbrucks vor den Mauern durch die *Neustadt*
- 1282 Rudolf I. von Habsburg bestätigt Meinhard als *eigenständigen Landesherrn*

1295–1310 Graf **Otto**, Sohn Meinhard II., verstarb ohne Söhne
- ▶ 1303 *Stadtrecht Hall*
- ▶ 1307 *Heilig Geist Spital* in Innsbruck

1310–1335 Graf **Heinrich II.**, Sohn *Meinhard II.*, 1307-1310 König von Böhmen
- ▶ Anfang 14. Jahrhunderts, *Königshaus*, Residenz in Hall, heute Rathaus

1335–1363 Gräfin **Margarete** *Maultasch*, Tochter *Heinrichs II.*, Luxemburger und Wittelsbacher Gatte
- ▶ 1329 *Wirtshaus am Schorfen* in Innsbruck

1330–1341 *De iure uxoris* **Johann Heinrich von Luxemburg.** *Margarete* verstößt ihn 1341
- ▶ 1342 *Großer Freiheitsbrief* für die Grafschaft Tirol, Bestätigung althergebrachter Rechte

1342–1361 *De iure uxoris* **Ludwig von Wittelsbach.** Zweiter Ehegatte Margaretes
- ▶ Weil Scheidung Margaretes kirchlich nicht anerkannt Kirchenbann und Interdikt über Tirol
- ▶ 1356 jährlich *zwei Jahrmärkte* in Hall
- ▶ 1358 *Zunft der Innschiffer* in Hall

1361–1363 **Meinhard III.**, mit seiner Mutter *Margarete*, er ist Wittelsbachern freundlich gesinnt.
- ▶ 1362 *Märke und Städte* erlangen die *Landstandschaft*

1363 Margarete Maultasch überträgt *Tirol* mit Willen des Tiroler Adels an die **Habsburger**

1363–1918 *Tiroler Landesfürsten aus dem Hause Habsburg*

1363–1365 Erzherzog **Rudolf IV.** *der Stifter,* Brüder *Albert* und *Leopold*
- ▶ 1363-1369 Die Wittelsbacher akzeptieren die Übergabe an Habsburg nicht und verwüsten Tirol

1365–1386 Erzherzog **Leopold I.**, fiel gegen die Schweizer Urkantone bei *Sempach*

1386–1395 Erzherzog **Albrecht IV.**, Bruder *Leopolds I.*, als Vormund für Leopold II.
- ▶ 1390 *Goldener Adler* in Innsbruck

1396–1406 Erzherzog **Leopold II.** *der Dicke/Stolze*

1406–1490 *Ältere Tiroler Linie*

1406–1439 Erzherzog **Friedrich**, *Friedl mit der leeren Tasche*
- ▶ 1405 Niederlage gegen die *Appenzeller*
- ▶ 1413 Sinnloser Krieg gegen *Venedig*
- ▶ 1415/16 Haft in Konstanz. *Reichsacht und Kirchenbann* wegen Unterstützung des Gegenpapstes
- ▶ 1420 Innsbruck Residenzstadt, Meran blieb bis 1849 Hauptstadt Tirols
- ▶ 1420 Beginn der Silber- und Kupferausbeute im Schwazer Revier Falkenstein
- ▶ 1441 Kaiser Friedrich III. als Vormund Siegmunds *beendet das freie Schürfen* in Schwaz.

1439–1490 Erzherzog **Sigmund** *der Münzreiche*
- ▶ 1446 Antritt der *Regentschaft* über Tirol und Vorderösterreich
- ▶ 1447/49 *Schwazer Bergordnungen*; Steigerung des Silber- und Kupferabbaus
- ▶ 1448 *Grubenunglück* im Heilig-Kreuz-Stollen, Einbruch des Bucher-Baches, bis zu 260 Tote

- 1460 Kirchenbann Sigmunds wegen des Streits mit Nikolaus Cusanus
- 1460/63 *Hofplattnerei* in Mühlau, *Hofglocken- und Büchsengießerei* in Hötting
- 1465 Darlehen von Augsburger Handelsherrn, Beginn der Verschacherung des Schwazer Silbers

1470–1530 ***Blüte des Schwazer Bergsegens***
- 1474 Schwazer Bergordnung
- 1477 *Münzstätte* in Hall, *Münzprägemaschine*, 1880 *Münzturm*
- 1485/1511 *Fugger* geben *Darlehen* und werden *Gewerken*, Landesherren werden finanziell *abhängig*
- 1485 *Hexenprozess* gegen *Helene Scheuberin*. Bis 1722 in Tirol 242 Hexenprozesse
- 1486 *Guldiner*, zukunftsweisende Großsilbermünze
- 1487 Sinnloser Krieg gegen Venedig
- 1490 Wird zur Abdankung zugunsten *Erzherzog Maximilians* gezwungen.

1490–1519 **Maximilian I.**, 1503 *römisch-deutscher König*, 1508 *röm.-dt. Kaiser*
- 1477 Heirat mit *Maria von Burgund*; sie starb 1482, langjähriger Kampf Maximilians ums Erbe
- 1490 Innsbruck wird Lieblingsresidenz des Landesfürsten, häufige Aufenthalte
- 1490 Pfarrkirche *Unsere Liebe Frau Maria Himmelfahrt* in Schwaz
- 1490 *Bergordnung*, 1493 und 1597 *Schmelzordnungen*
- 1491 Maximilian lässt den Sigmund Erbstollen in Schwaz anschlagen.
- 1491 Konkurs *Antonio de Caballis/Antoni vom Roß*, Montanunternehmer, Spekulant, Erfinder

1493 ***Gefürstete Grafschaft Tirol***
- 1494 Heirat mit *Bianca Maria Sforza* in Hall, eheliches Beilager in Burg Hasegg
- 1496 *Albrecht Dürer* bildet Innsbruck und die Hofburg ab.
- 1500 *Goldenes Dachl*, Ausbau der Innsbrucker *Hofburg*, *Wappenturm*
- 1500 *Schwarzer Adler* in Innsbruck
- 1504 Eroberung *Kufsteins*, mit *Kitzbühel*, *Rattenberg* und dem *Zillertal* von Bayern an Tirol
- 1505/06 Harnischhaus für Konrad *Seusenhofer*, *Hofplattnerei*
- 1509 Guss des ersten *Schwarzen Manders*
- 1510 *Faktorei der Fugger* in Hall
- 1511 *Martin Luther* auf der Durchreise in Innsbruck und Schwaz
- 1511 *Landlibell*; Tirol verteidigt sich selbst, auch Bauern tragen Waffen.
- 1510/11 Fugger in Hall
- 1511 *Wiener Doppelhochzeit*, Grundstein für die habsburgischen Erwerbungen Ungarn und Böhmens
- 1512 Pest in Innsbruck
- 1519 Nach dem Tod Maximilians ist *Tirol bankrott*

1519–1521 **Karl V.**, 1520 *römisch-deutscher König*, 1530 *röm.-dt. Kaiser*
1521 Erbteilung; *Karl*: Spanien, span. Niederlande, Übersee; *Ferdinand*: Österreichische Erblande
- Mehrfach in Innsbruck, er und Bruder Ferdinand teilen sich auch die Schulden des Großvaters

1521–1564 **Ferdinand I.**, 1531 *römisch-deutscher König*, 1558 *röm.-dt. Kaiser*
- ▶ 1521 *Erdbeben*, weitere 1572, 1670, 1689
- ▶ 1525 *Knappenaufstand* in Schwaz
- ▶ 1526 *Bauernaufstand*, Bauernlandtag in Innsbruck, *Bauernlandesordnung*
- ▶ 1526 der verhasste *Finanzminister Gabriel von Salamanca* wird abgesetzt
- ▶ 1526 *Michael Gaismair, Neue Landesordnung für Tirol*, Freiheit, Gleichheit, Brüderlichkeit

1529 **Erste Türkenbelagerung Wiens**, der Tiroler Landtag bewilligt Gelder für die Türkenkriege
- ▶ 1532 Ermordung Michael Gaismairs, Tiroler Landesordnung beseitigt Reformen.
- ▶ 1534 *Glashütte* von Wolfgang Vitl in Hall, sie wird 1635 geschlossen.
- ▶ 1536 *Jakob Hutterer* vor dem Goldenen Dachl verbrannt, schwere Verfolgungen der Hutterer
- ▶ 1539 *Fugger-Faktorei* übersiedelt von Hall nach Schwaz, Raubbau am Silberrevier
- ▶ 1542 *Heuschreckeneinfälle*, weitere 1546, 1612, 1693

1545–1563 **Konzil von Trient**, Reaktion auf Reformation, Kirchenreform der katholischen Kirche
- ▶ 1546 Einfall von Truppen des protestantischen *Schmalkaldenbundes* in Tirol, Besetzung Innsbrucks
- ▶ 1552 *Erzherzog Maximilian*, Sohn Ferdinand I. kommt mit einem *Elefanten* nach Innsbruck.
- ▶ 1552 Einfall *Moritz von Sachsen* in Tirol um Kaiser *Karl V.* in Innsbruck gefangen zu setzen.

1555 **Augsburger Reichs- und Religionsfrieden**, Ende der Reichseinheit, Landesfürst bestimmt Religion
- ▶ 1556 *Schwazer Bergbuch*
- ▶ 1562 Gründung des *Jesuitenkollegs* in Innsbruck, Gegenreformation, Verfolgung der Hutterer
- ▶ 1563 Erstes *Versammlungshaus der Landstände* in Bozen
- ▶ 1563 Einweihung der *Hofkirche* mit dem Kenotaph von Kaiser Maximilian I.

1564–1595 Erzherzog **Ferdinand II.**
- ▶ 1557 Geheime Hochzeit mit *Philippine Welser*
- ▶ 1567 Übersiedelt von Prag nach Innsbruck
- ▶ 1567 Innsbruck hat rund 5.000 Bewohner, mit Umland 7.000
- ▶ 1570 *Spanischer Saal* auf Schloss Ambras, *Kunst und Wunderkammer*
- ▶ 1570 *Hofglashütte* in Innsbruck mit Glasbläsern aus Murano, 1591 geschlossen

1570–1630 Erste Welle der **Kleinen Eiszeit** Missernten, Kälteeinbruch in Folge der
- ▶ 1572 *Erdbeben* in Innsbruck
- ▶ 1577/78 *Silberne Kapelle* in der Hofkirche
- ▶ 1582 Heirat mit *Anna Katharina Gonzaga*, diese gründet als Witwe drei Klöster in Innsbruck

1595–1618 Erzherzog **Maximilian III.** *der Deutschmeister*, Statthalter, ab 1612 Landesfürst
- ▶ 1605 *Gasthof vor dem Georgentor* in Innsbruck
- ▶ 1611 *Große Tirol-Karte* von *Mathias Burgklechner*
- ▶ 1613 Erstes *Ständehaus* in Innsbruck
- ▶ 1614/19 *Grabmal Maximilians III.* im Innsbrucker Dom, entworfen von Caspar Gras
- ▶ 1615 *Einsiedelei* im Kapuzinerkloster

1619–1665 *Jüngere Tiroler Linie*
1619–1632 **Leopold V.** , Statthalter ab 1626 Landesfürst
1618 Ausbruch des *Dreißigjährigen Krieges*
- ▶ 1620 *Gasthof Sonne* in Innsbruck
- ▶ 1622 *Leopoldbunnen*, erstes Großreiterdenkmal nördlich Italiens
- ▶ 1629 *Comedihaus*, errichtet von Christoph Gumpp

1632–1646 **Claudia de' Medici**, für ihren Sohn *Ferdinand Karl*
- ▶ Sie bringt das Land gut durch den *Dreißigjährigen Krieg*.
- ▶ 1646 Innsbrucker *Jesuitenkirche*

1646–1662 Erzherzog **Ferdinand Karl,** ein haltloser Verschwender und Opernnarr
1648 Ende des *Dreißigjährigen Kriegs*
- ▶ 1651 Justizmord an *Kanzler Biener*
- ▶ 1654 *Opernhaus* nach venezianischem Muster

1663–1665 Erzherzog **Sigismund Franz**, Sparpolitik, er ist der bessere Landesfürst als sein Bruder

1665–1918 *Die Gefürstete Grafschaft Tirol wird von Wien aus regiert*

1665–1705 Kaiser **Leopold I.**
- ▶ 1667 *Fugger* geben Schwazer Bergbau auf.
- ▶ 1669 Verheerende *Überschwemmungen*, weitere 1670, 1673
- ▶ 1669 wird die *Innsbrucker Universität* gegründet. Finanziert mit Steuer auf Haller Salz
- ▶ 1670 In Hall stürzt bei einem *Erdbeben* der Turm der Stadtpfarrkirche ein.
- ▶ 1675-1715 Missernten, Kälteeinbruch in Folge der *Kleinen Eiszeit*

1683 *Zweite Türkenbelagerung Wiens*
- ▶ 1703 Bayerische Truppen fallen im Zuge des Spanischen Erbfolgekriegs in Tirol ein. *Annasäule*

1705–1711 Kaiser **Joseph I.**
1711–1740 Kaiser **Karl VI.**
1740–1780 **Maria Theresia,** *Erzherzogin von Österreich, Königin von Ungarn und Böhmen*
- ▶ 1755 Beginn des barocken Umbaus der *Hofburg*
- ▶ 1765 Hochzeit ihres Sohnes *Erzherzog Leopold* mit der *Infantin Maria Ludovica* in Innsbruck
- ▶ 1765 Tod ihres Gatten *Franz Stephan von Lothringen* in Innsbruck nach einer Opernaufführung
- ▶ 1773 Aufhebung der Jesuiten
- ▶ 1774/75 *Triumphpforte* in Innsbruck zur Erinnerung an beide Ereignisse

1765–1790 Kaiser **Joseph II.,** Mitregent *Maria Theresias*
- ▶ *Reformkaiser*, schließt Kirchen und Klöster, war in Tirol verhasst, *Kirchenräuber Seppl*
- ▶ 1782 *Papst Pius VI.* in Innsbruck. Er kann *Josef II.* in Wien nicht umstimmen.

1790–1792 Kaiser **Leopold II.,** vormals Großherzog der Toskana
- ▶ Macht viele Reformen *Josefs II.* rückgängig.

1792 *Französische Revolution*

1792–1835 Kaiser **Franz I.**, bis 1806 als Römisch-deutscher Kaiser *Franz II.*
1792–1815 *Napoleonische Kriege*, *Tiroler Freiheitskampf*
- ▶ 1794 *Atlas Tyrolensis* von Peter Anich und Blasius Hueber
- ▶ 1796/97 Napoleonische Truppen marschieren von Italien in Südtirol ein, *Mädchen von Spinges*.
- ▶ 1796/97 Schwere Typhusepidemie in Tirol
- ▶ 1801 Französische Truppen in Innsbruck vom 12. Jänner bis 13. April 1801

1804 **Kaisertum Österreich** Habsburgische Erbmonarchie, bis 1867
- ▶ 1805 Besetzung Tirols durch französische Truppen, die durch bayerische abgelöst werden.
- ▶ 1806 Kaiser Franz II. anerkennt die Abtretung Tirols an das Königreich Bayern
- ▶ 1808 bis 1815 verschwindet Tirol als Teil des Königreiches Bayern von der Landkarte
- ▶ 1809 *Schwaz* wird von marodierenden bayerischen Truppen angezündet.
- ▶ 1809 vier *Schlachten am Bergisel* gegen bayerische und französische Truppen, *Andreas Hofer*
- ▶ Kaiser Franz II./I. verrät die treu zu Habsburg stehenden Tiroler insgesamt vier Mal

1814/15 *Wiener Kongresse*, die Gefürstete Grafschaft Tirol wieder Teil des Kaisertums Österreich
- ▶ 1815–1817 *Hungerjahre* als Folge eines Vulkanausbruchs
- ▶ 1821 Neues *Innsbrucker Stadtrecht*
- ▶ 1822 Gründung der *Innsbrucker Sparkasse*

1835–1848 Kaiser **Ferdinand I.** *der Gütige*
- ▶ Es regiert die *Geheime Staatskonferenz*, ein Dreiergremium, dem auch *Metternich* angehört.
- ▶ 1837 müssen *427 Protestanten* Tirol verlassen.
- ▶ 1845 Eröffnung des Ferdinandeums in Innsbruck
- ▶ 1846 Eröffnung des k.k. National-Theaters

1848 *Revolution* in Wien, der kaiserliche Hof flieht nach Innsbruck.
1848–1916 Kaiser **Franz Joseph I.**
- ▶ 1848-er Revolution, Ferdinand I. dankt ab, *KFJ* besteigt den Thron, *Neoabsolutismus*
- ▶ 1849 Erhebung Innsbrucks zur *Landeshauptstadt*, bis dahin Meran
- ▶ 1849 *Österreichischer Hof*
- ▶ 1854 *Innsbrucker Nachrichten*
- ▶ 1855 *Konkordat*, Ehe und Schule unter katholischer Herrschaft
- ▶ 1857 *Innhafen* in Hall wird aufgelassen.
- ▶ 1858, *Eisenbahnstrecke Kufstein-Innsbruck* wird mit dem *Bahnhof* in Innsbruck eröffnet.
- ▶ 1859 Innsbrucker Gaswerk, von einer Augsburger Firma betrieben
- ▶ 1861-1892 *Kulturkampf* zwischen klerikalen und liberalen Kräften
- ▶ 1862 Gründung des Österreichischen Alpenvereins
- ▶ 1863 *500 Jahre Tirol bei Österreich*, KFJ in Innsbruck
- ▶ 1864 erste katholische Studentenverbindung *A.V. Austria-Innsbruck* gegründet

▶ 1867 *Eisenbahnstrecke Innsbruck-Bozen* wird eröffnet.
1867 **Österreich-Ungarn:** Aus dem *Kaisertum Österreich* wird die Doppelmonarchie
- ▶ 1869 *Hotel Europa*
- ▶ 1870 Aufkündigung des *Konkordats*
- ▶ 1872 *Evangelische Gemeinde* in Innsbruck und Meran
- ▶ 1876 *Hotel Tyrol*
- ▶ 1880 Gründung des *Innsbrucker Verschönerungsvereins*
- ▶ 1884 Eisenbahnstrecke über den *Arlberg* wird eröffnet.
- ▶ 1885 bis 1914 Innsbrucker *Stadtspital*
- ▶ 1887 *Habsburgerhof*
- ▶ 1888 Eröffnung der *Achensee-Zahnradbahn*
- ▶ 1889 Gründung des „*Verein zur Hebung des Fremdenverkehrs in Nordtirol*"
- ▶ 1893 *Tiroler Landesausstellung, Andreas Hofer-Statue* am Bergisel, KFJ in Innsbruck
- ▶ 1896-1823 *Wilhelm Greil*, deutschfreiheitlicher (liberaler) Bürgermeister Innsbrucks
- ▶ 1898 Erhebung von Schwaz zur Stadt
- ▶ 1900 Eröffnung der *Mittelgebirgsbahn*
- ▶ 1902 Gründung der *Exl-Bühne*
- ▶ 1904 Eröffnung der *Stubaitalbahn*
- ▶ 1904 Schwere Unruhen in Innsbruck anlässlich der Eröffnung einer *italienischen Fakultät*
- ▶ 1904 *Bank für Tirol und Vorarlberg*
- ▶ 1904 Eingemeindung von *Wilten* und *Pradl*
- ▶ 1906 *Standseilbahn* auf die *Hungerburg*
- ▶ 1907 Eröffnung des *Bürgerlichen Brauhauses*
- ▶ 1908 *Wahrmundaffäre*, Kulturkampf zwischen katholischen und liberalen Studenten
- ▶ 1909 100-Jahr Gedenkfeier *Schlacht am Bergisel*, großer Schützenumzug, *KFJ* in Innsbruck
- ▶ 1910 *Triumph-Kinematograph*
- ▶ 1911 *Tiroler Fremdenverkehrsgesetz*
- ▶ 1912 Eröffnung der *Mittenwaldbahn*

1916–1918 Kaiser **Karl I.**
1915 *Italien erklärt Österreich-Ungarn den Krieg*, Dolomitenfront, 12 Isonzoschlachten
- ▶ Inspiziert während des Ersten Weltkriegs mehrfach die Südfront, Aufenthalt in Innsbruck
- ▶ 11. November 1918 *Regierungsverzicht*; auf der Zugfahrt ins Exil kurzer Aufenthalt in Innsbruck

1918–1938 *Erste Republik*

- ▶ 1918, *Waffenstillstand* am 4. November, der Erste Weltkrieg ist beendet.
- ▶ Nach dem Untergang *Österreich-Ungarns* liegt die Staatsgewalt bei den historischen Ländern.

1918 **Ausrufung der *Republik Deutsch-Österreich*** am 12. November, Tirol tritt in der Folge bei.

- 1918 Im November *Besetzung Südtirols* und *Innsbrucks* durch italienische Truppen
- Verweigerung des *Selbstbestimmungsrechts* Südtirols durch die Siegermächte

1919 **Diktatfrieden von Saint Germain**, Südtirol fällt bis zum Brenner an Italien.
- Massive Unterdrückung der deutschen Volksgruppe durch das faschistische Italien
- *Südtirol* wird durch **Trentino-Alto Adige** ersetzt. Verbot der deutschen Sprache
- 1921 *Volksabstimmung* in Tirol, 98,77% für den Anschluss an Deutschland

1938 **Auslöschung der Republik Österr**eich durch *Hitlerdeutschland*
- 1938 Eingemeindung von *Hötting, Mühlau* und *Amras*
- 22. Mai 1939, **Stahlpakt** zwischen Hitler und Mussolini, Südtirol auf ewig bei Italien
- 1939–1943, **Option**, 75.000 Deutschtiroler verlassen Südtirol, Spaltung der Volksgruppe
- 1940 Eingemeindung von *Arzl, Vill* und *Igls*

1945 **Ende des Zweiten Weltkriegs**, Südtirol weiter Teil Italiens

1945 bis heute **Zweite Republik**

- 1946 *Selbstbestimmung* und Rückkehr Südtirols zu Österreich von den Alliierten abgelehnt
- 1946 **Gruber-De Gaspari-Abkommen** zwischen Österreich und Italien über Südtirol
- Das *erste Autonomiestatut* wird von Italien nicht umgesetzt.
- Fortgesetzte *Unterdrückung* der deutschen Minderheit, es regt sich *Widerstand* der Südtiroler
- 1957 Großkundgebung auf Schloss **Sigmundskron**, SVP, *Silvius Magnago*
- 1959 *Jahrhundertfeier 1809*, von den Schützen wird eine Dornenkrone mitgetragen.
- 31. Oktober 1960 *UN-Südtirol-Resolution*, auf Initiative von Außenminister *Bruno Kreisky*
- 11./12. Juni 1961 **Feuernacht**, 37 Strommasten durch *Befreiungsausschuss Südtirol* gesprengt
- 12./13. Juli 1961, *Kleine Feuernacht*, Festnahme, Folterung und Verurteilung von Aktivisten
- Jahrelange *Paketverhandlungen* über eine Autonomie Südtirols, Österreich *Schutzmacht* Südtirols

1963 Tirol *600 Jahre* bei Österreich
- 1964 Innsbruck wird *Bischofssitz*

1964 1. *Olympische Winterspiele* in Innsbruck
- 1969 werden **Südtirol-Paket** und **Operationskalender** angenommen, *Autonomie* Südtirols und Trentinos
- 1972 *Zweites Autonomiestatut* für die *Autonome Provinz Bozen-Südtirol*

1976 2. *Olympische Winterspiele* in Innsbruck
- 1976 *Festwoche der Alten Musik, Ambraser Schlosskonzerte*
- 1992 **Streitbeilegungserklärung** Österreichs an Italien und die UNO in der Südtirolfrage

1995 *EU-Beitritt* Österreichs am 1. Jänner
- 2009 *150-Jahr Jubiläum 1809*, die Dornenkrone ruft heftige Diskussionen hervor.
- 2011 Eröffnung des *Tirol Panoramas* mit dem *Riesenrundgemälde* am Bergisel

NACHLESE

ALBRICH, Thomas: *Jüdische Lebensgeschichten aus Tirol. Vom Mittelalter bis zur Gegenwart.* Innsbruck 2012
AMMANN, Gert: *Silber, Erz und weißes Gold. Bergbau in Tirol.* Ausstellungskat. Innsbruck 1990
ANICH, Peter/ EDLINGER, Max (Hg.): *Atlas Tyrolensis.* Innsbruck, Bozen 1986
BAKAY, Gunter: *Philippine Welser. Eine geheimnisvolle Frau und ihre Zeit.* Innsbruck 2013
BAUER W. Christoph: *Der Buchdrucker der Medici.* Innsbruck 2013
BAUM, Wilhelm: *Margarete Maultasch. Erbin zwischen den Mächten.* Graz, Wien, Köln 1994
BERNINGER, Ernst: *Das Buch vom Bergbau. Die Miniaturen des Schwazer Bergbuchs.* Dortmund 1980
BEYER, Magnus B.: *Wegweiser in der Provinzial-Hauptstadt für Reisende.* Innsbruck 1826
BRANDAUER, Isabel u.a.: *Das Tirol Panorama. Der Bergisel und das Kaiserjägermuseum. Rund um den Mythos Tirol.* Innsbruck 2011
BUBESTINGER, Ingrid/ZEINDL, Gertraud: *Zur Stadtgeschichte Innsbrucks.* Innsbruck 2008
DIETRICH, Elisabeth: *Stadt im Gebirge. Leben und Umwelt in Innsbruck im 19. Jahrhundert.* Innsbruck 1986
ECHO SPEZIAL: *Das silberne Zeitalter.* Innsbruck 2002
EGG, Erich: *Der Tiroler Geschützguß 1400-1600.* Innsbruck 1961
  Die Hofkirche in Innsbruck, Innsbruck 1974
  Die Tirolische Nation 1890-1920. Ausstellungskatalog Ferdinandeum. Innsbruck 1984
EGG, Erich/MENARDI, Herlinde: *Das Tiroler Krippenbuch.* Innsbruck 2004
EGG, Erich/PFAUNDLER, Wolfgang: *Maximilian I. und Tirol.* Innsbruck, Wien, München 1969
FLORA, Paul: *Die verwurzelten Tiroler und ihre bösen Feinde.* Zürich 1984
FORSTER, Ellinor/STANEK, Ursula/SCHLACHTA, Astrid: *Frauenleben in Innsbruck.* Salzburg 2003
FORCHER, Michael: *Bayern-Tirol. Die Geschichte einer freud-leidvollen Nachbarschaft.* Wien u.a. 1981
  Dämonen, Blasmusik und schöne Trachten. Innsbruck 1985
  Zu Gast im Herzen der Alpen. Eine Bildgeschichte des Tourismus in Tirol. Innsbr. 1989
  Anno Neun. Innsbruck 2008/2017
  Der Riese Haymon. Innsbruck 2007
  Die Geschichte der Stadt Innsbruck. Innsbruck 2008
  Tirol und der Erste Weltkrieg. Innsbruck 2014
  Erzherzog Ferdinand II. Landesfürst von Tirol. Innsbruck 2017
  Kaiser Max und sein Tirol. Innsbruck 2019
  Michael Gaismair. Das Leben des Tiroler Bauernführers. Innsbruck 2020
FORCHER, Michael/PETERLINI Hans Karl: *Südtirol in Geschichte und Gegenwart.* Innsbruck 2010
FORCHER, Michael/PIZZININI, Meinrad: *Tiroler Fotografie 1854-2011.* Innsbruck 2012
FRENZEL, Monika: *Gartenkunst in Tirol, von der Renaissance bis heute.* Innsbruck 1998
  Innsbruck. Der Stadtführer. Innsbruck 2014

FONTANA, Josef: *Der Kulturkampf in Tirol*. Bozen 1978
GIDL, Anneliese/GRAF, Karl: *Skisport in Innsbruck. Von den Anfängen bis ins 21. Jahrhundert.* Innsbruck 2010
GSCHWENTNER, Maria: *Tiroler Bäuerinnen kochen. Die besten Rezepte.* Innsbruck 2019
GASSER, Jochen/PARSCHALK, Norbert: *Andreas Hofer. Eine illustrierte Geschichte.* Bozen 2009
GEHLER, Michael: *Tirol im 20. Jahrhundert. Vom Kronland zur Europaregion.* Innsbruck 2008
GLATTAUER, Herbert: *Innsbrucker Straßennamen erzählen.* Innsbruck 1994
HAAG, Sabine (Hg.): *Echt tierisch! Die Menagerie des Fürsten.* Ausstellungskatalog Ambras. Wien 2015
HAAG, Sabine/SANDBICHLER, Veronika: *Ferdinand II.* Ausstellungskatalog Ambras. Innsbruck 2017
HÖPL, Jutta: *Innsbruck, Residenz der Alten Musik.* Innsbruck 1987
HÖRHAGER, PETER/JUNG, Ulli: *Schwaz und die Reformation.* Wattens 2017
HUYN, Hans Graf: *Das Tiroler Weinbuch.* München 1980
HYE, Franz-Heinz: *Das Goldene Dachl Kaiser Maximilians I.* Innsbruck, 1997
INGENHAEFF-BERENKAMP, Wolfgang (Hg.): *Maximilian und der Bergbau.* Wattens 2019
KATHAN, Iris/OBERTHANNER Christiane: *Innsbruck. Ein literarischer Stadtführer.* Innsbruck 2009
KNOFLACH-ZINGERLE Barbara: *Hall in Tirol – Stadtführer.* Wattens 2017
KRAUSE, Stephan: *Freydal. Das Turnierbuch Kaiser Maximilians I.* Köln 2019
LEITNER, Thomas Karl: *Tirol und der Donauhandel um 1700.* Diplomarbeit, Wien 2016
LEMMER, Manfred (Hg.): *Das Kochbuch der Philippine Welser.* Faksimile. Innsbruck 1983
LIPHART, Bernhard: *Therese von Sternbach. Vorwärts, Tiroler! Eine Nachlese zum Gedenkjahr 1809-2009.* Wattens 2009
MESSERSCHMITT STIFTUNG: *Die Eremitage Maximilians des Deutschmeisters und die Einsiedeleien Tirols.* Innsbruck 1986
MITTERER, Felix: *Gaismair. Ein Theaterstück und sein historischer Hintergrund.* Innsbruck 2000
    Silberberg. Das Schwazer Knappenspiel. Innsbruck 2019
MORSCHER, Lukas: *Innsbrucker Alltagsleben 1830-1880.* Innsbruck 2013
    Innsbrucker Alltagsleben 1880-1930. Innsbruck 2011
    Tiroler Alltagsleben im Ersten Weltkrieg. Innsbruck 2014
MOSER, Heinz/RIZZOLLI, Helmut/TURSKY, Heinz: *Tiroler Münzbuch.* Innsbruck 1984
MRUGALSKA, Berit/MORSCHER, Wolfgang: *Das Innsbrucker Sagenbuch.* Innsbruck 2007
NIEDERWOLFSGRUBER, Franz: *Kaiser Maximilians I. Jagd- und Fischereibücher.* München 1965
OGGER, Günter: *Kauf dir einen Kaiser. Die Geschichte der Fugger.* München 1979
PALME, Rudolf/GSTREIN, Peter/INGENHAEFF, Wolfgang: *Glück auf! Faszination Schwazer Silberbergwerk.* Innsbruck 2002
PESCHKE, Hans-Peter von/FELDMANN, Werner: *Das Kochbuch der Renaissance.* Düsseldorf 1997
PFAUNDLER, Wolfgang: *Die schönsten Bilder von Innsbruck 1500-1822.* Innsbruck 1972
    Innsbrucks Wirtschaft im Spiegelbild der Annoncen 1822-1981. Innsbruck 1882

PFAUNDLER, Wolfgang/KÖFLER, Werner: *Der Tiroler Freiheitskampf 1809 unter Andreas Hofer: Zeitgenössische Bilder, Augenzeugenberichte und Dokumente.* Bozen 1984

PIATNIK EDITION: *Das Ambraser Hofämterspiel.* Faksimile, Wien 1976

PIATNIK EDITION: *Das Ambraser Hofjagdspiel.* Faksimile, Wien 1995

PREISER-KAPELLER, Johannes: *Der Lange Sommer und die Kleine Eiszeit. Klima, Pandemien und der Wandel der Alten Welt von 500 bis 1500 n. Chr.* Wien 2021

PROCK, Anton: *Reiseführer Tirol.* Innsbruck 2016

Schwazer Stadtführer. Schwaz 2020

RABANSER, Hansjörg: *Hexenwahn. Schicksale und Hintergründe. Die Tiroler Hexenprozesse.* Innsbruck 2006

SCHEMMANN, Christine: *Schätze & Geschichten aus dem Alpin Museum Innsbruck.* München 1987

SCHMIDL, Eckehart: *Der Traum vom Volkstheater. Die Geschichte der Exl-Bühne 1902-1956.* Innsbruck 2013

SCHÖNEGGER, Josef: *Innsbruck im historischen Kartenbild von den Anfängen bis 1904.* Innsbruck 2918

SCHLUIFERER, Sepp (Carl TECHET): *Fern von Europa.* 1909, Nachdruck Innsbruck 1999

SCHUPPLER, Rudolf: *Maximilian. Der letzte Ritter. Graphic Novel.* Berndorf 2019

SEYPEL, Wilfried (Hg.): *Alle Wunder dieser Welt. Die kostbarsten Kunstwerke aus der Sammlung Erzherzog Ferdinands II.* Wien 2002

SOYENER, Johannes K./MONDFELD Wolfram zu: *Der Meister des siebten Siegels.* Roman. Bergisch-Gladbach 1994

STADTGEMEINDE HALL (Hg.): *Hall in Tirol. Stadtbuch.* Landsberg am Lech 1996

STADTGEMEINDE SCHWAZ (Hg.): *Schwaz. Der Weg einer Stadt.* Innsbruck 1999

STEININGER, Rolf: *Südtirol. Vom Ersten Weltkrieg bis zur Gegenwart.* Innsbruck 2012

TADDEI, Elena: *Anna Caterina Gonzaga. Erzherzogin von Österreich, Landesfürstin von Tirol und Klosterstifterin.* Innsbruck 2021

TIROLER LANDESMUSEUM FERDINANDEUM. *Ruhm und Sinnlichkeit. Innsbrucker Bronzeguss 1500-1659.* Innsbruck 1996

UNGER, Eike Eberhard: *Die Fugger in Hall.* Tübingen 1967

UNTERKIRCHER, Carl: *Chronik von Innsbruck.* Innsbruck 1897

WEIGEL, Hans/FLORA, Paul: *Tirol für Anfänger.* Innsbruck 2016

WEISS, Sabine: *Claudia de' Medici. Eine italienische Prinzessin als Landesfürstin von Tirol.* Innsbruck 2004

ZANESKO, Alexander: *Auf den Spuren Kaiser Maximilians I. in Hall in Tirol und Schwaz.* Hall 2019

ZEINDL, Gertraud: *Die Maria-Theresien-Straße. Geschichte und Gegenwart.* Innsbruck 2019

MUSIK

▶ Spannende Einblicke in das Innsbrucker/Tiroler Musikleben bietet die CD-Reihe *Musikmuseum* des *Tiroler Landesmuseums Ferdinandeum*:
  https://shop.tiroler-landesmuseen.at/cd-dvd.html
▶ Im Sommer bieten die *Festwochen der Alten Musik* und die *Ambraser Schlosskonzerte* zahlreiche musikalische Events, insbesondere Barockopern. https://www.altemusik.at/de

MUSEEN

▶ Innsbruck: *Ferdinandeum, Volkskunstmuseum, Museum Goldenes Dachl, Hofburg, Zeughaus, Stadtarchiv, Schloss Ambras, Tirol Panorama, Alpenvereins Museum, Tiroler Museumsbahnen, Grassmair*
▶ Hall: *Münze Hall+Stadtmuseum, Bergbaumuseum*
▶ Schwaz: *Schaubergwerk, Museum der Völker, Planetarium, Burg Freundsberg*
▶ Jenbach: *Schloss Tratzberg*
▶ Rattenberg: *Augustinermuseum, Nagelschmiedhäuser,*
▶ Kramsach: *Museum Tiroler Bauernhöfe, Museumsfriedhof Kramsach*

DANK

Am Beginn dieses k.u.k. Sehnsuchtsbuchs stand eine Idee von *Andrea und Leonie*: „Wäre es nicht schön, wenn Du den Airbnb-Gästen in unserer alten Innsbrucker Wohnung etwas Persönliches anbieten könntest?" Mein Verleger *Robert Ivancich* und *Anne Saskia Schmutterer* vom KRAL-Verlag – denen mein besonderer Dank gilt – waren gleich der Meinung: Ein Buch für die vielbändige Reihe *K.u.k. Sehnsuchtsorte*. Reisende aus der ganzen Welt und die Leserschaft des KRAL-Verlages können nun gemeinsam durch die bunte Geschichte der k.u.k. Sehnsuchtsorte *Innsbruck, Hall* und *Schwaz* wandern.

Viele Freunde und Bekannte haben das Entstehen dieses Innsbruck-Buches mit Rat und Tat begleitet. *Vergelts Gott*, wie man in Tirol zu sagen pflegt daher, *Gert Hecher, Christoph Korosek, Ulrike Samsinger, Renate Shediwy-Oppolzer, Elisabeth und Hansjörg Teissl, Monika Wallas* und nicht zuletzt meinem Lektor *Stefan Zach* und meinem Grafiker *Walter Fritz*, der ein schönes Buch gestaltet hat. *Josef Polleross* danke ich besonders für die Bearbeitung des gesamten Bildmaterials.

BILDER

Wenn Kaiser *Maximilian I.* aus dem Fenster seiner Hofburg blickte, sah er auf die prachtvoll verschneite Nordkette und nicht nur auf eine kleinformatige Ansichtskarte. Nicht anders ergeht es den Besuchern Innsbrucks heute. Man bewundert das *Goldene Dachl*, die *Kunst- und Wunderkammer* auf Schloss Ambras, den *Münzturm* in Hall oder das *Schaubergwerk* in Schwaz. Selbst eine Bergiselschlacht mit Andreas Hofer kann man im *Tirol Panorama* mitverfolgen. Vergangenheit und Gegenwart verschwimmen ineinander, nicht zuletzt bei den jährlichen *Festwoche der Alten Musik* in Innsbruck. Dies war die Überlegung, in diesem *k.u.k. Sehnsuchtsbuch* historische Ansichten und aktuelle Fotos zu mischen.

Mein Dank gilt zu allererst *Friedreich Jäger*, dessen Ballonfotos von den Alpen ein Highlight des Buches sind. Ein großer Teil der Abbildungen und Fotografien stammen aus der Sammlung des Autors *(SA)* und aus *wikimedia commons*. Weitere Abbildungen haben freundlicherweise zur Verfügung gestellt: *Bernhard Kräutler, Rupert Larl, Helga Pöttinger, Clemens Radauer, Monika Wallas, Stadtarchiv Innsbruck, Landesmuseum Ferdinandeum (TLF), Imagno, Tirol Panorama, Kaiserjägermuseum, Haus der Tiroler Geschichte, Stadt Innsbruck, Stadtgemeinde Schwaz, kathpedia, human zoos, Münzen Rauch, Dorotheum Wien, Societas Jesu Innsbruck, schnatterkocht, gerlhof, badreichenhallwiki, Bayerische Staatsbibliothek (MSB/MDZ), Museum Goldenes Dachl, Kunsthistorische Museum (KHM)*, und weitere, unter den Bildern angegebene Bildinhaber. Ihnen gilt mein Dank. Die Bildrechte wurden sorgfältig geprüft, bei Unklarheiten ersucht der Autor um Kontaktaufnahme über den Verlag.

Abbildung auf Schmutztitel (Seite 1):
Innsbrucker Bürgerbuch von 1600 (*Stadtarchiv Innsbruck*)

Abbildung auf Haupttitel (Seite 3):
Innsbruck, Aquarell von Albrecht Dürer 1495 (*SA/Albertina*)

Abbildung Inhaltsverzeichnis (Seite 4):
Ansichtskarte (*SA*)

Abbildung am Vorsatz:
Hall in Tirol, Kupferstich von G. Bodenehr um 1720 nach Merian um 1650 (*SA*)

Abbildung auf Nachsatz:
Silberstadt Schwaz, Kupferstich von M. Merian um 1650 (*SA*)

Gastfreundschaft in Innsbruck (*SA*)

Impressum

1. Auflage 2021
Alle Rechte vorbehalten
Copyright © 2021 by Kral-Verlag, Kral GmbH
J.-F.-Kennedy-Platz 2
2560 Berndorf
Tel.: +43 (0) 660 4357604
E-Mail: office@kral-verlag.at

Umschlag- und grafische Innengestaltung:
office@xl-graphic.at

Printed in EU
ISBN: 978-3-99024-996-3

Besuchen Sie uns im Internet: www.kral-verlag.at

Weiteres vom selben Autor im Kral-Verlag:

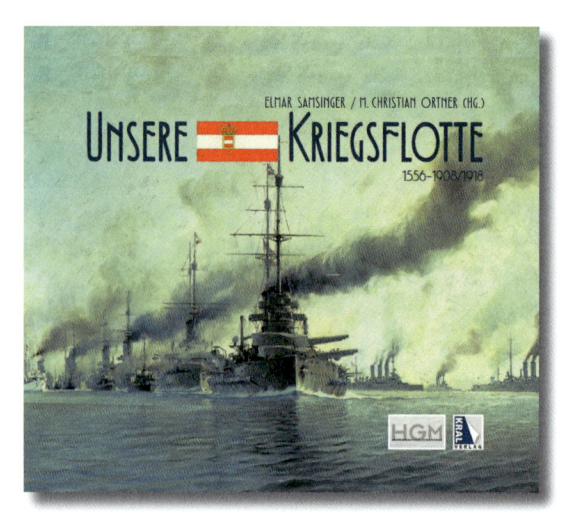

Elmar Samsinger
M. Christian Ortner

Unsere Kriegsflotte 1556–1908/18
Erweiterter Reprint des Marine-Prachtalbums 1908 von
k.u.k. Fregattenkapitän Alfred Koudelka und Alexander Kirchner

ISBN: 978-3-99024-856-0
360 Seiten
Buch / gebunden
23 cm x 29 cm

Elmar Samsinger

Durch Ungarn im Automobil
mit einem Geleitwort von Dr. János Perényi

ISBN: 978-3-99024-799-0
224 Seiten
Buch / gebunden
26 cm x 22 cm

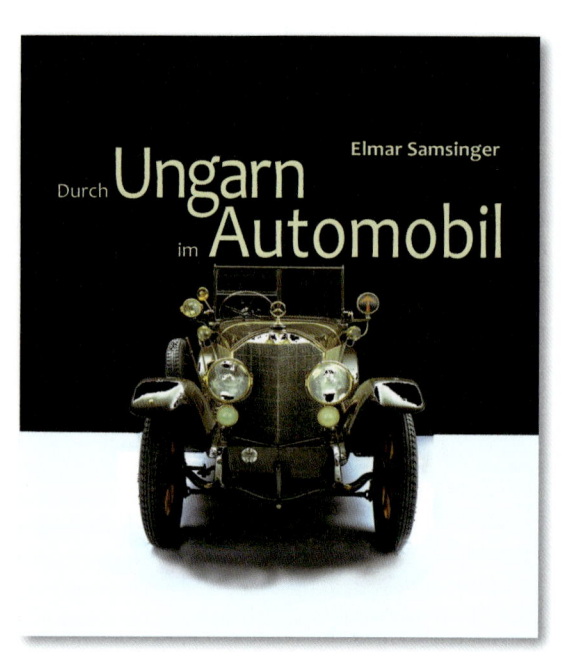

In der gleichen Reihe bei Kral-Verlag:

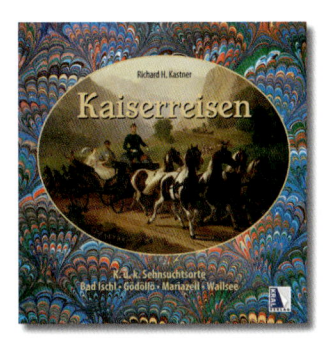

Richard H. Kastner
Kaiserreisen
K.u.k. Sehnsuchtsort
Bad Ischl – Gödöllo –
Mariazell – Wallsee
ISBN: 978-3-99024-849-2
184 Seiten
Buch / gebunden
21 cm x 21 cm

Gregor Gatscher-Riedl
Czernowitz
K.u.k. Sehnsuchtsort
Klein-Wien am Ostrand
der Monarchie
ISBN: 978-3-99024-690-0
204 Seiten
Buch / gebunden
21 cm x 21 cm

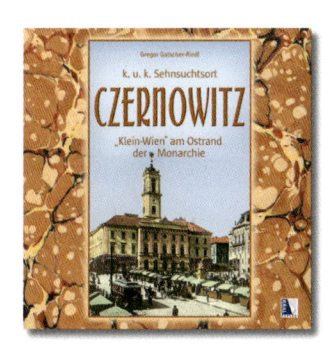

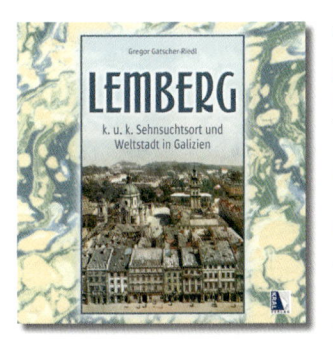

Gregor Gatscher-Riedl
Lemberg
K.u.k. Sehnsuchtsort
Weltstadt in Galizien
ISBN: 978-3-99024-777-8
300 Seiten
Buch / gebunden
21 cm x 21 cm

Gregor Gatscher-Riedl
Karlsbad
K.u.k. Sehnsuchtsort
Franzensbad - Marienbad
ISBN: 978-3-99024-765-5
288 Seiten
Buch / gebunden
21 cm x 21 cm

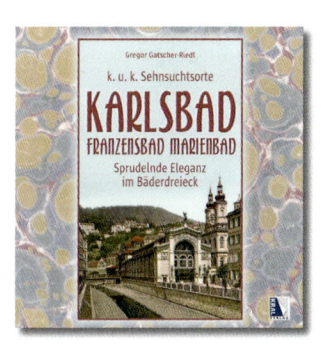

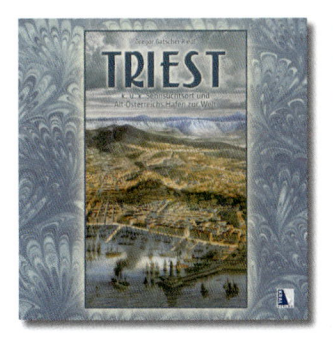

Gregor Gatscher-Riedl
Triest
K.u.k. Sehnsuchtsort
Altösterreichs Hafen zur
Welt
ISBN: 978-3-99024-718-1
228 Seiten
Buch / gebunden
21 cm x 21 cm

Gregor Gatscher-Riedl
Istrien
K.u.k. Sehnsuchtsort
Mediterraner Mikrokosmos
zwischen Muggia und Abbazia
ISBN: 978-3-99024-917-8
312 Seiten
Buch / gebunden
21 cm x 21 cm

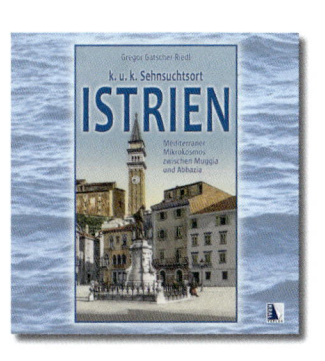

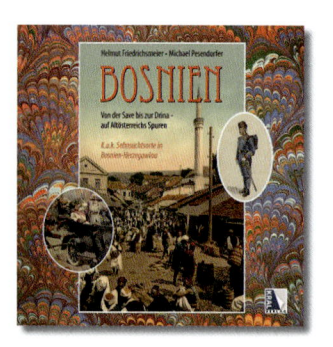

Michael Pesendorfer
Helmut Friedrichsmeier

Das alte Bosnien
K.u.k. Sehnsuchtsort
von der Save bis zur Drina (1878–1918)

ISBN: 978-3-99024-781-5
312 Seiten
Buch / gebunden
21 cm x 21 cm

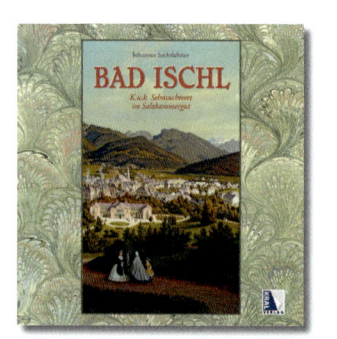

Johannes Sachslehner

Bad Ischl
K.u.k. Sehnsuchtsort
im Salzkammergut

ISBN: 978-3-99024-455-5
216 Seiten
Buch / gebunden
21 cm x 21 cm

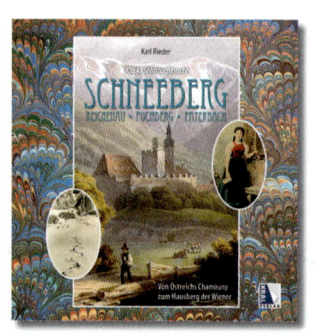

Karl Rieder

Schneeberg
K.u.k. Sehnsuchtsort
Schneeberg – Reichenau, Puchberg, Payerbach
Von „Östreichs Chamouny" zum Hausberg der Wiener

ISBN: 978-3-99024-769-3
268 Seiten
Buch / gebunden
21 cm x 21 cm

A. Schloß Freündtsperg.   E. Fug
B. Pflag hauß.   F. Firt
C. Bürcklechnerhauß.   G. Pf
D. Franciscaner Closter.   H. Sta